GÜTERSDIE
LOHERVISION
VERLAGSEINER
HAUSNEUENWELT

Paula und Anouk,
Felix, Bela und Miro,
meinen Enkeln

Gerd Theißen

# Der Anwalt des Paulus

GÜTERSDIE
LOHERVISION
VERLAGSEINER
HAUSNEUENWELT

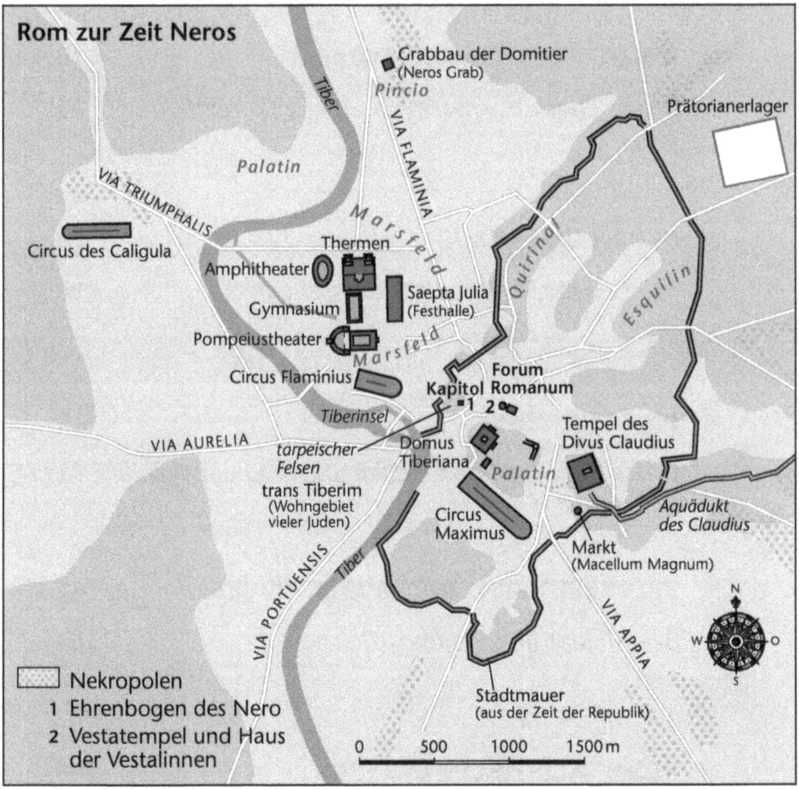
Rom zur Zeit Neros
Grabbau der Domitier
(Neros Grab)
Pincio
Tiber
VIA FLAMINIA
Prätorianerlager
Palatin
VIA TRIUMPHALIS
Marsfeld
Circus des Caligula
Thermen
Quirinal
Amphitheater
Saepta Julia
(Festhalle)
Esquilin
Gymnasium
Pompeiustheater
Marsfeld
Circus Flaminius
Forum
Romanum
Kapitol
1
2
Tiberinsel
VIA AURELIA
Tempel des
Divus Claudius
tarpeischer
Felsen
Domus
Tiberiana
Palatin
trans Tiberim
(Wohngebiet
vieler Juden)
Circus
Maximus
Aquädukt
des Claudius
Markt
(Macellum Magnum)
VIA PORTUENSIS
Tiber
VIA APPIA
N
W
O
S
Nekropolen
1 Ehrenbogen des Nero
2 Vestatempel und Haus
der Vestalinnen
Stadtmauer
(aus der Zeit der Republik)
0
500
1000
1500 m

# INHALT

# VORWORT

Dieser Roman über Paulus will Theologie und Leben des Paulus so darstellen, dass man versteht, was ihn bewegt und umgetrieben hat. Was über Paulus gesagt und geschrieben wird, beansprucht historisch zu sein – jedoch mit chronologischen Freiheiten. Die Erzählung spielt im Jahr 61 n.Chr., als in Rom ein Stadtpräfekt ermordet wurde. Der Brand Roms und die Christenverfolgung Neros ereigneten sich im Jahr 64 n.Chr. Paulus ist in dieser Zeit als Gefangener nach Rom gekommen. Unsere Erzählung zieht diese drei Ereignisse zeitlich zusammen. Sie werden nach den Quellen erzählt. Der Leser findet Fußnoten mit Hinweisen auf diese Quellen. Sie ermöglichen, Fiktion und Fakten zu unterscheiden. Die Rahmenhandlung ist erdichtet: Ein Anwalt soll Paulus in Rom verteidigen. Er gehört zum Kreis um den Philosophen Musonius, der Frauen zum Philosophieren ermutigt und dem auch einige Juden angehören. Das Fenster, durch das wir auf die Geschichte schauen, ist erfunden. In dieser Rahmenerzählung werden freilich historische Daten und Begebenheiten aus den Quellen verarbeitet, die hier vor allem dazu dienen, die damalige Zeit in ihren allgemeinen Zügen lebendig zu machen.

Dass ich als Wissenschaftler einen Roman schreibe, um Erkenntnisse zu verbreiten, ist nicht Ausdruck postmoderner Skepsis an der Wissenschaft. Eher steckt dahinter der Impuls der Aufklärung, wissenschaftliche Erkenntnisse allen zugänglich zu machen, die keine historisch-kritischen Arbeiten lesen. Das zugrunde liegende Paulusbild habe ich wissenschaftlich in einem zusammen mit Petra von Gemünden verfassten Buch *Der Römerbrief – Rechenschaft eines Reformators, Göttingen 2016,* entwickelt. In dieser Erzählung geht es mir nicht nur um die Vermittlung historischer Erkenntnisse. Die Geschichte des Paulus spricht bis heute existenziell an. In Auseinandersetzung mit ihr formulieren Menschen auch heute, was sie glauben und tun, erinnern und hoffen, lieben und hassen. Zwischen moderner und antiker Zeit kommt es zu »Horizontverschmelzungen«.

Ich danke allen, die meine erste Niederschrift dieses Romans kritisch gegengelesen haben: Ulrich Luz (Bern), Takashi Onuki (Tokyo), Annette Merz (Groningen), Doris Walch-Paul (Bonn), Sabine Fartash (Augsburg) und meiner Frau. Ihre Anregungen habe ich verarbeitet. Vieles habe ich neu formuliert, neu akzentuiert, manches gestrichen. Diedrich Steen vom Gütersloher Verlagshaus hat das Projekt eines solchen Romans gefördert. Von ihm stammt die Idee eines in die Erzählung integrierten Briefwechsels. Martin Pöttner war so freundlich, mit mir die letzten Korrekuren zu lesen. Gudrun Krieger und Tanja Scheifele haben das Manuskript beim Verlag betreut. Ihnen allen gilt mein Dank.

Ich widme das Buch meinen fünf Enkeln. Wenn sie größer sind, verstehen sie vielleicht besser, was ihren Großvater sein ganzes Leben lang beschäftigt hat: die Fragen nach der Geschichte und Kritik der Religion, nach Gott und Welt, nach Glauben und Vernunft, nach Liebe und Gerechtigkeit.

Heidelberg, den 15. Juli 2017 *Gerd Theißen*

# 1 EIN GEFÄHRLICHER AUFTRAG

Rom schwitzte unter einem hitzeflimmernden Himmel. Die Pinien gaben Schatten ohne Kühlung. Keine Wolke milderte die Sonnenglut, und die sonst so pulsierende Stadt wirkte träge und matt. Wer konnte, zog sich in sein Haus zurück und wartete, bis gegen Abend das Leben zurückkehrte. In den Häusern atmete man die abgedunkelte Kühle, die die Mauern spendeten.

Erasmus tat, was er an solchen Tagen am liebsten tat: nichts. Nichtstun ist eine Form intensiven Daseins – das hatte ihm Philodemus beigebracht, sein jüngerer Freund, ein Anhänger Epikurs.[1] Erasmus folgte dessen Philosophie der Freude in der Freizeit, bei der Arbeit aber der stoischen Lehre, für die Pflichterfüllung das Wichtigste ist.[2] Das war notwendig, denn er musste als Anwalt auch Angeklagte verteidigen, die er insgeheim verabscheute. So etwas verlangt Selbstdisziplin. Heute wollte er nicht an seine Klienten denken, sondern am besten an gar nichts. Er hörte in seinem Inneren die Stimme seines Freundes: »Entferne alles aus dir, was dich beunruhigt, konzentriere dich auf die reine Gegenwart, dann lebst du eine kurze Zeit wie die Götter, die glücklich in sich selbst ruhen und sich durch nichts in der Welt beunruhigen lassen.« Erasmus selbst dachte anders über die Götter. Seine stoische Philosophie sagte ihm: Es gibt nur eine Gottheit. Sie ist allgegenwärtig und wohnt in

1 Ziel der Philosophie Epikurs (ca. 341–271/70 v. Chr.) ist Lebensfreude durch eine Seelenruhe, die sich von unnötigen Ängsten frei macht, Unerreichbares nicht anstrebt, Unvermeidbares mit Fassung erträgt. Die Götter sind Vorbilder dieser Seligkeit. Die Welt ist ein Spiel von Atomen, in dem menschliche Freiheit möglich ist. Philodemus hieß ein epikureischer Philosoph aus Gadara (ca. 110–40/35 v.Chr.), der in Italien gelehrt hat.

2 Die stoische Philosophie, von Zenon von Kition (333/2–271/0 v.Chr.) gegründet, sucht Seelenruhe durch Einordnung des Menschen in ein von Gott gelenktes Universum. Pflichterfüllung bringt das Leben zu seiner Erfüllung. Diese Philosophie dominierte in der gebildeten Oberschicht. Seneca (1–65 n.Chr.) war von der Stoa beeinflusst.

ihm als Gewissen, das sagt, was seine Pflicht ist. Übereinstimmung mit seinem Gewissen war ihm wichtiger als jedes Vergnügen. Aber natürlich träumte er davon, dass beides zusammenfällt: Pflichterfüllung und Lebensfreude.

Erasmus war mit 16 Jahren nach Rom gekommen, um Rhetorik und Recht zu studieren. Jetzt war er schon seit ein paar Jahren als Anwalt tätig. Er bewohnte auf dem Quirinalhügel nördlich des Kapitols ein Haus in Familienbesitz. Das war bei den teuren Mieten in Rom eine gute Starthilfe gewesen. Das Haus, ein kleines Atriumhaus mit hellem Innenhof, war repräsentativ genug, um in ihm als Anwalt Klienten zu empfangen, aber signalisierte gleichzeitig Bescheidenheit. Man spürte sofort: Hier wohnt keiner der ganz Reichen. Erasmus lebte dort zusammen mit seinem Sklaven Tertius, der ihm den Haushalt machte und als Schreiber ausgebildet war. Er erledigte die Korrespondenz bei seinen Anwaltsgeschäften, schrieb Verträge, Briefe und Anträge. Sie kannten sich seit ihrer Kindheit. Zusammen waren sie auf dem Landgut seines Vaters in Latium südlich von Rom aufgewachsen, nicht weit von der Hafenstadt Tarracina. Über die Via Appia waren sie zu Fuß in zwei Tagen zuhause. Als Kinder hatten sie den Standesunterschied zwischen sich kaum bemerkt. Die Eltern des Erasmus behandelten die im eigenen Haus geborenen Sklaven wie ihre Kinder und ihre unmündigen Kinder wie kleine Sklaven. Sie waren überzeugt, dass es zwischen Sklaven und Freien keinen Unterschied gebe. Denn sie gehörten zum Freundeskreis des Philosophen Musonius.[3] Der lehrte als Stoiker, man solle Sklaven als Menschen betrachten, die von Natur aus frei sind und nur durch Schicksal Sklaven geworden sind. Daher dürfe man Sklaven nie die Hoffnung auf Freiheit nehmen. In der Regel wurden sie in Rom etwa im

3 Gaius Musonius Rufus (ca. 30–101/2 n.Chr.), ein römischer Ritter, lehrte als stoischer Philosoph unter Nero in Rom, wurde verbannt, versuchte im Bürgerkrieg nach Neros Tod Soldaten vergeblich vom Kampf abzuhalten (Tacitus, Historien III 81). Unter Vespasian ging er noch einmal ins Exil. Von ihm sind Aufzeichnungen seiner Lehrreden erhalten.

Alter von 30 Jahren freigelassen, waren aber danach auch weiterhin zu Dienstleistungen für ihre ehemaligen Herren verpflichtet.

Erasmus hatte bei einem der berühmtesten Juristen seiner Zeit, dem Senator Gaius Cassius Longinus, studiert. Der hatte ihm eingeprägt: Aufgabe des römischen Reiches ist es, durch eine Rechtsordnung den Frieden zu sichern und das Zusammenleben von vielen verschiedenen Menschen zu ermöglichen. Cassius Longinus war mit dem Attentäter Cassius, der gemeinsam mit Brutus Caesar ermordet hatte, verwandt. Er war in seinem Herzen Republikaner und stolz darauf, dass sich das Recht auch gegen tyrannische Menschen durchsetzt.[4] Daneben hatte Erasmus wie seine Eltern Lehrvorträge bei Musonius gehört und war Anhänger der stoischen Philosophie geworden. Jetzt war er schon ein paar Jahre als Anwalt tätig und hatte einige schwierige Prozesse gewonnen.

Doch daran wollte er jetzt nicht denken. Jetzt sollte ihn die Gegenwart ganz erfüllen. Aber das fiel schwer. Mit Macht zogen ihn seine Gedanken in die Zukunft. In ein paar Wochen würden seine Eltern Cornelius und Cornelia gemeinsam ihren 45. und 40. Geburtstag feiern. Die Geburtstage lagen nur wenige Tage auseinander. Da musste er zeigen, dass er in seinem Rhetorikstudium etwas gelernt hatte! Alle Gäste erwarteten von ihm eine Rede. Aber was sollte er sagen? Das Thema sollte die Ehe sein – mit Gedanken des Musonius. Der lehrte: Ehepartner sollen die besten Freunde sein, alles gemeinsam haben, sich in allem unterstützen und gern zusammen leben. Nur war das für

4 Gaius Cassius Longinus (gest. 69 n.Chr.) schrieb drei nicht erhaltene Bücher über das bürgerliche Recht. Er stammte vom Bruder des Caesarmörders Cassius ab, war im Jahr 30 Konsul, später Statthalter in Asien und Syrien. Nero verbannte den schon erblindeten alten Mann. Vespasian rief ihn zurück. Kurz nach seiner Rückkehr starb er. Nach Tacitus, Annalen XII 12,1, überragte er alle als Kenner der Gesetze; er lobt, dass sein Verhalten *dignum maioribus suis* (d.h. seiner Vorfahren würdig) sei.

seine Eltern nichts Neues. Das alles hatten sie oft bei Musonius gehört. Seine Rede musste noch etwas Besonderes enthalten, was für seine Eltern und seine Beziehung zu ihnen charakteristisch war.

In seiner Einleitung wollte er ihnen erst einmal danken. Seine Eltern hatten ihm den in Rom ungewöhnlichen Namen »Erasmus« gegeben. Das griechische Wort »Erasmios« bedeutet ›Geliebter‹ und ›Ersehnter‹. Seine Eltern hatten ihn gewollt. Sie hatten ihm das Gefühl gegeben, erwünscht zu sein. Ein besseres Geschenk kann man seinen Kindern nicht geben.[5]

Hauptsächlich aber wollte er die Ehephilosophie des Musonius auf die Eltern anwenden. Sein Vater war ein Pragmatiker. Die Ideale unserer Philosophen, meinte er, seien sehr gut, aber oft wenig praktikabel. Man solle niemandem etwas abverlangen, was ihn überfordert – das sei für ihn einer der wichtigsten Grundsätze des römischen Rechts.[6] Wenn Stoiker z.B. die Seelenruhe anpreisen, die Überwindung aller Affekte, die Ausrottung des Zorns und der Begierde, so seien das so hohe Ideale, dass nur alle paar Jahrhunderte ein Mensch sie verwirklichen könne. Genauso dachte Cornelia. Erasmus wollte beide damit überraschen, dass er ihre Philosophie in wenigen Grundsätzen zusammenfasste. Dazu aber hatte er erst vage Ideen.

Sollte er den Grundsatz formulieren: Es gibt keine Sondermoral für Männer oder Frauen? Für alle gilt: Du sollst niemanden verletzen, sollst jedem das Seine geben, sollst so leben, dass du geachtet wirst![7] Oder war das nicht alles trivial? Moral versteht sich eigentlich von selbst.

5 »Erasmus« ist (auch) ein symbolischer Name: Erasmus von Rotterdam (ca. 1466/69–1536) verband Christentum und Humanismus.

6 »Niemand darf über seine Möglichkeiten hinaus verpflichtet werden« (*impossibilium nulla est obligatio*; Digestae L 17,185).

7 Die lateinische Sentenz *neminem laedere, suum cuique, honeste vivere* findet sich bei dem Juristen Ulpian (170–223 n.Chr.) (Inst. I 1,3-4), der Grundsatz *suum cuique* bei Cicero (Vom Wesen der Götter III,38).

Sollte er die Maxime: »Behandle den anderen so, wie du wünschst, von ihm behandelt zu werden!«[8] auf die Ehe anwenden? Das könnte etwa so lauten: Verlange von deinem Partner nur, was erfüllbar ist, damit er nichts Unerfüllbares von dir verlangt! Aber klang das nicht allzu nüchtern?

Oder sollte er seine eigene Lebensweisheit zum Besten geben: Lebe gut mit dir selbst zusammen! Wenn du dich nicht selbst ertragen kannst, fällt es anderen schwer, dich zu ertragen. Mit dieser Lebensmaxime hatte er sich freilich manchmal verteidigt, wenn er gefragt wurde, warum er noch nicht geheiratet hatte. Auch das war noch nicht die große zündende Idee.

Am besten fand er zurzeit den Gedanken: Die besten Ehepartner sind die, die auch mit dem zweitbesten Partner gut zusammenleben könnten. Im Leben trifft man immer einen, den man für noch besser hält. Dieser Grundsatz erspart den Test darauf, ob das auch wirklich stimmt.

Eine Abwandlung desselben Gedankens wäre: Die besten Partner haben als Verliebte die Erfahrung gemacht: Liebe macht blind. Aber die Ehe war für sie eine wirksame Therapie gegen diese Blindheit. Wenn Ehepartner sich nach wiedererlangter Sehkraft mit Liebe ansehen, sind sie ein glückliches Paar.

Bei dieser Rede gab es freilich ein Problem: Je überzeugender er seine Ehephilosophie ausbreiten würde, umso mehr würde er seinen Eltern das Stichwort zu der Frage geben: Wann heiratest du? Sollte er ihnen dann sagen, dass er eine junge Frau im Blick hatte, dass es da aber Probleme gab? Sie würden wissen wollen, wer diese Frau sei und warum er als erfolgreicher Anwalt Schwierigkeiten habe, diese Frau für sich zu gewinnen. Erasmus rief ihr Bild in sich wach. Seine Gedanken wanderten durch die Gassen

8 Dieser in der Antike und allen Weltreligionen verbreitete Grundsatz fasst in Mt 7,12 Gesetz und Propheten zusammen. Seit 1615 ist dafür die Bezeichnung »Goldene Regel« bezeugt.

Roms zu dem Haus, in dem sie wohnte. Was sie in diesem Augenblick wohl tat? Ob sie an ihn dachte? Ob sie wünschte, er möge an sie denken? Ob sie auch dachte, er würde jetzt an sie denken? Und wenn es nicht so war: Was könnte er tun, dass sie an ihn dachte und noch öfter an ihn denkt. Er fing an, von ihr zu träumen. Kein Zweifel, er war verliebt. Dabei war sie keine Schönheit der Art, wie man sie auf den Statuen Roms sah. Ihr Aussehen hatte etwas Herbes, das sich in weiches Licht verwandelte, wenn ihre Augen funkelten – keine Venus, keine Puppe, kein Schmusekätzchen, aber ein wunderbarer Mensch. Ihre Worte drangen tief in sein Inneres.

Plötzlich wurde er aus seinen Gedanken gerissen. Er hörte Geräusche im Hauseingang und meinte, die Stimme Nathans zu hören. Nathan war der Vorsteher einer jüdischen Synagoge in Rom. Er hatte ihn im Kreis des Musonius kennengelernt. Auf seine Bitten hin hatte er vor zwei Jahren jüdische Priester in einem Prozess verteidigt, die als Gefangene aus Jerusalem noch Rom geschickt worden waren. Darüber waren sie Freunde geworden. Wenn Nathan ihn mitten in dieser großen Hitze aufsuchte, dann musste etwas passiert sein! Da kam auch schon Tertius und meldete Nathan an. Der betrat schwitzend das Zimmer. Anstatt ihn wie sonst mit vielen Worten zu begrüßen, kam er gleich zur Sache:

»Erasmus, entschuldige, dass ich dich überfalle. Wir brauchen dich. Kannst du noch einmal einen Fall für die jüdische Gemeinde übernehmen?«

Erasmus seufzte innerlich: Jetzt musste er von romantischen Träumen auf Pflichterfüllung umschalten. Er bot Nathan einen Platz auf der ihm gegenüber stehenden Liege an, ließ Tertius Wasser und frisch gepressten Saft bringen. Dann sagte er knurrig:

»Gibt es wieder Streit um euren verdammten Tempelberg in Jerusalem?«

Nathan nickte.

Erasmus stöhnte: »O Gott, damit möchte ich nichts zu tun haben! Das ist ja Wahnsinn, wie ihr um den Tempel streitet.«

Erasmus konnte so offen mit Nathan reden, denn beide waren sich einig, dass der Streit um den Tempel makaber war. In diesem Streit hatte Erasmus einst einige Priester verteidigt.[9] Die Römer hatten dem jüdischen König Agrippa II. die Oberaufsicht über den Tempel übertragen, obwohl sie selbst Judäa regierten und dem König nur einige Gebiete im Norden und Osten Judäas überlassen hatten. Der Palast des Königs grenzte gleich an den Tempel. Um alles im Tempelinneren einsehen zu können, hatte er in seinem Palast einen hohen Turm gleich neben dem Tempel erbaut. Das war Teil eines Machtkampfes gegen die Priester im Tempel. Diese wiederum hatten eine noch höhere Mauer errichtet. Das Problem war nur: Die Mauer nahm auch den im Tempel stationierten römischen Soldaten die Einsicht in den Tempelbezirk, so dass sie bei Unruhen nicht direkt eingreifen konnten. Daher hatte der römische Prokurator – so nannte man den für Judäa zuständigen römischen Beamten – gegen die Errichtung der Mauer protestiert und die für den Mauerbau verantwortlichen Priester zum Prozess nach Rom geschickt. Eigentlich war ihr Fall aussichtslos gewesen. Gegen die gemeinsamen Interessen von Römern und König Agrippa hatten sie keine Chance. Alles hatte dafür gesprochen, dass die Priester als Feinde des Römischen Reiches hingerichtet würden. Trotzdem hatte Erasmus ihren Freispruch erwirkt. Dabei waren sie ihm im Grunde unsympathisch. Erasmus mochte ebenso wenig wie Nathan Menschen, die ihre Tempel gegen andere Menschen verbarrikadieren. Dies hatte beide einander näher gebracht.



9 Zum Konflikt um den Tempel vgl. Josephus, Altertümer XX 8,11 §189-196.

In der Zeit danach hatte Erasmus oft die Familie des Nathan besucht, vor allem seine Frau Salome und seine Tochter Hannah. Sie alle verband ihre Zugehörigkeit zum Kreis um Musonius. Alle interessierten sich für Philosophie. So war er ein Freund der Familie geworden. Seine stoische Philosophie der Pflichterfüllung und das jüdische Leben nach dem Gesetz passten gut zusammen.

Nathan berichtete: »Es geht wieder um den Tempelberg, aber diesmal ist alles anders. Der Jude, für den wir einen Anwalt suchen, will nicht Mauern errichten, sondern einreißen. Er will den Tempel für alle Völker öffnen. Im Augenblick darf den inneren Tempelbezirk kein Nicht-Jude betreten. Das wollte er abschaffen. Deshalb wurde er in Ketten nach Rom geschickt. Wir Juden in Rom sind alarmiert. Wir brauchen dich als erfahrenen Anwalt.«

Erasmus schüttelte den Kopf: »Die Priester wollten den Tempel verbarrikadieren. Wie kann ich jetzt einen Juden verteidigen, der ihn öffnen will? Damit mache ich mich unglaubwürdig.«

Nathan ließ nicht locker: »Ich weiß doch, du denkst wie ich: Alle Menschen sind Bürger einer einzigen Stadt. Die ganze Welt ist unsere Stadt. Wir sind ›Kosmopoliten‹.[10] Dieser Gefangene ist ein kosmopolitischer Jude. Ihn kannst du aus voller Überzeugung verteidigen!«

»Auch die Priester habe ich aus Überzeugung verteidigt, obwohl ich ihre Überzeugung nicht teile«, widersprach Erasmus: »Das ist nur scheinbar paradox. Ich habe so argumentiert: Wer gegen Traditionen verstößt, stört den Religionsfrieden. König Agrippa hat diesen Frieden verletzt, nicht die Priester. Das hat vor Gericht überzeugt. Und jetzt soll ich das Gegenteil davon vertreten? Dieser Kerl stört den

10 Vor allem Stoiker vertraten einen Kosmopolitismus, aber auch der jüdische Religionsphilosoph Philo von Alexandrien (erste Hälfte des 1. Jh. n.Chr.): »Der ›Großstaat‹ nämlich ist diese Welt, und er hat *eine* Verfassung und *ein* Gesetz: es ist das Naturgesetz, das gebietet, was zu tun, und verbietet, was zu unterlassen ist.« (Über Joseph 29).

Frieden auf dem Tempelberg. Solche Leute kann ich nicht verteidigen! Niemals!«

»Hör mich an, ehe du Nein sagst. Diesem Menschen wurde zum Verhängnis, dass er einen römischen Namen hat: Paulus. Er ist römischer Bürger.[11] Du kannst ihn mit dem Argument heraushauen: Ein römischer Bürger wurde von fanatischen Juden angeklagt, weil er auch für Römer den Jerusalemer Tempel öffnen lassen wollte; das Römische Reich muss solche weltoffenen Juden unterstützen. So etwas überzeugt vor Gericht.« Nathan sah seinen Freund erwartungsvoll an.

Doch der antwortete: »Das glaube ich nicht. Ein römischer Bürger, der auf dem Tempelberg Unruhe stiftet, verletzt die Grundsätze römischer Religionspolitik. Die sagen: Religionsstreit lässt sich nur vermeiden, wenn wir Traditionen respektieren und keine Neuerungen einführen.«

»Das galt aber nicht für die Religionspolitik des Kaisers Gaius Caligula.[12] Der hat bewusst religiöse Traditionen verletzt. Du kannst diesen Paulus als Opfer von dessen Religionspolitik hinstellen. Caligula wollte vor etwa 20 Jahren den jüdischen Tempel in ein römisches Staatsheiligtum verwandeln und für alle Völker öffnen. Er wollte seine eigene Statue dort aufstellen. Er hielt sich für einen Gott. Damals hätte es fast einen Aufstand gegeben, doch da wurde Caligula überraschend ermordet.[13] Danach blieb unter Juden die Angst lebendig, ein Nachfolger könnte seinen Plan zu Ende führen.[14] Diese Angst wurde Paulus

11 Paulus war nach Apg 16,37f; 22,25; 23,27 römischer Bürger. Deshalb hatte er das Recht, bei einem Prozess an den Kaiser zu appellieren (vgl. Apg 25,10-12).

12 Kaiser Gaius mit Spitznamen Caligula (lat. »Stiefelchen«) regierte von 36–41 n.Chr. Claudius wurde nach dessen Ermordung im Januar 41 sein Nachfolger. Er starb im Oktober 54. Ihm folgte Nero (54–68 n.Chr.).

13 Zum Versuch des Gaius Caligula, den Tempel in ein heidnisches Staatsheiligtum zu verwandeln, vgl. Josephus, Jüdischer Krieg II 10,1-5 §184-203; Altertümer XVIII 8,1-9 §257-309, ferner Philo von Alexandrien, Die Gesandtschaft an Gaius 197-373.

14 Nach Tacitus, Annalen XII 54,1, blieb auch nach der Ermordung des Gaius Caligula »die Besorgnis, ein anderer Kaiser könne dieselbe Weisung erteilen«.

zum Verhängnis. Sobald ein römischer Staatsbürger im Tempel etwas verändern und ihn für andere Völker öffnen will, erinnern sich alle an den verrückten Caligula und befürchten, die Römer wollten nachholen, was der nicht geschafft hat: den jüdischen Tempel zu einem Tempel für alle Völker zu machen.«

Nathan war aufgesprungen und gestikulierte beim Reden so lebhaft, als sei Erasmus der Richter und er der Anwalt, der Paulus verteidigt. Erasmus sah ihn voll Skepsis an:

»Du traust Argumenten viel zu. Bei den jüdischen Priestern hatte ich nicht durch Argumente, sondern durch Beziehungen zum Kaiserhof Erfolg. Poppäa, Neros Geliebte und Frau,[15] sympathisiert mit den Juden. Einige halten sie sogar für eine ›Gottesfürchtige‹.«

Nathan unterbrach ihn: »Wie auch du einer bist. Du besuchst unsere Synagoge, teilst unseren Glauben an Gott, lässt dich aber nicht beschneiden und hältst keine Speisegebote – leider!«

»Ja, ja, ich interessiere mich eher philosophisch für euch. Aber Riten wie die Beschneidung schrecken Römer ab, die eure Philosophie gut finden. Deswegen habt ihr mehr Anhänger unter gebildeten Frauen wie Poppäa. Die müssen sich nicht beschneiden lassen, wenn sie sich dem Judentum anschließen. Ich konnte Poppäa durch Vermittlung meines Freundes Philodemus bewegen, sich bei Nero für die Priester einzusetzen. Das brachte die Wende im Prozess. Aber dieser Hebel fehlt mir dieses Mal. Wer jüdische Traditionen verletzt, hat bei Poppäa keine Chancen.«

»Aber Paulus folgt uralten jüdischen Traditionen, wenn er sagt, dass eines Tages alle Völker Gott im Tempel vereh-

15 Poppaea Sabina stammte aus Pompeii, war nach einer Scheidung mit dem späteren Kaiser Otho verheiratet, wurde die Geliebte Neros und 62 n.Chr. seine Frau. Sie starb 65 n.Chr., nachdem Nero sie in ihrer Schwangerschaft mit Füßen getreten hatte. Poppaea war schön, intrigant und gebildet. Ihre Sympathien für das Judentum bezeugt Josephus; auf dessen Bitten hin verschaffte sie angeklagten jüdischen Priestern die Freiheit (Josephus, Leben 3 §13-16).

ren werden![16] Gerade das ist der Traum aller Gottesfürchtigen! Dass sie einmal gleichberechtigt mit allen Juden sind!«

Erasmus schaute ihn freundlich an, sagte aber mit Nachdruck: »Nathan, diesen Traum habe ich auch. Trotzdem kann ich diesen Fall nicht übernehmen. Der Tempelberg ist ein Wespennest. Wer sich ihm nähert, wird gestochen. Ich habe schon genug Stiche abbekommen. Dass ich die Priester raushauen konnte, war mehr Glück als Verstand. Ich hatte auch nicht nur Erfolg. Zwei Priester mussten als ›Geiseln‹ in Rom bleiben: Ismael und Helkias.[17] Ihre ›Geiselhaft‹ sollte alle anderen Priester in Jerusalem abschrecken, noch einmal die römische Macht so unverschämt herauszufordern, wie sie es getan hatten. Wenn jetzt schon wieder um den Tempelberg prozessiert wird, wird dem Kaiser der Geduldsfaden reißen.«

Er machte eine Pause. Man merkte, er fühlte sich bei dieser schroffen Absage nicht wohl. Nathan war sein Freund. Erasmus wollte ihm etwas entgegenkommen: »Alles, was ich für dich machen kann, ist, diesen Fall juristisch einzuordnen. Dann kannst du einschätzen, welche Chancen ihr habt.«

Er schien eine Zeit lang in Nachdenken versunken zu sein. Nathan setzte sich wieder. Sie nippten am Glas, nahmen von den Trauben und Nüssen, die auf dem Tisch standen. Schließlich sagte Erasmus: »Juristisch entscheidend ist: Gegen welche Gesetze hat Paulus verstoßen?«

Nathan nickte: »Man wirft ihm vor, er habe einen Nicht-Juden in den inneren Tempelhof geschmuggelt. Du weißt: Den äußeren Tempelhof dürfen alle betreten. Daher nennt man ihn den ›Vorhof der Heiden‹. Aber vor der Schranke zum inneren Tempelbezirk, wo der eigentliche Gottesdienst mit Opfern und Gesängen stattfindet, stehen

16 Die Erwartung einer Wallfahrt aller Völker zum Tempel findet sich u.a. in Jesaja 2,1-5; Micha 4,1-5; Jesaja 66,18-20.

17 Die Namen dieser Staatsgeiseln sind historisch, vgl. Josephus, Altertümer XX 8,11 §195.

Warnschilder in drei Sprachen, in Hebräisch, Griechisch und Latein. Sie warnen: Wer diese Schranke als Nicht-Jude überschreitet, ist selbst Ursache seines Todes!«[18]

Erasmus schüttelte den Kopf: »Ich habe dir schon immer gesagt: Diese Warnschilder sind Aufforderung zu Lynchjustiz! Zu Hinrichtungen ohne Gerichtsverfahren! Welcher Idiot unter den römischen Präfekten und Prokuratoren[19] hat das zugelassen? Römisches Recht muss überall gelten. Mein juristischer Verstand sagt mir: Wir dürfen solche rechtsfreien Räume nicht zulassen. Mein gesunder Menschenverstand sagt mir freilich auch, dass es heller Wahnsinn ist, wenn dieser Paulus trotz solcher Warninschriften einen Heiden in den inneren Tempelbezirk schmuggeln wollte!«

Nathan widersprach mit Nachdruck: »Paulus leugnet das. Ich habe ihn zu diesem Punkt fragen können. Sicher ist nur: Es kam das Gerücht auf, er habe einen Heiden in den inneren Tempelhof gebracht. Das Gerücht entstand, weil man ihn in Jerusalem in Begleitung von Nicht-Juden gesehen hat.«[20]

»Aber deswegen verhaftet man doch keinen!«, warf Erasmus ein.

Nathan fuhr fort: »Das Gerücht war so brisant, weil Paulus nicht nur vorausgesagt hat, dass sich der Tempel irgendwann einmal öffnen werde. Er hatte angekündigt, es werde bald geschehen. Wenn so jemand mit einem Heiden in der Umgebung des Tempels gesehen wird, wirkt das auf unsere Fanatiker so, als wolle er seine Zukunftsvision verwirklichen.«

18 Zwei Warninschriften sind als Relikte gefunden worden. Auf ihnen steht: »Niemand aus einem anderen Stamm darf (den Raum) innerhalb der Schranke und der Umzäunung rings um den Tempel betreten. Wer dabei angetroffen wird, wird selbst verantwortlich sein für den darauf folgenden Tod.« Vgl. ferner Josephus, Jüdischer Krieg VI 2,4 §125f.

19 Die römischen Beamten, die Judäa verwalteten, hießen bis Agrippa I. (41–44 n.Chr.) »Präfekten«. Nach 44 n.Chr. wurden sie zu Prokuratoren »hochgestuft«.

20 Apg 21,27-35.

Erasmus formulierte nun wieder ganz als Jurist: »Das heißt: Einige haben diesen Zukunftstraum des Paulus als Vorbereitungshandlung für eine Straftat und diese Vorbereitungshandlung als ebenso strafwürdig wie die Straftat selbst angesehen! Das ist eine absurde Rechtslogik! Aber manche denken so absurd.«

»Was seine Zukunftsvision angeht, muss ich noch etwas sagen«, fügte Nathan verlegen hinzu, »Paulus hat nicht nur von der Öffnung des Tempels *geträumt*. Er hat diesen Traum in einem Brief an eine Gruppe von ›Christusanhängern‹ in Rom *schriftlich* mitgeteilt. Die haben mir den Abschnitt zu lesen gegeben. Dort kündigt er an, dass er Jerusalem besuchen will, um dort ›wie ein Priester Heiden als Opfer darzubringen‹.[21] Er will sich mit Heiden in einem ›vernünftigen Gottesdienst‹[22] vereinen.«

Erasmus horchte auf: »Das mit dem ›vernünftigen Gottesdienst‹ klingt gut. Aber wie kann er so unvernünftig sein, Übertretungen von Tempelgesetzen in einem Brief öffentlich anzukündigen!«

»Man kann seine Worte auch bildlich verstehen«, meinte Nathan, »dann hätte er nur gesagt, dass Menschen, die er für den Glauben an Gott gewonnen hat, seine Opfergabe an Gott sind. Ihr Opfer ist ihr Leben und ihr Denken. Sie müssen nicht unbedingt am Tempelgottesdienst teilnehmen.«

Erasmus schüttelte den Kopf: »Dafür müsste er nicht nach Jerusalem reisen. Deine erste Deutung leuchtet mir mehr ein: Wenn Paulus nach Jerusalem gekommen ist, um dort Heiden als Opfergabe darzubringen, dann kündigt er an, dass sie am Tempelgottesdienst teilnehmen sollen. Wenn er das nicht deutlicher sagt, zeigt er, dass er seinen Verstand noch nicht ganz verloren hat. Man posaunt Straf-

21 Röm 15,16.
22 Röm 12,1 zusammen mit 15,7-13.

taten, die man begehen will, vorher nicht offen aus. Aber naiv war er. Wusste er nichts von der Todesgefahr, in die er sich hineinmanövrierte?«

Nathan war sich sicher: »Natürlich wusste er davon. In seinem Brief schreibt er davon. Er fürchtet, dass ihn seine Gegner in Jerusalem umbringen könnten. Man solle für ihn beten, damit er gerettet wird.«[23]

Erasmus dachte eine Zeitlang nach und setzte dann erneut zu einer Zwischenbilanz an: »Ich würde den Fall so bewerten: Zweideutige Aussagen des Paulus über eine Öffnung des Tempels haben für das Gerücht gesorgt, er würde Heiden in den inneren Tempelbezirk bringen. Das führte zu Unruhen, als er mit einem Heiden den äußeren Tempelbezirk betrat! Die öffentliche Ordnung war bedroht. In solch einem Fall muss der römische Prokurator eingreifen. Er kann dann aufgrund polizeilicher Vollmacht jemanden im Schnellverfahren zum Tode verurteilen. Doch er hat es nicht getan, sondern Paulus inhaftiert und nach Rom geschickt. Warum hat er nicht kurzen Prozess mit ihm gemacht?«

»Tatsache ist, dass der damalige Prokurator Felix diesen Paulus zwei Jahre lang in seiner Residenz in Caesarea am Meer gefangen gehalten hat.[24] Warum er ihn nicht einfach hinrichten ließ? Wahrscheinlich wollte er Lösegeld aus ihm herauspressen. Das ist bei korrupten Prokuratoren so üblich. Er hatte wahrscheinlich Wind davon bekommen, dass Paulus mit viel Geld nach Jerusalem gekommen war, um Christusanhänger zu unterstützen. Paulus schreibt auch davon in seinem Brief. Felix stellte sich die Frage: Wo ist das Geld geblieben? Er wollte es unbedingt haben. Dann wurde er als Prokurator abgelöst. Sein Nachfolger Festus wollte Paulus endlich den Prozess machen. Entweder hatte er schon ein Todesurteil ausgesprochen oder es angedroht.

23 Röm 15,30-32.
24 Apg 24,22-27.

Auf jeden Fall berief sich Paulus vor ihm auf sein Recht, als römischer Bürger an den Kaiser zu appellieren. Deswegen wurde er als Gefangener nach Rom geschickt.«

Erasmus war mit dieser Auskunft noch nicht zufrieden: »Wir wissen doch beide: Gelderpressung haben Felix und Festus bestimmt nicht als Grund für seine zweijährige Haft nach Rom gemeldet. Offiziell muss es sachliche Gründe gegeben haben, mit denen die Prokuratoren ihr Vorgehen gegen Paulus rechtfertigen konnten.«

Nathan nickte: »Auch da habe ich eine Vermutung. Für die Öffnung des Tempels hat sich Paulus auf einen Propheten Jesus mit Beinamen Christus berufen. Der soll einen neuen Tempel geweissagt haben, der eine Gebetsstätte für *alle* Heiden sein sollte.[25] Sich auf ihn zu berufen, war desaströs. Diesen Propheten hatte ein römischer Präfekt kreuzigen lassen. Paulus berief sich also auf jemanden, der vor etwa 30 Jahren als Verbrecher hingerichtet worden war. So einem traut man alle möglichen Verbrechen zu!«

»Christus? Jesus? Nie gehört!«

Nathan erläuterte: »Christus bedeutet ›der Gesalbte‹ oder in unserer Sprache ›Messias‹. Gesalbt wurden Könige bei ihrer Inthronisation. Viele Juden erwarten einen neuen Messias. Der soll Juden die Weltherrschaft geben.«

Erasmus schaute entsetzt und steigerte sich in seiner Stimme: »Das wird ja immer schlimmer. Das ist Rebellion gegen den römischen Staat! Das sind Umsturzvorbereitungen! Und damit rückst du erst jetzt heraus?«

Nathan beschwichtigte: »Immer wieder tauchen bei uns Wirrköpfe auf und tun so, als seien sie der Messias. Aber keiner nimmt sie ernst. Alle vernünftigen Juden wissen, dass Gott in der jetzigen Geschichtszeit den Römern die Weltherrschaft gegeben hat.«

25 In Mk 11,17 zitiert Jesus Jesaja 56,7: »Mein Haus soll eine Gebetsstätte genannt werden für alle Heiden.«

Erasmus schüttelte den Kopf: »Je mehr ich von Paulus höre, umso klarer wird: So jemanden kann man nicht verteidigen! Einen, der Visionen von einer Weltherrschaft eines jüdischen Königs propagiert – wenn das rauskommt, ist er verloren.«

Doch Nathan gab nicht auf: »Die Römer griffen in Jerusalem nicht ein, um messianische Träume im Keim zu ersticken, sondern um Paulus vor einem Mob zu schützen, der ihn lynchen wollte. Sie nahmen ihn in Schutzhaft. Und beschützten ihn auch weiterhin. Paulus erzählte mir nämlich, dass seine Gegner unter den Juden ein Attentat auf ihn geplant hatten. Sie wollten ihn auf dem Weg vom Gefängnis zum Verhör ermorden.[26] Muss der römische Staat nicht seine Bürger schützen?«

Erasmus konnte den Unwillen in seiner Stimme nur schwer verbergen: »Gut, dass ich das alles noch rechtzeitig erfahre. Denn mit so einem Klienten macht man sich als Anwalt unmöglich!«

Doch Nathan redete mit erhobener Stimme weiter auf seinen Freund ein: »Mit Paulus machen vor allem wir Juden uns in Rom unmöglich. Wenn einer von uns Unruhe stiftet, heißt es gleich, alle Juden seien aufsässig. Macht ein Römer dasselbe, sagen alle: Der war eine Ausnahme. Wir Juden müssen am Ende alle ausbaden, was einer von uns tut. Du gehörst zu den wenigen Anwälten, die keine Vorurteile gegen uns haben. Deswegen kommen wir zu dir. Kannst du nicht trotz allem seine Verteidigung übernehmen? Wir brauchen einen erfahrenen Anwalt, gerade weil es ein verdammt schwieriger Fall ist.«

»Lieber Nathan«, setzte Erasmus an und wirkte dabei sehr entschieden, »es ist ganz klar: Leute wie Paulus kann man nicht verteidigen. Alles was du mir bisher erzählt hast, sagt mir: Als Mandant wäre er eine Anfechtung! Solche

26 Zur Verschwörung gegen Paulus: Apg 23,12-22.

Leute durchkreuzen alle Verteidigungsstrategien. Sie provozieren ihre Umwelt und beklagen sich danach, dass alle gegen sie sind. Ich wette, dieser Paulus provoziert nicht nur im Tempel!«

Nathan räumte ein: »Unter Juden ist er nicht beliebt. Mein Freund Baruch meint, er schade uns, weil er lehrt, Heiden müssten sich nicht beschneiden lassen.«

Beim Stichwort »beschneiden« zuckte Erasmus zusammen und starrte Nathan einen Augenblick lang durchdringend an. Dieses Stichwort elektrisierte ihn. Er bemühte sich, Nathan nichts davon merken zu lassen und sagte nur: »Habt ihr noch mehr Ärger mit ihm?«

Nathan schaute ihn an, als hätte er doch etwas von dem gemerkt, was in Erasmus vor sich ging. Er nickte: »Seine Kritik der Speisegebote verärgert uns. Der Unterschied von reinen und unreinen Speisen sei eine menschliche Erfindung.[27] Er behauptet sogar, man dürfe den Göttern geweihtes Opferfleisch essen, vorausgesetzt, man wolle damit die Götter nicht verehren.«[28]

Erasmus wirkte auf einmal wie verändert. Seine Stimme klang gepresst, als er rief: »Aber wäre das nicht ein gewaltiger Fortschritt, wenn sich solche Ideen durchsetzen würden? Beschneidung und Speisegebote trennen Juden und Heiden. Wenn sie wegfielen, würde das die Spannungen zwischen Juden und Heiden überwinden! Eine Beschneidung sollte man ohnehin niemandem zumuten! Heiraten zwischen Juden und Nicht-Juden wären dann leichter!«

Nathan widersprach vorsichtig: »Gewiss, es gibt Wichtigeres als diese Äußerlichkeiten. Aber an unserer Lebensweise, an Sabbatruhe, Beschneidung und Speisegeboten, werden wir als Juden erkannt. Was wir in unserem Inneren

27 Röm 14,14: Nichts ist »unrein an sich selbst; nur für den, der es für unrein hält, ist es unrein«.

28 1Kor 8,1-13; 10,23-11,1.

glauben, kann keiner sehen. Aber was wir öffentlich tun, nehmen alle wahr. Durch diese Riten vergewissern wir uns gegenseitig, dass wir Juden sind und Juden bleiben wollen. Wer sie uns nehmen will, nimmt uns ein Stück unserer Heimat.«

»Aber unterwerft ihr euch nicht viel zu vielen Einschränkungen, die das Leben im Judentum zur Last machen?«

»Im Vergleich zu anderen fordern wir viel. Wir müssen alle sieben Tage zusammenkommen, um Gottes Gebote zu studieren, und nach ihnen unser Leben gestalten! Seine Gebote sind nicht leicht. Wer verzichtet schon gerne auf so viele Speisen? Wer bekennt sich zu seiner Beschneidung, obwohl viele Völker sie ablehnen? Aber diese Mühen, die uns unsere Lebensweise abverlangt, sind ein Test, ob es jemand ernst damit meint, Jude zu sein.«

Erasmus schwieg betreten. Dann sagte er leise: »Dieser Paulus hat eine sympathische Seite. Im Prinzip interessiert mich das, ich meine, philosophisch und abstrakt. Ist das nicht ein sehr weltoffenes Judentum?«

Nathan hakte nach: »Willst du es dir noch einmal überlegen, ob du ihn doch verteidigst?«

»Das habe ich nicht gesagt, ich müsste mehr über ihn wissen. Ich werde meine ehemaligen Klienten, die beiden Priester Ismael und Helkias, konsultieren. Die kennen sich in all diesen Konflikten in Judäa aus. Sagtest du nicht, dass auch dein Freund Baruch Paulus kritisiert? Auch ihn muss ich unbedingt sprechen. Ein Anwalt muss alle Schwachstellen seines Mandanten kennen, alles, was man ihm vorwerfen kann.«

»Willst du also doch seine Verteidigung übernehmen?«

»Wenn ich jetzt sofort entscheiden müsste, würde ich Nein sagen. Dieser Paulus interessiert mich aber, wie gesagt, aus philosophischen Gründen. Er vertritt ein Judentum, das ich lieber verteidigen würde als die Priester mit ihrem Mauerbau! Aber Menschen wie Paulus sind ein

Risiko – nicht nur für sich selbst, sondern auch für andere, auch für einen Anwalt.«

Nathan stieß noch einmal nach: »Manche seiner Gedanken sind für Römer und Griechen gewiss eine Torheit und für uns Juden ein Ärgernis.[29] Aber spricht das gegen sie? Auch eure Philosophen haben ihre Mitbürger provoziert, wurden verbannt, Sokrates sogar hingerichtet. Unsere Propheten wurden abgelehnt. Vielleicht gehört Paulus zu diesen Außenseitern mit neuen Ideen.«

Erasmus antwortete: »Das kann sein, würde aber seine Verteidigung nicht leichter machen. Ich schlage vor: Komm in ein paar Tagen noch einmal mit deinem Freund Baruch. Ich muss wissen, was er an Paulus kritisiert. Ich werde Ismael und Helkias sprechen. Ob ich dann die Verteidigung des Paulus übernehme, das werden wir sehen! Im Augenblick warnt eine Stimme in mir: Lass die Finger von diesem Fall! Hier kannst du nicht helfen!«

Nathan verabschiedete sich. Er versprach, bald mit Baruch wiederzukommen. Erasmus befahl seinem Sklaven Tertius, Nathan nach Hause zu begleiten und ihn gegen die Gluthitze der Sonne abzuschirmen. Nathan lehnte höflich ab:

»Lass den Tertius hier. Ich komme allein gut nach Hause. Auch Sklaven sind Menschen. Was ich ihm zumute, muss ich auch mir zumuten.«

»Ach was«, meinte Erasmus, »Tertius hat es so gut bei mir, dass ich ihm hin und wieder einen beschwerlichen Auftrag geben muss, sonst kommt er auf den Gedanken, er wäre kein Sklave. Sklaven muss man darin trainieren, bei unangenehmen Aufgaben zu gehorchen, dann sind sie dankbar, wenn sie hin und wieder angenehme Aufgaben erhalten.«

Nathan wollte widersprechen. Doch Erasmus kam ihm zuvor:

29 1Kor 1,23.

»Der Auftrag dich zu begleiten, gehört zu den angenehmen Aufgaben. Unterhalte dich gut mit ihm! Das wird ihm guttun. Er ist ein kluger junger Mensch.«

Nathan lenkte ein: »Wenn du es so siehst, soll er mich begleiten«

Erasmus fügte hinzu: »Und grüß deine Frau und Hannah von mir. Wir beide sehen uns hoffentlich bald wieder – zusammen mit Baruch.«

Nathan und Tertius verschwanden im dahinwelkenden Spätnachmittag. Die Sonne begann sich rötlich zu färben. Bald würden sich ihre Strahlen in das warme Licht des Abends verwandeln. Die Gedanken des Erasmus wanderten mit den beiden Männern zu Hannah. Das war die junge Frau, in die er sich verliebt hatte. Er träumte davon, sie zu heiraten. Sie war nach den Vorstellungen des Musonius erzogen worden. Musonius predigte, dass Frauen genauso in Philosophie unterrichtet werden sollten wie Männer. Nathan und seine Frau Salome hatten deshalb viel in die Ausbildung von Hannah investiert. Sie war gebildet, kannte nicht nur jüdische, sondern auch griechische und lateinische Schriften. Mit ihr konnte man sich über Philosophie unterhalten. Bald nachdem er sie kennengelernt hatte, war ihm klar: So eine Frau trifft man nur einmal im Leben. Aber sie war eine Jüdin. Da gab es Heiratshindernisse. Eins davon war die Beschneidung. Sollten die Ideen von Paulus dieses Heiratshindernis beseitigen? Und wenn auch noch die Speisegebote wegfielen, dann konnte er seine sozialen Kontakte ohne Einschränkung weiter pflegen. Das war für einen Anwalt wichtig.

Dann dachte er an Tertius, der mit ihm zusammenlebte. Er machte sich keine Illusionen darüber, dass die meisten dachten, der junge Sklave sei der Liebhaber. Erasmus hatte im Prinzip nichts gegen gleichgeschlechtliche Beziehungen. Sein Freund Philodemus lebte mit Philandros zusammen. Sie waren ein Paar. Aber der Freund des Philodemus war kein Sklave. Sie hatten einander aufgrund ihrer Liebe zur epikureischen Philosophie gefunden. Sie standen einander bei – in guten und in bösen Tagen. Solche gleichwertigen Paare waren in Rom die Ausnahme. Die konnte er akzeptieren. Denn er hatte bei Musonius gelernt: Abhängige Menschen macht man nicht zu Geliebten. Da die meisten gleichgeschlechtlichen Beziehungen in Rom Beziehungen zu Sklaven waren, lehnte Musonius sie vielleicht zu strikt ab. Da dachte Erasmus toleranter.

Die Beziehung zu Tertius war etwas anderes. Erasmus war mit ihm wie mit einem Bruder aufgewachsen. Das neutralisiert die Beziehung. Hin und wieder hatte er sogar den Verdacht, ob Tertius sein Halbbruder war? War er ihm nicht im Gesicht ähnlich? Verstanden sie sich nicht so gut wie Geschwister? War es ausgeschlossen, dass sein Vater Tertius mit seiner Sklavin Lydia gezeugt hatte? Nie hatte er etwas vom Vater des Tertius gehört. Seine Mutter Lydia hatte ihn zusammen mit Tertius aufgezogen, als seien beide ihre Kinder. Dass der Vater des Tertius namenlos blieb, war zwar üblich. Sklaven hatten rechtlich keinen Vater. Dadurch wurde oft aber auch verschleiert, dass im Haus geborene Sklavenkinder vom Hausherrn stammten. Solch eine außereheliche Nebenbeziehung entsprach zwar nicht den Ehevorstellungen des Musonius. Aber vielleicht hatte es ja Gründe, warum sein Vater meinte, die strengen Grundsätze der Philosophen überforderten die Menschen. Ob dahinter persönliche Erfahrung steckte? Aber das konnte er in seiner Rede nicht zum Thema machen. Außerdem wusste er nicht, was wirklich geschehen war. Er wusste nicht, ob seine Mutter mehr wusste. Oder ahnte? Er jedenfalls ahnte, dass es da ein Familiengeheimnis gab. Aber was würde es ändern? Seine beiden Eltern lebten gut zusammen. Tertius und er hatten es gut bei ihnen und bei Lydia gehabt. Das allein war entscheidend.

Noch am selben Abend schrieb Erasmus in einem Brief an Philodemus von der Anfrage, die Verteidigung des Paulus zu übernehmen. Philodemus hatte ihm schon bei der Verteidigung der jüdischen Priester geholfen. Tertius brachte den Brief zu Philodemus. Zwei Tage später war das Antwortschreiben da, das ihn davor warnte, die Verteidigung zu übernehmen. Wie immer kamen sie in ihren Briefen dabei auf philosophische Themen. Diesmal war es das Thema: Lebensfreude und Pessimismus.

## Briefe über Lebensfreude und Pessimismus

*Philodemus an Erasmus: Grüße!*

Ich hoffe, es geht Dir gut. Was Du schreibst, alarmiert mich. Überlege Dir alles noch einmal, ehe Du die Verteidigung eines jüdischen Wirrkopfes übernimmst, der den Tempelberg als Hebel benutzt, um die Welt ins Chaos zu stürzen. Der Prozess gegen die jüdischen Priester war schwierig genug – und wäre fast zu einem Fiasko geworden, wenn ich nicht Poppäa dafür gewonnen hätte zu intervenieren.

Ich möchte auch eine Frage stellen, die man nur stellen kann, wenn man ein guter Freund ist: Sind Deine Motive bei einer Übernahme der Verteidigung sachlich? Du schreibst, dass dieser jüdische Wirrkopf die Beschneidung abschaffen will. Deswegen interessiert er Dich. Du bist in Hannah verliebt. Du hast mir gesagt, eine Frau wie sie könntest Du heiraten. Aber da gibt es dieses Heiratshindernis zwischen Juden und Nicht-Juden: die Beschneidung. Selbst weltoffen lebende jüdische Familien verlangen von ihren nicht-jüdischen Schwiegersöhnen, dass sie ihre Religion übernehmen und sich beschneiden lassen. Ich kann gut verstehen, dass Du vor solch einer Operation zurückschreckst. So etwas würde ich nie zulassen. Aber nun zeigt Dir dieser jüdische

Wirrkopf einen Ausweg. Er sagt, dass die Beschneidung überflüssig sei, der Glaube allein genüge. Dein stoischer Gottesglaube steht dem jüdischen Gottesglauben nahe: Auch dieser Gott fordert mit strengen Geboten, die sich gegen menschliche Neigungen durchsetzen müssen. Er meldet sich im Gewissen. Du könntest dem jüdischen Gottesglauben zustimmen. Wenn sich Paulus mit seiner Meinung durchsetzt, dass man auf die Beschneidung verzichten kann, wäre ein Hindernis für Deine Heirat beseitigt. Ich gebe Dir als Freund den Rat: Trenne solche menschlichen Motive von der juristischen Problematik eines solchen Prozesses – sonst triffst Du eine Fehlentscheidung!

Sei Dir bewusst: Du heiratest in eine Familie, die zu einem Volk gehört, das von vielen abgelehnt wird. Selbst wenn die Beschneidung wegfiele, ist dieser Ritus ein Symbol für seine pessimistische Mentalität. Menschen sind nach jüdischem Glauben so, wie sie geboren werden, nicht gut genug. Erst ein Leben nach strengen Geboten ist ein menschenwürdiges Leben. Dafür »beschneiden« sie sich im übertragenen Sinne. Sie versagen sich Lust und Freude. Ihr Gewissen verdunkelt ihr Leben. Nach dem Tod erwarten sie ein Gericht, machen sich damit unnötig Angst. Das ist das Gegenteil einer Philosophie der Freude und Freundschaft. Da lobe ich mir Epikur und Lukrez. Lebe nach ihrer Philosophie. Die passt besser zu Dir. Bedenke, das Judentum ist mehr als eine Philosophie, es ist ein Volk, dem Du angehören wirst. Es hat eine von Katastrophen und Unglück gezeichnete Geschichte, die zu Deiner Geschichte wird.

Halte Dich fern von diesem Glauben und seiner Lebensverdunkelung. Deine stoische Philosophie macht Dich allzu anfällig für sie. Auch Ihr Stoiker zerstört Lebensfreude durch strenge Gebote. Ich vertraue auf Deinen gesunden Menschenverstand und unsere Freundschaft.

*Grüße von Philodemus*

### *Erasmus an Philodemus: Grüße!*

Dein Leben möge voll Freude sein! In einem Punkt muss ich Dir widersprechen. Das Judentum ist nicht lebensfeindlich. Alle Lebenseinstellungen, die Du unter Griechen und Römern findest, findest Du auch bei Juden. Auch sie kennen eine »Philosophie der Lebensfreude«, die sie ihrem König Salomo zuschreiben. Der scheint von der Philosophie Epikurs beeinflusst zu sein. Er schreibt, dass Gott dem Menschen Ewigkeit und Freude ins Herz gegeben hat.[30] Die Ewigkeit mache ihm bewusst, dass er vergänglich ist. Die Freude helfe ihm, die Vergänglichkeit zu vergessen. Das Leben solle man mit seiner Frau genießen. Auch bei den Juden gibt es also philosophische Strömungen der Lebensbejahung. Sie nennen ihre Philosophie bescheiden »Weisheit«. Dieser Paulus soll aus Tarsos stammen, einer Stadt, aus der auch einige Philosophen kommen. Vielleicht erklärt das seine Weltoffenheit und griechische Bildung. Und was Hannah betrifft: Sie wies mich einmal auf die Schriften dieses Königs Salomos hin. In ihnen fand ich das schönste Liebesgedicht, das ich je gelesen habe:

*Lege mich wie ein Siegel auf dein Herz.*
*Wie ein Siegel auf deinen Arm.*
*Denn Liebe ist stark wie der Tod*
*und Leidenschaft unwiderstehlich wie das Totenreich.*
*Ihre Glut ist feurig*
*und eine Flamme des Herrn,*
*so dass auch viele Wasser die Liebe nicht auslöschen*
*und Ströme sie nicht ertränken können.*
*Wenn einer alles Gut in seinem Hause*
*um die Liebe geben wollte,*
*so könnte das alles nicht genügen.*[31]

30 Vgl. Prediger Salomo 3,11 und 5,18f.
31 Hohelied Salomos 8,6-7.

Selbst für einen Epikureer ist das stark. Kennst nicht auch Du solch eine starke Liebe – die Liebe zu Deinem Freund? Ist sie nicht wie meine Liebe zu Hannah? Als Stoiker müsste ich gegen so viel Liebe Bedenken anmelden. Trotzdem bin ich von Hannah und solchen Gedichten begeistert. Vielleicht müssen wir unsere Philosophie der Freude noch ein wenig ausbauen! Warum sollten wir dabei nicht von Juden lernen? Sollte man nicht gerade von ihnen lernen, mitten in den Katastrophen der Geschichte und des Lebens einen Funken Freude im Herzen lebendig zu halten? Und darin ein Stück Ewigkeit zu erleben?

*Grüße an Philodemus*
*Grüße auch an Deinen Freund Philandros*
*von Erasmus*

# STREIT UM PAULUS 2

Vier Tage später wartete Erasmus auf den Besuch von Nathan und Baruch. Wieder ging ein heißer Sommertag zu Ende. Langsam kam wieder Leben ins Leben. Die glühende Sonne verwandelte sich in ein warmherziges Rot. Solche Abende sind wie Zauberworte. Sie öffnen Türen zu unbekannten Tiefen, als wollte der Tag im Sterben offenbaren, was er tagsüber in der Hitze verbergen musste.

Auch in Erasmus öffneten sich Türen, heute nicht zu »epikureischen« Augenblicken des Glücks, sondern für einen »stoischen« Augenblick, in dem sich ein Gott offenbart, der die Welt mit Sinn erfüllen will. Konnte man beides vereinen? Den Augenblick als Offenbarung von Glück genießen und gleichzeitig in ihm eine Aufforderung hören? Sollte er die Verteidigung des Paulus übernehmen? War dieser Auftrag ein Ruf Gottes? Oder war es der Lockruf eines Dämons, der ihn in die Irre führen wollte?

Unruhig ging er im Zimmer hin und her. Nathan und Baruch leiteten Synagogengemeinden, die von ehemaligen jüdischen Kriegsgefangenen gegründet worden waren. Ihre Vorfahren waren als Sklaven nach Rom verschleppt worden. Sie hatten ihren Synagogen die Namen ihrer Patrone gegeben – also jener Mächtigen, die sie einst versklavt und danach freigelassen hatten, wenn auch in eine sehr begrenzte Freiheit. Auch Freigelassene hatten lebenslang Verpflichtungen gegenüber ihren Patronen. Deshalb hießen ihre Synagogen die »Synagoge der Augustenser« und die »Synagoge der Agrippenser« nach Augustus und dessen Freund Agrippa.[1] Zusammen bildeten sie einen lockeren

1 Inschriftlich sind für diese Zeit fünf Synagogen bezeugt, u.a. die der Hebräer, die der Vernaculi (Vernaculus bedeutet »Haussklave«, »einheimisch«), ferner Synagogen der Augustenses, Agrippenses und Volumnenses.

Dachverband. Das Judentum bestand in Rom aus vielen Richtungen und Konflikten. Und doch gehörten alle Juden zusammen. Glaube und Lebensweise unterschieden sie von allen anderen.

Neuerdings bröckelte ihr Zusammenhalt. Das zeigte die jüngste Synagoge. Sie nannte sich die Versammlung (oder *ekklesía*) der »Christianer«. Der Name schien auf »Freigelassene« eines Christus zu weisen – vergleichbar den Freigelassenen des Augustus und Agrippa. Aber Christus war kein römischer Herrscher, der Juden im Krieg versklavt und nach Rom verschleppt hatte; er war ein jüdischer Prophet, von dem einige gehofft hatten, er werde als Messias die Römer aus dem Lande vertreiben. Deshalb hatte ihn ein römischer Präfekt zum Tode verurteilt. Trotzdem hatte er nach seinem Tod Anhänger gefunden. In seiner »Synagoge« konnten Juden und Nicht-Juden ohne Schwierigkeiten zusammenleben.

Erasmus wollte mit diesen »Christusanhängern« keinen Kontakt aufnehmen, bevor er entschieden hatte, die Verteidigung des Paulus zu übernehmen. Er wollte nicht Erwartungen wecken, die er durch eine Absage wieder enttäuschen müsste! Er ahnte, dass dieser Auftrag sein Leben durcheinanderbringen könnte. Es war ein gefährlicher Auftrag. Er wusste aber auch, unter den Anwälten und Rhetorikern Roms kannte sich kaum jemand so gut im Judentum aus wie er. Wer sonst sollte diesen Fall übernehmen? Rollte nicht schon deshalb hier eine Aufgabe auf ihn zu, der er sich nicht entziehen durfte? Oder war diese Aufgabe ein Steinbrocken, der ihn erschlagen konnte, wenn er ihm nicht rechtzeitig auswich? Noch einmal schaute er in die versinkende Sonne. Ihr Rot schien ihm plötzlich eine Glut zu sein, die Leben zerstört. Dahin war der Frieden, den sie abends oft ausbreitet, flackernd entfachte sie eine große Unruhe in ihm. Unstet ging er hin und her.

Endlich kamen Nathan und Baruch. Alles war für sie vorbereitet. Ein paar Früchte, getrocknete Trauben, Kastanien und Getränke standen bereit. Alles signalisierte: Ihr seid willkommen. Nathan hatte feine, hagere Züge, Baruch wirkte bullig. Aus buschigen Augenbrauen schaute er trotzig in die Welt. Nathan stellte ihn vor: »Das ist Baruch. Du kennst ihn schon flüchtig. Er war in Jerusalem, als der verrückte Gaius Caligula den Tempel in ein heidnisches Staatsheiligtum verwandeln wollte.«

Erasmus war froh, dass er zustimmen konnte: »Ja, der war größenwahnsinnig. Er ließ Senatoren vor seinem leeren Stuhl niederknien – denn er hielt sich für einen Gott.[2] Vielleicht wollte er damit euch Juden verhöhnen, weil man euch vorwirft, ihr würdet im Allerheiligsten eures Tempels einen leeren Sitz verehren. Wollte er sagen: Ich bin genauso unsichtbar wie euer Gott? Auf jeden Fall waren die Senatoren in Rom genauso schockiert wie alle Juden.«

»Es gibt für uns eine absolute Grenze«, bestätigte Nathan: »Wir halten es für denkbar, dass Gott ein Mensch wird, nicht aber, dass ein Mensch Gott wird.«[3]

Auch hier stimmte Erasmus gerne zu: »Ihr seid ein philosophisches Volk.[4] Ihr habt erkannt, dass es nur einen einzigen Gott gibt, dass sich kein Mensch für Gott halten darf und nichts ihm gleich ist. Religion besteht für euch nicht darin, den Göttern zu opfern, sondern Gottes Gebote zu tun.« Erasmus zögerte, ehe er fortfuhr: »Aber in eurem Tempel in Jerusalem seid ihr rückständig. In euren Synagogen dürfen alle Menschen an euren Gottesdiensten teilnehmen. Es gibt keine Hierarchie von Priestern. Es gibt keine Opfer. Anders im Jerusalemer Tempel: Da gibt es Opfer und

2 Dio Cassius, Römische Geschichte LIX 24,4.

3 Philo von Alexandrien, Gesandtschaft an Gaius 118, kritisiert Gaius Caligula, wenn er schreibt, »eher könne sich Gott in einen Menschen als ein Mensch in Gott verwandeln«.

4 Juden wurden in der Antike für ein philosophisches Volk gehalten: vgl. Josephus, Gegen Apion I 179. Nach Philo befahl Gott den Juden, »sechs Tage lang sich den Geschäften zuzuwenden, am siebten aber zu ruhen, sich mit Philosophie und mit der Betrachtung der Dinge der Natur zu beschäftigen, insbesondere auch sich zu prüfen, ob sie nicht an den vorangegangenen Tagen Unlauteres getan haben« (Über den Dekalog 98).

Priester. Priester und Laien werden getrennt. Nicht-Juden sind ausgeschlossen. Ist es nicht verständlich, dass einige von euch auch den Tempel in eine Synagoge für alle Menschen verwandeln wollen? Ohne Opfer, Priesterherrschaft, offen für alle Völker? Ist das nicht der tiefere Grund für eure Konflikte um den Tempel? Als Nicht-Jude kann man diese Konflikte kaum verstehen.«

Nathan warf ein: »Aber *du* verstehst uns. Unsere Propheten haben vorausgesagt, dass wir Gott einmal zusammen mit allen Menschen im Tempel verehren werden.[5] Einige drängen schon jetzt darauf, diese Weissagungen zu verwirklichen. Aber unsere Priester wollen den bestehenden Zustand erhalten, weil sie von ihm profitieren. Denn jede Veränderung bedroht ihre Macht. Du hast einige von ihnen verteidigt, als sie eine große Mauer im Tempelhof errichtet hatten, um sich dahinter zu verschanzen.«

»Ich konnte sie verteidigen«, entgegnete Erasmus, »weil sie nur in Gegenwehr eine Mauer errichtet hatten. Jetzt aber fragt ihr mich, ob ich jemanden verteidigen soll, der alle ›Mauern‹ einreißen und den Tempel für Nicht-Juden öffnen will. Um es gleich zu sagen: Ich kann die Verteidigung des Paulus nicht übernehmen. Er verstößt gegen Traditionen und widerspricht damit der römischen Religionspolitik. Aber ehe ich endgültig Nein sage, will ich euch anhören. Alles, was ich tun könnte, ist, den Schaden zu begrenzen, den dieser Wirrkopf vielleicht schon angerichtet hat.«

Baruch und Nathan schauten betreten drein. Sie konnten ihre Enttäuschung nur schwer verbergen. Auch Erasmus schwieg verlegen. Sein Nein war nicht ganz aufrichtig, war doch auch für ihn noch offen, ob er vielleicht doch die Verteidigung übernehmen würde. Zuerst musste er aber so viel wie möglich über Paulus erfahren. Nach einer Weile sagte er: »Sagt mal ehrlich: Lohnt es sich überhaupt, sich für diesen



5 Micha 4,1-5; Jesaja 2,1-5.

Paulus einzusetzen? Ist er nicht ein Wirrkopf, der euch nur schaden kann? Wäre es nicht gut, ihr hättet ihn los?«

Nathan antwortete mit Argumenten, die er sich eigentlich bis zuletzt aufsparen wollte: »Baruch und ich sind da verschiedener Meinung. Ich wünsche, dass sich die Richtung des Paulus durchsetzt. Dann können wir die Beschneidung symbolisch verstehen, als Zeichen dafür, dass wir unsere Triebe unter Kontrolle halten. Wenn ein Nicht-Jude eine jüdische Frau heiraten will, verlangen die meisten Familien aber noch immer, dass er sich beschneiden lässt.[6] Das verhindert unsere Integration in Rom und überall. Wenn man einander nicht heiraten kann, wird man nicht voll akzeptiert.«

Erasmus durchfuhr es wie ein Blitz. War das eine Botschaft des Nathan an ihn? Ahnte er, dass er ein Auge auf seine Tochter geworfen hatte? Hätte sein Heiratswunsch Chancen – auch wenn er sich nicht beschneiden ließe? Oder wollte Nathan ihn durch solche Überlegungen nur für die Verteidigung gewinnen?

Nathan tat so, als würde er von der inneren Erregung des Erasmus nichts bemerken und fuhr fort: »Warum sollen wir nicht auch Speisetabus bildlich verstehen – als Symbol für Maßhalten beim Essen und Trinken. Dann fiele es uns leichter, mit Nicht-Juden gesellige Kontakte zu haben. Niemand könnte uns als unsozial abstempeln.«

Erasmus schaute verlegen auf das von ihm angebotene Essen und unterbrach: »Habe ich wieder eure Speiseregeln vergessen? Dürft ihr essen, was ich euch vorgesetzt habe?«

Da mischte sich Baruch mit tiefer Stimme ein: »Mach dir keine Sorgen. Solange bei den Speisen keiner feststellt,

6 So scheiterte die Eheschließung zwischen dem König Epiphanes von Kommagene und einer Tochter des Herodes Agrippa I. daran, dass er sich nicht beschneiden lassen wollte. Dafür heiratete sie Azizus, den König von Emesa, der zur Beschneidung bereit war (Josephus, Altertümer XX 7,1 §139). Wie Paulus in Röm 2,29 zeigt, konnte man die Beschneidung als »Beschneidung des Herzens« verstehen.

etwas sei verboten, ist es erlaubt. Am besten redet man nicht darüber.«

Nathan nickte, war aber noch nicht am Ende: »Schließlich frage ich mich, warum wir den Tempel nicht für alle Menschen öffnen sollen. Wäre es für das Judentum nicht besser, unsere Abgrenzung zu anderen Völkern zu lockern, ohne zu leugnen, was uns von allen unterscheidet: den Glauben an den einen und einzigen Gott?«

Jetzt unterbrach ihn Baruch: »Nathan hat in einem Punkt Recht. Wir haben eine Botschaft für alle Völker. Alle Menschen sollen sich zu unserem Gott bekehren. Schon jetzt haben ihn einige griechische Philosophen erkannt. Aber nur unser Gesetzgeber Moses hat es gewagt, ein ganzes Volk auf den einen und einzigen Gott zu verpflichten. Das unterscheidet uns von anderen Völkern.[7] Und das ist gut so. Wenn wir schon jetzt alle Unterschiede zu anderen Völkern abschafften, würden wir unsere Besonderheit verlieren und bald auch unsere Botschaft. Unsere Kinder würden zu uns sagen: Wenn es nicht gut war, sich durch Beschneidung und Speisegebote von anderen Völkern zu unterscheiden, warum soll es gut sein, sich von ihnen durch den Glauben an Gott zu unterscheiden? Alle anderen Völker verehren viele Götter. Warum nicht auch wir? Daher sind die sichtbaren Merkmale der Unterscheidung so wichtig für uns. Wir müssen an den Riten festhalten, die uns unterscheiden. Sie schützen unseren Glauben.«

Nathan protestierte zwar, aber auch dabei klang seine Stimme versöhnlich: »Baruch, du weißt, dass ich da anderer Meinung bin. Ich meine, wir verleugnen unsere Botschaft, wenn wir Sichtbares überbewerten. Gott ist unsichtbar. Niemand darf seine Verehrung an sichtbaren Zeichen fest-

7 Vgl. Josephus, Gegen Apion II 168f. Auch Pythagoras, Anaxagoras, Plato und die Stoiker hätten das Wesen Gottes richtig erkannt. »Aber sie, die nur für wenige philosophierten, hatten nicht den Mut, die Wahrheit ihrer Lehre in die für falsche Meinungen voreingenommene Menge hinauszutragen. Unser Gesetzgeber (d.h. Mose) dagegen brachte seine Taten mit seinen Worten in Einklang.«

machen, vor allem nicht an Äußerlichkeiten, die Menschen trennen. Gab es bei der Schöpfung eine Beschneidung? Sie wurde erst später eingeführt. Gab es im Paradies reine und unreine Speisen? Alles war rein. Gab es einen Tempel, in dem nur Erwählte Gott verehren durften? Gott war allen Menschen gleich nah. Wir geben das Unverwechselbare unseres Gottesglaubens auf, wenn wir Gott, der mit nichts in der Welt identisch ist, zu sehr mit Beschneidung, Speisegeboten und Tempel identifizieren! Ich habe nichts dagegen, dass wir das alles praktizieren – aber entscheidend ist, dass wir wissen: Alles wird einmal wegfallen.«

Erasmus geriet fast in die Rolle des Vermittlers, als er nachhakte: »Ihr wisst, dass ich philosophisch euren Gottesglauben teile. Ich frage mich schon lange: Sind nicht auch die vielen Gottheiten nur verschiedene Erscheinungen des einen Gottes? Wenn man es so sieht, könnten die einfachen Menschen weiter ihre verschiedenen Götter verehren, nur philosophisch Gebildete würden in ihnen den einen Gott erkennen. Allmählich würde sich ihre Erkenntnis dann bei allen Menschen durchsetzen. Ein Paulus mit solchen Ideen stünde mir nahe!«

Doch Baruch schüttelte den Kopf und sagte trotzig: »Paulus kennt nur ein Entweder - Oder. Das ist bei uns Tradition. Entweder sind wir dem einen und einzigen Gott verpflichtet oder den vielen Gottheiten. Beides lässt sich nicht vereinen. Paulus plädiert nicht für einen philosophischen Glauben für Gebildete, sondern predigt einen Gott für die Ungebildeten, für die Armen, für die, die nichts in der Welt wert sind.[8] Seine Predigt ist für Gebildete eine Provokation und Torheit.[9] Paulus schafft ständig Konflikte.«

»Aber er hofft auf Frieden, er hofft darauf, dass Gott am Ende alles in allem sein wird.[10] Dann werden keine an-

8 1Kor 1,28: »Das Verachtete hat Gott erwählt, das, was nichts ist.«
9 1Kor 1,18.23.
10 Vgl. 1Kor 15,28.

deren Götter mehr neben ihm verehrt«, korrigierte ihn Nathan, »dann gibt es kein Entweder – Oder mehr und keine Konflikte. Warum sollen wir nicht schon jetzt etwas von diesem Frieden verwirklichen.«

Erasmus schaute beide ratlos an. In seiner Stimme klang ein leiser Vorwurf: »Nathan sagt, Paulus entschärfe Konflikte, Baruch behauptet das Gegenteil. Und was soll ich davon halten?«

»Kennst du unser Sprichwort«, beruhigte ihn Baruch: »Zwei Juden, drei Meinungen, viel Streit!«

Nathan sekundierte: »Wir wissen: Es gibt immer eine dritte Meinung. Jeder muss sich für sie offen halten. Daher einigen wir uns immer wieder.«

»Und was wäre in diesem Fall die ›dritte Meinung‹?«, warf Erasmus ein.

Darauf Baruch mit Nachdruck: »Die dritte Meinung ist: Dass du den Fall des Paulus übernimmst.« Nathan pflichtete ihm bei: »Das meine ich auch. Damit würdest du uns aus einer schwierigen Situation befreien! Sie könnte für uns gefährlich werden.«

»Gefährlich für euch?« Erasmus lachte: »Zunächst ist Paulus eine Gefahr für sich selbst! Sein Leben ist bedroht.«

Baruch erläuterte: »Paulus ist eine Gefahr für alle Juden in Rom. Er bedroht unseren Zusammenhalt. Streit zwischen uns ist gefährlich. Solch ein Streit hat schon einmal dazu geführt, dass Juden aus Rom verbannt wurden. Das darf sich nicht wiederholen. Auch bei der Verbannung einiger Juden vor sieben Jahren waren Christusanhänger schuld.[11] Einige Verbannte gingen nach Korinth – und bei wem fanden sie Unterstützung? Bei Paulus! Die Unruhestif-

11 Im Jahre 49 n.Chr. wurden Juden aus Rom verbannt. Sueton schreibt davon: »*iudaeos impulsore Chresto assidue tumultuantes Roma expulit*: »Die Juden (= »diejenigen Juden«), die auf Anstiften eines Chrestus beständig Unruhe machten, vertrieb er aus Rom« (Sueton, Claudius 25). Paulus trifft in Korinth Aquila und Priscilla, die damals aus Italien dorthin gekommen waren, »weil Kaiser Claudius allen Juden geboten hatte, Rom zu verlassen« (Apg 18,2).

ter waren seine Parteigänger. Paulus gilt seitdem in Rom als Unglücksstifter.«

Nathan stimmte mit leiser Stimme zu: »Paulus stellt sein Programm nicht unter Gelehrten zur Diskussion, sondern proklamiert es mit Posaunenstößen: ›Mit meiner Botschaft beginnt eine neue Welt! Wenn die Beschneidung nicht mehr wichtig ist, wenn es gleichgültig ist, ob jemand Mann oder Frau ist – dann beginne eine neue Schöpfung!‹[12] Das ruft Konflikte hervor! Denn einige von uns wollen wie die Christusanhänger schon jetzt das Judentum für alle Menschen öffnen; das sei die Erfüllung des Judentums. Andere meinen, das sei sein Ende. Ich gehöre zu einer dritten Strömung, die vor allem Streit vermeiden will. Alle Strömungen finden Anhänger unter unseren nicht-jüdischen Freunden. Daher gibt es auch unter denen Streit. Wir transportieren unsere Konflikte in jene Kreise in der Stadt, auf deren Unterstützung wir am meisten angewiesen sind. Die Behörden werden misstrauisch – vor allem, wenn sie erfahren, dass sich Paulus auf einen gekreuzigten Kriminellen beruft. Wir brauchen aber das Vertrauen unserer Umwelt.«

Baruch zog mit tiefer Bassstimme ein Fazit: »Paulus zerstört Vertrauen. Paulus ist unser Unglück!«

Erasmus schaute irritiert beide an: »Ihr seid euch nicht einig, ob er ein Segen oder ein Fluch ist. Warum soll ich mich dann für ihn einsetzen?«

Baruch erklärte mit Nachdruck: »Wir beide wollen nicht, dass er verurteilt wird. Wir haben die Fernwirkungen dieses Wirrkopfes ja schon einmal zu spüren bekommen, in den Jahren, nachdem Gaius Caligula unseren Tempel in einen Götzentempel hatte verwandeln wollen und plötzlich ermordet worden war. Damals waren viele Juden überzeugt, Gott habe eingegriffen, um seinen Tempel zu schützen. Viele feierten öffentlich seinen Tod – auch in Rom. Sein

12 Gal 6,15.

Nachfolger Claudius hat deshalb verboten, dass wir uns in Rom öffentlich versammeln durften, aber er hat uns erlaubt, unsere Traditionen weiter zu praktizieren. Er verpflichtete uns sogar dazu, nichts an ihnen zu ändern.[13] Damit signalisierte er: ›Wenn ihr eure Traditionen respektiert, werde auch ich sie respektieren. Wenn ihr aber weiterhin Unruhe stiftet, vertreibe ich euch aus der Stadt‹. Seitdem schwebte diese Drohung der Vertreibung über uns. Bleiben wir bei unseren Traditionen, sind wir geschützt. Weichen wir von ihnen ab, lebt die alte Drohung auf.«

Nathan nickte und erläuterte: »Genau das könnte jetzt passieren. Paulus will unsere Traditionen ändern. Kurzfristig führt das zu Konflikten. Langfristig wird es aber dem Frieden mit unserer Umwelt dienen.«

»Bist du da so sicher?«, unterbrach ihn Baruch sichtlich erregt: »Die Geschichte ging ja noch weiter. Die ersten Christusanhänger traten neun Jahre danach in Rom mit der frohen Botschaft für viele Sympathisanten des Judentums auf: Wir fordern von euch keine Beschneidung, wenn ihr Juden werden wollt. Dabei war die Beschneidung unter ihnen kurz zuvor noch umstritten gewesen. Christusanhänger in Antiochien wollten auf sie verzichten, in Jerusalem bestanden sie auf ihr. Bei einem Treffen in Jerusalem setzten sich die Antiochener durch – mit Paulus als Sprecher an der Spitze.[14] Das gab der Bewegung einen mächtigen Impuls, überall unter Heiden für ein liberales Judentum zu werben, auch in Rom. Sie propagierten ihre neuen Ideen mit Berufung darauf, dass ein von den Römern gekreuzigter Jude bald Weltherrscher sein würde. Viele von uns waren entsetzt. Wenn wir solche

13 Es gab ein »Versammlungsverbot« für Juden in den ersten Jahren des Claudius ca. 41/42 n.Chr.: »Die Juden, deren Zahl sich wieder so vermehrt hatte, dass es auf Grund ihrer Menge schwierig gewesen wäre, sie ohne Unruhen aus der Stadt zu weisen, vertrieb er zwar nicht, aber er befahl ihnen, bei ihrer überkommenen Lebensweise zu bleiben und sich nicht zu versammeln« (Dio Cassius, Römische Geschichte LX 6,6).



14 Zum »Apostelkonzil« in Jerusalem vgl. Gal 2,1-10; Apg 15,1-35.

messianischen Ideen in der Öffentlichkeit verbreiten, stürzen wir uns ins Unglück! Es ist ja wahr: Einige von uns hoffen auf das Kommen des Messias. Es gab Unruhen in unseren Gemeinden. Damals machte Kaiser Claudius seine Drohung wahr, bei neuen Unruhen alle Juden aus Rom zu vertreiben. Zum Glück verbannte er nur die schlimmsten Rädelsführer, von denen gingen dann einige nach Korinth zu Paulus. Aber jetzt ist Kaiser Claudius schon ein paar Jahre tot. Das nutzen die Christusanhänger aus, um ihre Botschaft erneut in Rom zu verbreiten und erneut Unheil anzurichten.«

Erasmus unterbrach: »Das alles spricht dafür, dass ich seine Verteidigung nicht übernehme. Wenn er einen jüdischen Messias als neuen Weltherrscher proklamiert – dann ist das ein Angriff auf den römischen Staat. Merkt ihr nicht wie ihr aus Sicht von uns Römern dafür plädiert, dass er verurteilt werden muss. Wäre es nicht auch in eurem Sinne, wenn Paulus für immer verschwände?«

Nathan erläuterte: »Baruch ist ein Gegner des Paulus, aber er ist wie ich am Frieden unter uns Juden interessiert. Er meint, Paulus könne dazu beitragen. Paulus hat nämlich seine Thesen revidiert.«

Baruch fügte jetzt mit ruhiger Stimme hinzu: »Meine Idee ist in der Tat, Paulus zum Kronzeugen gegen ihn selbst zu machen. Wenn wir ihm nachweisen, dass er seine Meinungen geändert hat, dass er keinen Aufruhr predigt, dass er Frieden bringen will, dann haben wir eine Chance, seine Anhänger von ihrem Irrglauben abzubringen. Nur er kann sie auf einen friedlichen Kurs bringen. Dafür aber muss er am Leben bleiben.«

Erasmus unterbrach. »Und wodurch bist du so sicher, dass er seine Einstellungen geändert hat?«

Baruch holte aus seinem Rucksack einen kleine Rolle heraus: »Durch seine eigenen Worte. Hier ist eine Abschrift seines Briefes an die Christusanhänger in Rom. In ihm hat er seine Philosophie zusammengefasst.«

»Dieser Brief«, warf Nathan ein, »ist eine ausgezeichnete Grundlage für seine Verteidigung. Gerade zu dem Punkt, den du als den gefährlichsten genannt hast – der Anstiftung zum Aufruhr. Paulus proklamiert zwar am Anfang dieses Briefes Christus als neuen Weltherrscher, aber dann macht er klar, dass er die Menschen nicht von den Römern befreien will, sondern von Sünde, Tod und Gesetz.«

Erasmus erschrak: »Was – auch vom Gesetz will er befreien? Das ist ja Anarchismus! Dem muss ich als römischer Anwalt deutlich widersprechen. Das Gesetz ist die Grundlage jeder Ordnung, ohne Gesetz gibt es keinen Frieden.«

Nathan erklärte: »Paulus meint nicht alle Gesetze, sondern die, mit denen Menschen unterdrückt werden.«

Erasmus war beunruhigt: »Noch einmal: Ich bin Rechtsanwalt. Wenn man einen Dieb mit dem Gesetz konfrontiert, ist er natürlich der Ansicht, das Gesetz wolle ihn unterdrücken. Das Gesetz muss Gesetzlosigkeit unterdrücken. Mich macht misstrauisch, wenn jemand so zweideutig über das Gesetz spricht. So jemand kann kein guter Staatsbürger sein.«

»Hör dir erst einmal an«, erwiderte Nathan, »was Paulus über das Verhältnis zum Staat schreibt:

*Jeder Mensch soll sich staatlichen Autoritäten unterordnen,*
*denn es gibt keine staatliche Autorität,*
*die nicht von Gott ist;*
*die derzeitigen Autoritäten aber*
*sind von Gott angeordnet.*
*Wer sich daher staatlicher Autorität widersetzt,*
*hat sich damit Gottes Anordnung widersetzt.*
*Die sich ihr aber widersetzen,*
*ziehen sich selbst ihr Gericht zu.*[15]«



15 Röm 13,1-2.

»Das ist eine Absage an jede Rebellion«, meinte Nathan: »Hier spricht jemand, der die staatlichen Gesetze respektiert.«

»Aber warum diese demonstrative Verurteilung jeder Rebellion?«, gab Baruch zu bedenken. »Will er damit nicht das Gerücht widerlegen, das ihm noch immer anhaftet, er sei in Wirklichkeit ein Rebell? Will er sich vielleicht nur bei uns Juden in Rom einschmeicheln und versichern: Ihr braucht keine Angst zu haben, denn ich bringe keine politische Unruhe.«

Erasmus war nachdenklich geworden: »Hat Baruch nicht Recht? Mir fällt auf, dass Paulus von Ämtern im Plural spricht – und das in einem Brief nach Rom, wo doch jeder weiß, dass hier nur einer herrscht: der Kaiser!«

»Paulus schrieb den Brief vor seiner Inhaftierung«, wandte Nathan ein, »als er noch hoffte, als freier Mann Rom zu besuchen. Damals stand Nero wegen seiner Jugend eindeutig unter Vormundschaft. Für ihn herrschten Seneca und Burrus. Rom hatte faktisch mehrere Machthaber.«

»Trotzdem wurde das römische Reich auch damals offiziell nur von einem einzigen Herrscher regiert«, entgegnete Erasmus. »Aber richtig ist: Der Kaiser ist zugleich Volkstribun, Konsul, Imperator. Wir haben eine Monarchie, tun aber so, als seien wir noch eine Republik, die durch Ämterhäufung alle Macht einem einzigen Menschen übertragen hat. Formal gesehen hat Paulus Recht. Wir sind eine Republik mit vielen Ämtern. Gerade deshalb fällt auf, dass er den Kaiser stillschweigend übergeht. Die Frage ist berechtigt: Ist er wirklich so staatsloyal, wie ihr meint?«

Nathan widersprach: »Paulus bekennt sich eindeutig zur Loyalität gegenüber dem Staat, wenn er schreibt: ›Jeder Mensch soll sich staatlichen Autoritäten unterordnen, denn es gibt keine staatliche Autorität, die nicht von Gott ist‹. Ich hätte hinzugefügt: Gott setzt die Mächtigen ab, wenn sie diese Macht missbrauchen. Nur das entspricht jüdischen Überzeugungen.«

»Vielleicht ist Paulus in dieser Hinsicht ein guter Jude«, argumentierte Erasmus: »Habt ihr bemerkt, dass er mit einer winzigen Einschränkung fortfährt, als wolle er sagen: ›Wenigstens die derzeitigen Autoritäten sind von Gott eingesetzt‹. Das macht nur Sinn, wenn er Autoritäten in Zukunft oder Vergangenheit im Sinn hat, die *nicht* von Gott eingesetzt sind.«

Da fuhr Baruch dazwischen, als hätte er plötzlich eine Erleuchtung gehabt: »Jetzt weiß ich, woran er denkt: an Gaius Caligula, an diesen Gotteslästerer, der den Tempel Gottes in einen heidnischen Tempel verwandeln wollte. Ich war damals in Jerusalem. Selbst der römische Befehlshaber der Truppen, Petronius, der diese Blasphemie durchführen sollte, hatte Zweifel, ob Gaius Caligula ein legitimer Herrscher sei. Er sabotierte die Durchführung des Vorhabens und verhinderte damit eine Katastrophe.[16] Wir in Jerusalem waren uns alle einig: Gaius Caligula hat seine Autorität nicht von Gott. Er hielt sich ja selbst für einen Gott – das ist das schlimmste Vergehen, das wir uns vorstellen können!«

Erasmus nickte mit dem Kopf: »Auch uns Römern graut bei dem Gedanken an Gaius Caligula. Der war verrückt. Am liebsten hätten wir die Erinnerung an ihn ausgelöscht. Der Senat hat über eine *damnatio memoriae* diskutiert. Nur aus Rücksicht auf das Ansehen seiner Dynastie hat man darauf verzichtet. Trotzdem wurden seine Gesetze aufgehoben, seine Statuen entfernt, seine Münzen eingeschmolzen. Keiner will etwas mit ihm zu tun haben. Der war auch nach

16 Petronius, der mit seinen Legionen die Kaiserstatue zusammen mit der Statue der Göttin Roma im Tempel aufstellen sollte, zögerte die Durchführung dieses Befehls heraus. Er soll sogar die Rücknahme des Befehls verlangt haben. Gaius Caligula antwortete mit dem Befehl zum Selbstmord. Doch der Bote mit diesem Befehl wurde durch einen Boten mit der Nachricht von der Ermordung des Gaius Caligula überholt. Vgl. Philo, Gesandtschaft an Gaius, 197-373; Josephus Jüdischer Krieg II 10,1-5 §184-203; Altertümer, XVIII 8,1-9 §257-309.

Ansicht der Römer nicht von den Göttern eingesetzt. Aber darf ich mal die Stelle in dem Brief sehen, wo Paulus vielleicht auf ihn anspielt?«

Erasmus ließ sich den Brief des Paulus geben und suchte die zitierte Stelle. Nach einer Weile sagte er: »Hier gibt es vielleicht einen versteckten Hinweis darauf, dass Paulus tatsächlich an Caligula denkt. Er schreibt nämlich: ›Wer sich staatlicher Autorität widersetzt, hat sich damit Gottes Anordnung widersetzt. Die sich ihr aber widersetzen, ziehen sich selbst ihr Gericht zu.‹ Das passt auf Caligula: Er hat sich der verfassungsmäßigen Ordnung widersetzt. Er hat Senatoren genötigt, sich vor seinem leeren Stuhl auf den Boden zu werfen.[17] Am Ende wurde er von einem Vertreter der verfassungsmäßigen Ordnung, vom Prätorianerpräfekten Cassius Chaerea, beseitigt.[18] Er hat sich selbst das Gericht zugezogen. Denn er wurde ohne Gerichtsverfahren getötet. Was Paulus schreibt, passt auf ihn.«

Nathan unterstrich noch einmal: »Wie immer man den Text interpretiert – er wäre geeignet, Paulus vom Verdacht des Aufruhrs zu entlasten.«

Doch Erasmus dachte bei sich, falls Baruch Recht hat, dass sich Paulus gegen solche Gerüchte verteidigt – wie konnte er dann in den Verdacht geraten, politisch ein Problem zu sein? Darauf musste er noch einmal zurückkommen. Vielleicht konnten ihm seine Priester da weiterhelfen. Sie musste er darüber befragen! Aber jetzt wollte er noch weitere Schwachstellen bei Paulus herausbekommen. Daher fragte er: »Ist Paulus nicht auch noch aus anderen Gründen ein Problem? Ihr spracht vorhin von Konflikten um Beschneidung und Speisegebote. Ich muss das alles genau wissen, wenn ich ihn verteidigen soll.« Erasmus biss sich

17 Dio Cassius, Römische Geschichte LIX 24,4.

18 Zur Ermordung des Gaius durch Cassius Chaerea vgl. Josephus, Altertümer XIX 1,12-15 §77-126. Chaerea wurde später von Kaiser Claudius hingerichtet (XIX 4,5 §267-270), aber vom römischen Volk geehrt (XIX 4,6 §272).

auf die Zunge. Fast hätte er verraten, dass er Paulus verteidigen wollte.

»Gerade das sind die Punkte«, sagte Baruch, »bei denen Paulus eine ›dritte Meinung‹ entwickelt hat. Deshalb will ich, dass du ihn verteidigst und er am Leben bleibt. Wenn er nämlich hingerichtet wird, wird er zum Märtyrer, und seine Anhänger werden meinen, er sei im Recht und alle anderen im Unrecht. Wenn er aber frei herumläuft, können wir ihn zum Kronzeugen gegen seine Anhänger machen – durch diese ›dritte Meinung‹, die er in seinem Brief vertritt.«

»Und was ist diese ›dritte Meinung‹ zu den Speisegeboten?«, fragte Erasmus. Er dachte: Falls er mit Hannah zusammen leben sollte – wie würden sie es mit den Speisegeboten halten? Ihm war es zuwider, Tabus befolgen zu sollen, für die nur sprach, dass sie schon immer befolgt worden waren. Laut sagte er nur:

»Ist seine ›dritte Meinung‹ etwa: Man darf alles essen, solange man nicht nachfragt?«

»Natürlich kennt Paulus meine Methode des gespielten Nicht-Wissens«, sagte Baruch, »aber er ist radikaler. Die Unterscheidung von Rein und Unrein sei von Menschen erfunden. Erst der Glaube daran, etwas sei unrein, mache es unrein – und das auch nur für den, der daran glaubt.«[19]

»Löst das eure Konflikte?«, fragte Erasmus: »Wenn man überzeugt ist, Unrein und Rein seien Einbildung, stößt man erst recht alle vor den Kopf, die diesen ›Aberglauben‹ praktizieren!«

Da schaltete sich Nathan ein: »Eben das will Paulus vermeiden. Paulus meint: In Speisefragen dürfen wir andere Menschen respektieren, auch wenn wir für Aberglauben halten, was sie tun. Man solle niemanden zwingen, etwas gegen sein Gewissen zu tun, man soll aus Liebe darauf verzichten, die eigene Meinung gegen sie durchzusetzen.«



19 Röm 14,13-23.

Erasmus fragte sich, ob er um der Liebe zu Hannah willen darauf verzichten könnte, all das zu essen, was bei Juden tabu ist – ihm fiele das leichter, wenn niemand von ihm verlangt zu glauben, irgendetwas sei an sich unrein. Aber er fragte sich: Warum sollen nicht die anderen nachgeben? Haben nur abergläubische Menschen Anspruch darauf, dass man ihnen entgegenkommt? Würde Hannah nicht auch ihm aus Liebe entgegenkommen? Laut sagte er: »Ihr sagt, dass Paulus früher anders darüber dachte?«

»Hätte er von Anfang an diese Meinung vertreten«, man merkte Baruchs Stimme ein wenig seine Entrüstung an, »dann wäre uns viel erspart geblieben! In Antiochien hat er einmal eine Gemeinde von Christusanhänger wegen seiner unnachgiebigen Meinung gespalten.[20] Am Anfang speisten in ihr Juden und Heiden zusammen. Die Juden dort fragten ihre heidnischen Gastgeber nicht, ob alles koscher war, wahrscheinlich nach der Methode des gespielten Nicht-Wissens. Aber dann kamen Christusanhänger aus Jerusalem, die sagten: ›Wir kommen zu Hause in Schwierigkeiten, wenn ihr nicht koscher esst. Respektiert uns zuliebe die Speisegebote!‹ Daher verzichteten alle auf unreine Speise. Nur Paulus nicht. Er verhielt sich wie ein unbelehrbarer Dickschädel. Er verlangte, dass man die Speisegebote grundsätzlich aufheben sollte, damit alle zusammen essen könnten. Er verstieg sich zu der Behauptung, nur so werde die Einheit der Gemeinde gewahrt, obwohl er sie in Wirklichkeit spaltete.«

Nathan setzte mit ruhiger Stimme fort: »Heute hat er die Position seiner damaligen Gegner übernommen. In seinem Brief[21] unterscheidet er Schwache, die alle Speiseregeln einhalten, und Starke, die alles essen. Von den Starken verlangt er Rücksicht auf die Schwachen.«

20 Zum Konflikt in Antiochien vgl. Gal 2,11-14.
21 Röm 14,1-15,13.

Erasmus fragte nach: »Warum sind diejenigen ›schwach‹, die alle Speisegebote einhalten? Wer von anderen abweicht, ist doch eigentlich ›stark‹.«

Nathan erklärte: »Die Schwachen halten sich selbst natürlich für stark. Sie leben vegetarisch. Damit gehen sie weit über unsere Gesetze hinaus. Sie wollen alle anderen als Asketen überbieten.«

»Aber sie gehören zu den sozial Schwachen«, ergänzte Baruch. »Sie leben in Mietshäusern, in denen man kein Fleisch zubereiten kann, da es keine Feuerstellen und Kamine gibt. Daher essen sie oft nur in Tavernen warmes Essen, in der Regel nur Mehlbrei und Gemüse. Fleisch ist für sie viel zu teuer. Fleisch gibt es nur bei Einladungen zu Festen und Geburtstagen, wenn viele Menschen zusammenkommen. Deswegen haben die Kaiser diesen Fleischkonsum der kleinen Leute in den Tavernen verboten[22] – aus Angst vor diesen Versammlungen. Sie wittern in ihnen aufkeimende Verschwörungen. Sie konnten aber ihr Fleischverbot nicht durchsetzen. Heimlich wird in den Tavernen zu den Festen der kleinen Leute Fleisch gegessen. Als nun im neunten Jahr des Claudius die Rädelsführer unter den jüdischen Christusanhängern verbannt wurden, hatten alle jüdischen Christusanhänger Angst, auch sie könnten in die Verbannung geschickt werden, wenn sie mit Verstößen gegen die Edikte des Kaisers auffielen. Daher hielten sie sich strikt an das Fleischverbot und verzichteten sogar prinzipiell auf Fleisch. Denn sie gehörten zu den kleinen Leuten, die fast nur in den Tavernen Fleischgerichte aßen. Sie sagten natürlich nicht, dass sie aus Angst darauf verzichteten, sondern stilisierten sich als vorbildliche Asketen. Die heidnischen Christusanhänger wurden dagegen durch keine

22 Tiberius schränkte den Betrieb der Tavernen ein (Sueton, Tiberius 34). Claudius verbot gekochtes Fleisch und heißes Wasser (Cassius Dio, Römische Geschichte LX 6,7). Unter Nero wurden die öffentlichen Festessen auf kleine Imbisse beschränkt; es war verboten, in den Schenken, wo man vorher jede Mahlzeit hatte erhalten können, irgendetwas Gekochtes außer Hülsenfrüchte und Gemüse zum Verkauf anzubieten (Sueton, Nero 16).

Verbannungsdrohung eingeschüchtert. Sie aßen weiterhin Fleisch in den Tavernen. Viele von ihnen gehören auch zu den Bessergestellten, besitzen Häuser, in denen man Fleischspeisen zubereiten kann. Sie verachten die anderen Christusanhänger, die im Grunde aus Angst Vegetarier geworden waren, und werfen ihnen vor, ihnen fehlten Glaube und Mut.«

Erasmus spielte in seiner Phantasie noch einmal sein zukünftiges Zusammenleben mit Hannah durch. Er konnte in seinem Haus Fleisch zubereiten. Fleischessen würde kein Problem sein. Aber es gab da noch ein anderes Problem, das ihn im Grunde sehr viel mehr interessierte. Er fragte: »Was schlägt denn Paulus bei der Beschneidung als Lösung vor?«

Nathan antwortete: »In seinem Brief sagt er klipp und klar, dass die Beschneidung unwichtig ist. Vor Gott ist allein entscheidend, das Gesetz zu erfüllen.[23] Denn«, so zitierte er Paulus, »nicht der ist ein Jude, der es äußerlich ist, sondern der es im Verborgenen ist und am Herzen beschnitten ist, dem Geist und nicht dem Buchstaben nach. Der wird von Gott gelobt.«[24]

Das gefiel Erasmus. Eben deswegen wollte er darüber mehr wissen und wandte sich erneut an Nathan: »Löst so etwas nicht neuen Streit aus? Neugeborene können die Beschneidung nicht durch Gebotserfüllung ersetzen. Die Devise des Paulus, Gebotserfüllung sei wichtiger als die Beschneidung, passt nur auf Erwachsene.«

Jetzt kam es auf jedes Wort an, das Nathan sagte: »Paulus sagt: Beschnittene und Unbeschnittene gehören zur selben Familie. Beide sind Nachfahren Abrahams. Entscheidend ist, dass sie wie Abraham an den einen Gott glauben. Der Glaube an ihn ist das einzige Kriterium für die Zugehörigkeit zu seiner Familie.«[25] Dann wandte sich Nathan

23 1Kor 7,19.
24 Röm 2,29.
25 Vgl. Röm 4,1-25, insbesondere 4,9-17.

direkt an Erasmus, als hätte er geahnt, was sich in dessen Innern abspielte. Oder sagte er es ohne Hintergedanken? Aber so naiv konnte er eigentlich nicht sein: »Wenn meine Tochter käme und einen Heiden heiraten wollte – für mich wäre entscheidend, ob er an den einen und einzigen Gott glaubt oder nicht. Dann hätten beide meinen Segen.«

War das nicht ein deutlicher Wink? Sagte Nathan nicht: Ich würde dir meine Tochter geben, wenn du um sie wirbst? Erasmus wagte nicht direkt zu fragen, ob denn seine Tochter auch einen Heiden heiraten würde. Er sagte nur mit gedämpfter Stimme: »Vielen Dank, Baruch und Nathan. Ich habe gelernt: Paulus vertritt in seinem Brief eine tolerante Philosophie. Ein paar seiner Ideen sind nicht schlecht. Ich habe noch eine Bitte: Könnt ihr mir die Abschrift seines Briefs leihen? Tertius wird mir davon eine weitere Abschrift anfertigen. Ich möchte ihn in Ruhe lesen. Dann bekommt ihr den Brief zurück. Mich interessiert außerdem: Gibt es noch weitere Briefe des Paulus?«

Darauf Nathan: »Ich bin skeptisch, ob es noch mehr Briefe gibt. Es gibt bei uns Juden eigentlich keine Tradition dafür, theologische und philosophische Gedanken in Briefen niederzuschreiben.«

Erasmus entgegnete: »Aber dieser eine Brief des Paulus ist für einen Brief ungewöhnlich lang. Das ist ein Lehrschreiben – vergleichbar den Briefen Platos oder Epikurs, in denen sie ihre Philosophie darstellen. Bei uns sammelt man solche Lehrschreiben in Briefsammlungen. Daher vermute ich, dass es so eine Briefsammlung auch bei Paulus gibt.«

Baruch und Nathan versprachen, sich umzuhören. In Rom gab es viele Juden mit guten Verbindungen zu anderen Gemeinden – auch zu Gemeinden, in denen Paulus gelehrt hatte.

Erasmus fügte hinzu: »Ich werde natürlich auch unsere Priester fragen.« Und zu Nathan gewandt fügte er hinzu: »Danach komme ich auf jeden Fall noch einmal zu dir. Dann können wir alles, was wir über Paulus wissen, zusammentragen und in Ruhe seinen Fall besprechen.«

Nathan und Baruch schauten sich erleichtert an: »Willst du also doch die Verteidigung übernehmen?«

Erasmus merkte, dass er weiter gegangen war, als er wollte. Am liebsten wollte er diese Aufgabe ablehnen. Mit dieser Verteidigung konnte er sein Ansehen als Rechtsanwalt nicht verbessern – selbst wenn er Erfolg vor Gericht haben sollte. Er würde bald als der Anwalt der Juden gelten. Das war nicht unbedingt karrierefördernd. Aber da war der Gedanke an Hannah. Der kam dazwischen. Der ließ ihn nicht los. Daher sagte er nur: »So etwas muss ich überschlafen. Unser Gespräch hat wichtige neue Informationen gebracht. Über die muss ich erst einmal nachdenken.«

Er verabschiedete sich von Baruch und sagte zum Abschied versöhnlich: »Heute haben wir so gesprochen, als gelte der Grundsatz: ›Drei Römer, eine Meinung‹. Unsere gemeinsame Meinung ist: Wir wollen, dass alle Juden in Rom in Frieden leben. Ich wünsche alles Gute für eure Synagogen, für alle eure Mitglieder, besonders aber für zwei Menschen, die ich durch Nathan kenne, Salome und Hannah! Grüß beide von mir!«

Er begleitete beide zur Tür und schaute ihnen nach, wie sie in der schnell zunehmenden Dunkelheit verschwanden. Sie redeten miteinander. Ob sie noch immer auf der Suche nach der »dritten Meinung« waren? Ihre Schritte entfernten sich. Ihre Stimmen wurden leiser. Als sie verschwunden waren, ließ sich Erasmus von der Dämmerung erfüllen. Seine Gedanken wurden durchlässig und porös. Innenwelt und Außenwelt flossen ineinander. Dabei drangen mit der Dunkelheit auch unheimliche Gedanken in ihn. Er sah sich beim Plädoyer für Paulus vor Gericht. Er stellte sich vor, er würde scheitern. Es war nicht leicht, Menschen, die obskure orientalische Religionen verbreiteten, in Rom zu verteidigen. Würden ihn dann nicht für lange Zeit Klienten meiden?

Bedrückt schaute er in die letzten Reste der Helligkeit über dem zunehmenden Dunkel der Gassen und Häuser.

Aber wie er so in den Himmel hinein träumte und die letzte Helligkeit in sich aufsaugte, verwandelte sie sich in seinem Inneren in eine Vorahnung des nächsten Tages. Auf einmal sah er sich im Gespräch mit Hannah. Er hörte ihre Stimme, sah ihr Lächeln. Sie war gegenwärtig und zugleich abwesend. Sie war fern und doch da. Schon der Gedanke, dass sie existierte, erfüllte ihn mit Glück. Ihm kam der Gedanke, ob nicht die Epikureer solche Liebeserlebnisse in ihren Glauben an die Götter verwandelt hatten. Nach ihnen lebten die Götter in ewiger Seligkeit, aber ihre Bilder berührten die Menschen manchmal in Gedanken und Träumen. Schon ihre Existenz war in sich Glück und Seligkeit. Um so etwas zu erleben, brauchte er aber keine Götter, dazu reichte die Liebe zu Hannah. Der Gedanke, dass sie jetzt irgendwo war, durchflutete ihn wie ein warmes Licht. Je finsterer draußen die Welt wurde, umso mehr leuchtete ihr Bild in ihm. Sie war keine Göttin. Aber in der Liebe, die ihn mit ihr verband, zeigte sich etwas von ihrem Gott. Es war ein Gott, der Licht und Finsternis umfasste. Er verband Juden und Heiden. Er vereinigte Freude und Pflicht. Erasmus zündete ein Öllämpchen an. Er war in der richtigen Stimmung, um einen Brief von Philodemus zu beantworten, den ihm Tertius am Morgen gebracht hatte. Es war ein Brief über die Götter.

## Briefe über Philosophie und Religion

### *Philodemus an Erasmus: Grüße!*

Als Epikureer kann ich nicht sagen: Die Götter mögen Dich segnen. Denn wir glauben nicht an Götter, die ins Leben eingreifen. Dazu geschieht zu viel Trauriges, das man den

Göttern nicht in die Schuhe schieben möchte. Die Götter existieren. Das ist genug. Sie leben in ewiger Seligkeit. Dadurch geben sie uns Halt. Denn wir können Augenblicke der Freude erleben, in denen wir ihnen nahe sind. Aber hüte Dich davor, die Verteidigung dieses jüdischen Propagandisten zu übernehmen! Seine Propaganda ist mit Philosophie unvereinbar. Philosophie soll uns von Religionen dieser Art befreien. Wir Philosophen bezweifeln alles – die Frommen glauben alles. Wir suchen die Wahrheit – die Frommen behaupten, sie gefunden zu haben. Wir urteilen aufgrund von Einsicht – sie aufgrund von Offenbarung. Wir formulieren Argumente – sie erzählen erfundene Geschichten. Bleibe ein Philosoph! Bleibe gegenüber allem kritisch!

***Grüße an Erasmus***
***von Philodemus***

***Erasmus an Philodemus: Grüße!***

Gott segne Dich. Wir Stoiker meinen, dass wir in einer sinnvollen Welt leben, deren Sinn wir nicht selbst geschaffen haben. Deshalb glauben wir an Gott. Für Dich schließen Religion und Philosophie einander aus. Aber ich habe von Juden gelernt: Es gibt einen dritten Weg. Philosophie bedeutet Liebe zur Weisheit. Was man liebt, begehrt man, was man begehrt, besitzt man nicht. Philosophie ist das Eingeständnis, dass wir die Weisheit suchen und nicht besitzen. Auch Juden lieben diese Weisheit. In der »Weisheit des Königs Salomo« ist sie von Philosophie nur dadurch zu unterscheiden, dass sie die Bilder der Religion als Aufforderung versteht, Gott zu suchen. In diesem Weisheitsbuch steht:

*Die Menschen, die Gott nicht erkannten,*
*waren nicht fähig,*
*aus den sichtbaren guten und vollkommenen Dingen*
*auf den zu schließen, der wahrhaft seiend ist.*

*Sie sahen die Werke,*
*aber erkannten nicht den Meister, der sie schuf.*
*Stattdessen hielten sie Feuer, Wind und Luft,*
*Sterne, Wasser und Himmelslichter für Götter.*
*Wenn sie von deren Schönheit so hingerissen waren,*
*dass sie in ihnen Götter sahen,*
*hätten sie erkennen müssen,*
*wie viel höher der Herr steht, der alles geschaffen hat.*
*Trotzdem sind sie nicht zu scharf zu tadeln;*
*denn sie irrten zwar, aber hätten Gott gern gefunden.*
*Sie suchten ihn,*
*aber sie blieben an seinen Werken hängen;*
*der Augenschein verführte sie,*
*weil die sichtbare Welt so verlockend ist.*
*Doch sind sie nicht ohne Schuld. Wenn sie fähig waren,*
*die ganze Welt zu durchforschen und so viele*
*Erkenntnisse zu gewinnen,*
*hätten sie dann nicht auch den Herrn der Welt*
*finden müssen?*[26]

Aussagen über Gott sind Aufforderungen, ihn in der Wirklichkeit zu entdecken. Bilder von ihm sind Suchprogramme. Sie suchen nach dem, was der Wirklichkeit Einheit gibt, was ihr Sinn und Wert gibt, warum das Ganze mehr als alle Teile ist. Sie fragen nach dem, was jenseits unserer Erkenntnis liegt. Nie können wir sagen: Wir haben gefunden. Nie können wir sagen: Wir haben Gott erkannt. Wenn die Religion sagt: Du sollst dir kein Bildnis noch Gleichnis von Gott machen, so ist sie philosophisch.

Das ist meine Meinung: Die Gläubigen haben Gott so wenig gefunden wie die Philosophen, doch sind sie zur Überzeugung gekommen: Gott hat sie gefunden. Dass Gott sie gefunden hat, merken sie daran, dass er in ihnen die



26 Weisheit Salomos 13,1-9 (mit Auslassungen).

Suche nach dem wahren Leben aktiviert. Offen ist, worin das wahre Leben besteht.

Das also ist mein dritter Weg: Die religiösen Bilder und Geschichten sind Dichtungen, die in uns Suchprogramme aktivieren, um in der Welt Spuren Gottes zu entdecken und, indem wir diesen Spuren folgen, das wahre Leben zu finden, Gott bleibt hier wie dort ein Geheimnis. Denn alles, was wir von Gott und vom wahren Leben finden, lässt uns weiter suchen und fragen.

Gott ist unerforschlich. Wir sind es auch. Von Gott dürfen wir uns kein Bild und Gleichnis machen. Von uns auch nicht. Wir sind sein Ebenbild. Auch Epikureer wissen: Wir sind in Augenblicken des Glücks Ebenbild der Götter, die in sich glücklich sind. Aber von Juden habe ich gelernt: Wir sind sein Ebenbild nicht nur auf den Inseln des Glücks, sondern auch beim Tun der Pflicht, nicht nur in den Höhen des Lebens, sondern auch in seinen Tiefen, nicht nur, wenn wir Erfolg haben, sondern auch, wenn wir scheitern. Gott ist überall – und er ist überall mehr als das, was wir von ihm ahnen und erkennen.

Gott ist ein Suchprogramm. Offen ist, was wir finden. Aber wir finden genug, um von ihm gefunden zu werden. Wenn wir ihn finden, finden wir den, der unsere Suche nach ihm schon immer verursacht hat. Er hat alles geschaffen. Er hat auch die Gedanken geschaffen, mit denen wir ihn suchen.

*Ich wünsche Dir viele Inseln des Glücks!*
*Grüße Deinen Freund Philandros*
*von Erasmus*

# 3 EINE DROHUNG

Früh am anderen Tag schickte Erasmus Tertius als Boten aus, um sich bei den Priestern Ismael und Helkias anzumelden, die im Stadtviertel *trans Tiberim* in »Geiselhaft« lebten. Sie waren in Jerusalem Hohepriester und Schatzmeister am Tempel gewesen. Unter den Juden Roms waren sie hoch geachtet. Auch deshalb hatte Erasmus den Kontakt mit ihnen gepflegt, obwohl sie ihm als »Mauerbauer« unsympathisch waren. Hier begegnete ihm ein anderes Judentum als das weltoffene Diasporajudentum Nathans und Salomes. Jetzt konnten ihm diese Priester nützlich sein. Denn sie waren mit den Jerusalemer Machtspielen vertraut und noch immer in sie verwickelt. Erasmus wusste deshalb nie, wie weit das zutraf, was sie ihm erzählten. Er wollte sich nach den Gesprächen mit ihnen auf jeden Fall mit Nathan beraten. Ihm vertraute er. Zu seiner Überraschung erschien Nathan aber schon am späten Vormittag sichtlich erregt bei ihm.

»Was ist passiert?«, fragte Erasmus.

»Als wir gestern Abend nach Hause kamen, fanden Baruch und ich einen Brief aus Judäa an alle Synagogenvorsteher in Rom – voll Drohungen gegen Paulus und alle, die ihn unterstützen. Du musst ihn unbedingt lesen.« Nathan holte ein Papyrusblatt hervor und las vor:

*Die Verschwörer des Pinchas*
*an alle Synagogenvorsteher in Rom.*
*Frieden und Segen sei mit euch.*
*Wir wissen um eure Treue zum jüdischen Glauben, der in der ganzen Welt bekannt ist. Wir beten darum, dass ihr immer mehr in ihm gefestigt werdet. Wie ihr wisst, verleitet Paulus überall Juden zum Abfall, indem er lehrt, Beschneidung und Speisegebote zu verachten. Er wurde als Gefangener nach Rom geschickt. Wir wissen, wie eifrig ihr euch*

*für gefangene Glaubensgenossen einsetzt. Deshalb warnen wir euch: Dieser Paulus ist ein Verräter unseres Glaubens. Überlasst ihn seinem Schicksal! Er wäre in Caesarea vom Prokurator Festus zum Tode verurteilt worden, hätte er nicht an den Kaiser appelliert. Ihr sollt wissen: Es ist Gottes Wille, dass er auch in Rom seiner gerechten Strafe nicht entkommt. Lasst die Römer ausführen, was wir ihm sonst antun müssten! Der Eifer für das Heiligtum und die Gesetze verpflichtet uns dazu. Deshalb entzieht ihm jede Unterstützung, damit nicht auch ihr unseren Eifer zu spüren bekommt. Es ist der Eifer Abrahams, Elias und Pinchas. Verflucht ist, wer sich ihm widersetzt!*

***Lebt wohl.***
***Die Verschwörer des Pinchas***

»Um Gottes Willen«, entfuhr es Erasmus, »das kommt davon, wenn man rechtsfreie Räume zulässt – dann versuchen gesetzlose Menschen sie auszudehnen. Zuerst wird nur der innere Tempelbezirk zur rechtsfreien Zone, dann die Stadt Jerusalem, jetzt sogar Rom. Aber eben das ist die Sendung Roms: Das Recht soll überall herrschen und nicht die Willkür. Das hat uns Cassius Longinus eingeprägt.«

Nathan sagte: »Baruch und ich sind überzeugt, dass dich solche Drohungen nicht davon abhalten werden, die Verteidigung des Paulus zu übernehmen. Aber wir meinen, es ist besser, du kennst den Brief noch vor deinem Gespräch mit Ismael und Helkias. Er ist nur an die jüdischen Synagogenvorsteher gerichtet. Aber seine Drohungen richten sich gegen alle, die Paulus helfen wollen.«

»Solchen Leuten muss man widerstehen«, sagte Erasmus entschlossen, »hast du eine Ahnung, wer dahinter steckt?«

Nathan antwortete: »Im Brief des Paulus gibt es am Ende einen Hinweis.«

Erasmus holte den Brief. Nathan suchte und fand die Stelle: »Hier, am Ende bittet Paulus seine Freunde in Rom: Betet für mich zu Gott, dass ich vor den Ungläubigen in Judäa gerettet werde.«[1]

»Als ich den Drohbrief las, erinnerte ich mich an diesen Satz«, sagte Nathan, »Paulus wusste, als er nach Jerusalem aufbrach, dass sein Leben bedroht ist, nicht durch die Römer, sondern durch jüdische Gegner. Der Brief stammt vermutlich aus diesen Kreisen. Sie konnten ihn nicht in Judäa umbringen. Jetzt verfolgen sie ihn außerhalb Palästinas, indem sie verhindern, dass wir ihn in Rom vor der Hinrichtung bewahren.«

»Wenn Paulus schon vor seiner Reise nach Jerusalem vor ihnen Angst hatte«, meinte Erasmus, »dann muss er sie schon vorher gekannt haben.«

»Das habe ich mir auch gesagt«, antwortete Nathan, »deshalb habe ich heute früh Paulus noch einmal im Gefängnis aufgesucht und gefragt, ob er weiß, wer ihn mit solchen Briefen verfolgen könnte. Da hat er mir von seinen Feinden erzählt. Als er in Jerusalem im Tempelinneren auftauchte, müssen Menschen auf ihn gewartet haben, um ihn unter dem Vorwand umzubringen, er habe einen Heiden in den Tempel geschmuggelt. Wer das tut, dem wird ja auf Warninschriften Lynchjustiz angedroht. Seine Mörder wären dann straffrei. Dazu musste der Anschlag gegen Paulus als spontane Reaktion auf eine Verletzung der Tempelgesetze inszeniert werden. Tatsächlich gelang es seinen Feinden, einen Tumult im Tempelvorhof zu provozieren. Doch ehe sie Paulus umbringen konnten, nahmen ihn römische Soldaten in Schutzhaft. Dadurch wurde ihr erster Mordversuch verhindert.«[2]

»Es gab noch einen zweiten?«

1 Röm 15,30f.
2 Vgl. Apg 21,27-22,30.

»Seine Feinde ließen nicht locker. Mehr als 40 von ihnen haben sich nach seiner Inhaftierung gegen ihn verschworen, sie wollten weder essen noch trinken, bis sie Paulus getötet hätten. Sie wollten ihn auf dem Weg zwischen seinem Gefängnis und dem Palast der Hohepriester töten, wenn er den Hohepriestern zum Verhör vorgeführt würde.«[3]

»Auch das klappte nicht?«

»Paulus bekam Wind davon. Seine Schwester wohnt in Jerusalem, und deren Sohn warnte ihn. Paulus überzeugte den römischen Obersten, seinen Schutz zu verstärken.«

Erasmus unterbrach ihn: »Wie kommt sein Neffe an Informationen über ein Attentat gegen ihn? Der muss doch Kontakt mit terroristischen Kreisen gehabt haben?«

»Zweifellos, jemand hat ihn informiert.«

»Könnte der Neffe selbst zu diesen Kreisen gehören?«, fragte Erasmus, verwarf dann aber seine Vermutung: »Es ist unwahrscheinlich, dass man den Neffen in einen Mordplan gegen seinen Verwandten einweiht.«

Doch Nathan klärte ihn auf: »Auch das kann man nicht ausschließen! Die Verschwörer berufen sich in ihrem Brief auf den Eifer Abrahams, Elias und Pinchas. Pinchas gilt als Fanatiker, weil er einen Juden tötete, der sich nicht von seiner ausländischen Frau trennen wollte[4]. Elia gilt als Fanatiker, weil er die Verehrer des Gottes Baal tötete.[5] Abraham gilt als Fanatiker, weil er bereit war, seinen Sohn umzubringen.[6] Sein Beispiel zeigt, dass zum Eifer die Bereitschaft gehört, Familienglieder zu töten. Der Neffe des Paulus könnte mit Mordplänen gegen Familienangehörige sogar Punkte in terroristischen Kreisen gesammelt haben.«

3 Vgl. Apg 23,12-22.
4 4Mose 25.
5 1Könige 18.
6 1Mose 22,1-19. Die Anhänger des Judas Galilaios »machen sich selbst nichts aus dem Morde ihrer Verwandten und Freunde, wenn sie nur keinen Menschen als Herrn anzuerkennen brauchen« (Josephus, Altertümer XVIII 1,6 §23).

Erasmus war sprachlos: »Du meinst, er könnte in das Attentat verwickelt sein?«

»Auf jeden Fall hat er den Attentatsplan verraten«, meinte Nathan. »Wenn die Verschwörer mit Abraham ihre Gewalt gegen Familienmitglieder rechtfertigen, dann könnte sich dieser Neffe mit noch mehr Recht auf Abraham berufen, wenn er im letzten Augenblick den Mord verhinderte. Denn bei Abraham verhindert Gott im letzten Augenblick die Tötung Isaaks.«

Erasmus pflichtete ihm bei: »In seinem Brief beruft sich Paulus auf Abraham nicht wegen seiner Bereitschaft, den eigenen Sohn zu töten, sondern im Gegenteil, er lobt ihn, weil er an die Geburt seines Sohnes glaubte, obwohl er zu alt für Nachkommen war.«[7]

Nathan nickte: »Für Fanatiker ist Abrahams Glaube Bereitschaft zum Töten, für alle vernünftigen Juden Bejahung des Lebens.«

Erasmus fuhr fort: »Für uns ist entscheidend, dass der Neffe die Pläne der Verschwörer durchkreuzt hat. Das hat Paulus gerettet.« Grübelnd fügte er hinzu: »Paulus ist ein Rätsel. Einige lehnen ihn als Fanatiker ab, andere Fanatiker verfolgen ihn.« Er fragte sich, ob diese Terroristen auch in Rom auftreten würden? Würden sie auch hier versuchen, Paulus umzubringen? Würden sie Synagogenvorsteher terrorisieren, die Paulus unterstützten? Und wenn er dessen Verteidigung übernähme, würden sie auch ihn zur Zielscheibe ihrer Mordlust machen? Er musste mehr über diese Gruppen in Palästina herausfinden. Dazu konnten ihm die Priester helfen, mit denen er verabredet war. Erasmus bedankte sich bei Nathan, dass er ihm den Drohbrief gezeigt hatte, und sagte beim Abschied:

»Behalte das mit den Drohbriefen vorerst für dich. Ich möchte nicht, dass Salome und Hannah sich Sorgen ma-



7 Röm 4,13-22.

chen. Aber wir sollten sie nicht unbegleitet durch Rom gehen lassen. Wenn wir zu dem Ergebnis kommen, dass wir diese Drohungen ernst nehmen müssen, dann müssen wir sie sofort informieren. Grüße sie auf jeden Fall von mir.«

Am späten Nachmittag begab sich Erasmus in das Stadtviertel *trans Tiberim*, wo die meisten Juden wohnten. Er passierte zwei Brücken, die ihn über die Tiberinsel in ein Gewirr von Gassen und Mietshäusern führten, bis er zu einem vornehmen Atriumhaus kam, eine Ausnahme in dieser Gegend. Ismael und Helkias begrüßten ihn mit der formsicheren Höflichkeit von Oberschichtangehörigen. Nur ihr unbeholfenes Griechisch zeigte, dass sie nicht zur römisch-griechischen Oberschicht gehörten. Griechisch war die Sprache der meisten Migranten aus dem Osten. In Vierteln wie *trans Tiberim* sprach man kaum noch Latein.

»Gesegnet seist Du, unser Freund und Anwalt!«, begrüßten ihn die beiden. Ismael, der Hohepriester, war hochgewachsen und bewegte sich mit einer Würde, als müsse er vor einem Altar zelebrieren. Der Tempelschatzmeister Helkias war dagegen klein von Gestalt. Er blickte pfiffig in die Welt, als kenne er alle ihre Tricks.

»Gott möge euch segnen!«, antwortete Erasmus. »Wie geht es Euch?«

»Danke, es geht uns gut«, sagte Ismael und fügte hinzu, »auch wenn Synagogengottesdienste nicht die Gottesdienste im Tempel ersetzen können.«

Erasmus konnte sich nicht verkneifen, auch diesmal zu antworten: »Ich liebe Synagogengottesdienste. In ihnen wird Gott auf philosophische Weise verehrt – allein mit Worten, durch Lesungen aus einem Buch, mit Gebeten statt Opfern. Als Jude würden mir diese Gottesdienste genügen.«

»Ach Erasmus«, antwortete Ismael, »jeder Jude, der einmal am Tempelkult teilgenommen hat, hat Sehnsucht nach ihm. Dort ist Gott nah. Ich durfte als Hohepriester einmal im Jahr hinter den Vorhang bis ins Allerheiligste gehen – dorthin, wo Gott wohnt.«

Erasmus entgegnete: »Nach meiner stoischen Philosophie ist Gott überall nahe – in Jerusalem und Rom, in Land und Stadt, im Tempel und in der Synagoge. Er wohnt auch in uns. Das Problem ist nur: Wir sind selten zu Hause. Deshalb leben wir an ihm vorbei.«

Ismael nickte: »Im Prinzip hast du Recht. Aber vielen Juden fehlt deine Zuversicht, dass Gott in dieser Welt überall gegenwärtig ist. Sie sehnen sich nach einer neuen Welt. Wir Hohepriester gehören zu den wenigen, die von dieser Sehnsucht frei sind. Wir glauben als Sadduzäer nicht an eine zukünftige Welt.[8] Schon im Tempel ist für uns der Himmel offen. Der Tempel ist das Tor zu Gott. Deshalb verzehrt uns die Sehnsucht nach dem Tempel wie Feuer.«

Ismael sagte das mit solcher Emphase, dass Erasmus spürte: Seine Sehnsucht nach dem Tempel war echt. Trotzdem fragte er sich, ob in dieser Sehnsucht nicht auch viel Sehnsucht nach jener Macht steckte, die Ismael einst als Hohepriester besessen hatte. Doch da stellte Helkias, der wuselig wirkende Schatzmeister des Tempels, auch schon die Frage, die Erasmus jedes Mal hörte, wenn er mit ihm zusammentraf:

»Kannst du nicht bei Nero bewirken, dass wir nach Jerusalem zurückkehren dürfen?«

Auch ihm gegenüber wiederholte Erasmus seine schon oft gegebene Antwort: »Im Tempel amtieren jetzt neue Hohepriester. Kein Kaiser wird Konflikte in der Hohepriesterschaft provozieren, indem er euch zurückschickt. Das gäbe einen Machtkampf zwischen euch und euren Nachfolgern. Wenn ihr bereit wärt, auf eure Ämter zu verzichten, könnte ich ein Gesuch an den Kaiser richten – aber ohne Erfolgs-

8 Zu den Sadduzäern vgl. Mk 12,18-27; Apg 23,8; Josephus, Altertümer XVIII 1,4 §16f, Jüdischer Krieg II 8,14 §164f.

garantie. Wenn er das Gesuch ablehnt, wäret ihr endgültig Eure Ämter los. Ihr hättet nichts gewonnen, aber viel verloren.«

Doch Helkias ließ nicht locker: »Kann man nicht mit Geld etwas nachhelfen?«

Da fuhr ihm Ismael unwirsch dazwischen: »Um Gottes Willen, bitte, keine Bestechung!«

Helkias rechtfertigte sich: »Ich denke nicht an Bestechung. Ich kann aber als Tempelschatzmeister zusagen, dass ich nach meiner Rückkehr einen Teil der Tempelsteuer an die Römer abführen würde.«

Ismael protestierte noch heftiger: »Helkias, das geht noch weniger! Wenn bekannt wird, dass wir Tempelgeld an die Römer weitergeben, die damit ihre heidnischen Tempel aufbauen – das gäbe einen Aufstand! Alle würden uns hassen, besonders die Eiferer, die in ganz Israel verkünden, dass allein die Tempelsteuer von Gott gewollt, Steuerzahlung an die Römer dagegen Abfall von Gott sei.«

Erasmus horchte auf. Ismael und Helkias unterschieden sich deutlich in ihrer politischen Einstellung. Vor allem das Stichwort »Eiferer« machte ihn hellwach. Es war schon im Drohbrief aufgetaucht. Er fragte daher: »Könnt ihr mir etwas über die ›Eiferer‹ sagen?«

Helkias erläuterte: »Das Vorbild der Eiferer ist der Priester Pinchas. Als unser Volk durch die Wüste wanderte,[9] heirateten einige Israeliten fremde Frauen. Die verehrten andere Götter und verführten das Volk zu ihrem Götzendienst. Gottes Zorn drohte, das Volk zu vernichten. Als ein Israelit dadurch provozierte, dass er eine fremde Frau mitten ins Lager brachte und mit ihr schlief, tötete Pinchas das Paar ohne Gerichtsverfahren. Das machte Pinchas zum Urbild des Eiferers und Fanatikers.«[10]

9 4Mose 25.
10 Vgl. Psalm 106,30f.

»Und was hat dieser Fanatismus mit dem Tempel zu tun?«

Hier fühlte sich Ismael, der Hohepriester, angesprochen: »In der Wüstenzeit eiferten sie für die Heiligkeit des Volkes. Nach der Landnahme eiferten sie für den Tempel, weil der die Heiligkeit des Volkes vom Tempel abhängt und bei jedem Versöhnungstag erneuert wird, wenn der Hohepriester das Allerheiligste betritt. Eifer ist darum seit langem vor allem Eifer um das *Haus* Gottes.«[11]

»Nehmen sich auch andere Priester das Recht heraus, ohne Gerichtsverfahren zu töten?«, fragte Erasmus.

Ismael protestierte: »Das sei ferne! Wir Priester hassen die Fanatiker, gerade weil wir für die Heiligkeit des Tempels verantwortlich sind. Unser Glaube hat zwei Säulen, Tempel *und* Gesetz. Das Gesetz verhindert, dass der Zorn Gottes wie ein Blitz unseren Tempel zerstört. Es garantiert, dass alles im Tempel nach Regeln abläuft. Doch immer wieder gibt es Menschen, die meinen, in Wirklichkeit gefährdeten wir Priester die Heiligkeit des Tempels. Wir seien korrupt und unmoralisch. Diese Fanatiker sind unsere schlimmsten Feinde.«

Dass Ismael neben dem Tempel das Gesetz als zweite Säule des Judentums hervorhob, gefiel Erasmus. Er war als Jurist überzeugt: Nur durch Recht und Gesetz lassen sich Eifer und Fanatismus besiegen.

Helkias erläuterte: »Das Schlimme an den Eiferern ist, dass sie ihren Eifer mit dem Zorn Gottes identifizieren.[12] Deshalb verlieren sie jedes Maß. Es ist schlimm, wenn sich Menschen an die Stelle Gottes setzen – gleichgültig, ob das Gaius Caligula oder jüdische Fanatiker tun.«

Ismael griff diesen Gedanken auf und sagte mit der Würde eines Hohepriesters: »Die Welt geht zugrunde, wenn

11 Psalm 69,10.
12 Vgl. 4Mose 25,11.

wir den Unterschied zwischen Mensch und Gott verkennen. Gott ist im Himmel, wir sind auf Erden.[13] Auf Erden müssen Sünde und Schuld vergeben werden. Dafür ist der Tempelkult da. Dafür wird der Versöhnungstag gefeiert. Er erinnert uns daran, dass wir Sünder sind und dennoch leben dürfen.«

Die feierliche Aussage Ismaels blieb nicht ohne Wirkung auf Erasmus. Sein Gefühl sagte ihm, dass diese Priester keine heimlichen Fanatiker waren. Aber wie standen sie zu den Christusanhängern? Vielleicht hatten sie gegen sie einen fanatischen Hass? Daher fragte er:

»In Rom gibt es seit einiger Zeit Anhänger eines Menschen namens Christus. Kennt ihr diese Christusanhänger?«

»Natürlich«, antwortete Ismael, der Hohepriester, »die wollen unseren Tempel in eine Synagoge für alle Völker[14] ohne Opfer und Priester verwandeln. Sie wollen uns abschaffen. Insofern sind auch sie unsere Feinde. Auch sie gehören zu denen, die sich nach einer neuen Welt sehnen. Sie meinen aber, diese neue Welt würde schon in ihrem Leben beginnen.«

»Dann sind sie Euch ja im Grunde ähnlich«, sagte Erasmus. »Ihr sagt: Im Tempel ist Gott gegenwärtig. Sie sagen: In ihrem Leben ist Gott gegenwärtig.«

»Gerade das untergräbt unsere Autorität«, entgegnete Ismael. »Warum braucht man einen Tempel in Jerusalem, wenn jeder Mensch ein Tempel Gottes ist?[15] Sie sind tatsächlich unsere Feinde.«

»Ihr sagt: Die Fanatiker sind eure Feinde. Gehören auch die Christusanhänger zu diesen Fanatikern? Du rechnest sie ja zu euren Feinden!«

»Um Gottes Willen«, rief Ismael, »größere Gegensätze sind kaum vorstellbar. Die Christusanhänger wollen Fremde

13 Prediger Salomo 5,1.

14 Jesus sagt Mk 11,17 mit Jesaja 56,7: »Mein Haus soll ein Haus des Gebets (*proseuchēs*) für alle Völker sein.« Der Begriff *proseuchē* ist oft Bezeichnung einer Synagoge.

15 Für Paulus ist die Gemeinde (1 Kor 3,16f.), aber auch jeder Christ Tempel Gottes (1 Kor 6,19).

in den Tempel lassen, die Fanatiker sie ausschließen. Wir sind zwischen diesen Extremen die vernünftige Mitte.«

»Dann wäre verständlich, wenn Fanatiker die Christusanhänger bekämpfen«, meinte Erasmus, »und Christusanhänger die Fanatiker.«

Ismael nahm wieder eine Haltung ein, als müsse er etwas Wichtiges verkündigen: »Die Christusanhänger haben nur eins mit den Fanatikern gemeinsam: Sie glauben, dass Gottes Herrschaft schon hier und jetzt beginnt. Die Christusanhänger sagen: Sie beginnt, wenn Menschen geheilt werden.[16] Die Fanatiker sagen dagegen: Sie beginnt, wenn Gesetzesbrecher ermordet werden. Die Christusanhänger lehren, ihre Feinde zu lieben, die Fanatiker befehlen, sie zu ermorden. Die Christusanhänger sind gewaltlos, die Fanatiker gewaltbesessen.«

An dieser Stelle griff Helkias ein: »Es gibt für mich als Schatzmeister des Tempels einen entscheidenden Unterschied zwischen ihnen. Die Fanatiker weigern sich, Steuern für den Kaiser zu zahlen. Sie zahlen nur an den Tempel Steuern. Das hat mich immer in Verlegenheit gebracht, weil alle denken: Als Tempelschatzmeister müsste ich solche Leute unterstützen. Die Christusanhänger sind aus dem entgegengesetzten Grund für mich ein Problem: Sie behaupten, sie seien als freie Söhne und Töchter Gottes nicht verpflichtet, Tempelsteuer zu bezahlen. Denn Söhne und Töchter eines Königs werden nicht besteuert. Trotzdem zahlen sie aus Anpassung die Tempelsteuer, um keinen Ärger zu bekommen.«[17]

Als Helkias das sagte, schoss es Erasmus durch den Kopf: Sahen die Priester es gern, wenn die Fanatiker Christusanhänger bekämpften, die ihre Einkünfte in Frage stellten? Der Tempel profitierte objektiv von ihrem Fanatismus.

16 Mt 12,28 / Lk 11,20.
17 Mt 17,24-27.

Mussten diese Hohepriester daher mit der Verschwörung gegen Paulus nicht doch klammheimlich sympathisieren? Steckten sie vielleicht selbst hinter dem Drohbrief? Erasmus erschrak über diesen ungeheuerlichen Verdacht. In ihm schrillten die Alarmglocken. Denn er sagte sich: Wer bringt es fertig, allen Synagogenvorstehern in Rom denselben Brief gleichzeitig zuzustellen? Die Absender des Briefes mussten in Rom sein. Deutlich war für ihn ferner: Ismael und Helkias lagen nicht auf einer Linie. Der Hohepriester hielt priesterliche Prinzipien hoch, der Tempelschatzmeister dachte politisch. Spielten sie ein abgekartetes Spiel? Deckte der eine mit seiner hohepriesterlichen Würde, was der andere im Verborgenen tat? Aber er musste vorsichtig sein mit solchen Verdächtigungen! Er konnte seinen Klienten furchtbar Unrecht tun. Die beiden konnten sowohl seine besten Verbündeten als auch seine schlimmsten Feinde sein. Beides war möglich. Falls sie in die Sache mit dem Drohbrief verstrickt waren, würden sie ihm die Wahrheit systematisch verschleiern. Daher sagte er, ohne sie direkt mit dem Drohbrief zu konfrontieren:

»Den generellen Unterschied zwischen Fanatikern und Christusanhängern habe ich verstanden. Es gibt jetzt noch einen konkreten Anlass, warum sie mich interessieren. Vor kurzem wurde ein Christusanhänger mit Namen Paulus nach Rom als Gefangener gebracht. Der wurde in Jerusalem von ›Fanatikern‹ verfolgt.«

Helkias platzte los: »Paulus als Gefangener in Rom – das geschieht ihm recht. Der gehörte früher selbst zu den Fanatikern.«

»Was – und jetzt wollen sie ihn umbringen!«, rief Erasmus.

Ismael erklärte: »Die Fanatiker wüten gegen alle, die von ihnen abfallen. Schon deren Existenz sagt: Ihr seid auf dem Irrweg. Kehrt um! Paulus ist ein lebendiger Kronzeuge gegen sie!«

Erasmus dachte: Wie die beiden reagieren, scheinen sie den Drohbrief nicht zu kennen. Oder tun sie nur so? Verstellen sie sich? Geschickter kann man sich ja nicht von den Fanatikern distanzieren, als wenn man sich über sie empört. Er hakte nach: »Du sagst, dass Paulus einmal ein Fanatiker war. Heißt das, er könnte in seiner Vergangenheit Attentate verübt haben?«

»Davon ist nichts bekannt«, sagte Helkias, »sicher ist nur, dass er gegen Christusanhänger mit Synagogenstrafen vorgegangen ist – er hat dafür gesorgt, dass einige zur Prügelstrafe von 40 weniger einen Schlag verurteilt wurden.[18] Sicher ist auch: Wer das Programm des ›Fanatismus‹ im Kopf hat, bewundert Pinchas. Pinchas hat Gesetzesbrecher ohne Gerichtsverfahren getötet. In seinen Bewunderern lauert Tötungsbereitschaft. Diese Fanatiker sind nicht harmlos. Ganz sicher ist daher: Paulus ist nicht harmlos.«

»Erst bekämpfte Paulus als Fanatiker Christusanhänger, dann bekämpften ihn Fanatiker als Christusanhänger«, stellte Erasmus fest. »Was hat ihn umgedreht?«

»Da soll es ein obskures Erlebnis gegeben haben«, meinte Ismael. »Einige sagen, er sei diesem Christus nach dessen Tod begegnet. So wie viele Menschen meinen, ihren verstorbenen Verwandten und Freunden im Traum oder im Wachzustand zu begegnen. Meist begegnen wir in dieser Weise nur Menschen, die wir einmal geliebt haben. Ganz ungewöhnlich ist es, wenn jemand einem Verstorbenen begegnet, den er vorher verfolgt hat. Deshalb denke ich manchmal: Hat Paulus das alles zusammenphantasiert und dabei Geschichten nachgeahmt, die andere von ihrer Begegnung mit Christus erzählt haben? Wer solche Geschichten erzählen kann, ist unter ihnen eine große Nummer.«

18 Nach Apg 22,19 ließ er sie in den Synagogen geißeln. Paulus selbst hat nach 2Kor 11,24 fünfmal die 39 Hiebe erhalten und wurde dreimal ausgepeitscht.

»Mich interessiert: Ist Paulus trotz dieser Wende ein Fanatiker geblieben, nur dass er jetzt für andere Ziele eifert?«

»Das ist möglich«, meinte Helkias. »Er zettelt überall Unruhen an. Wer so viel Unheil anrichtet, muss von seiner Sache besessen sein. Das kann man Fanatismus nennen.«[19]

Erasmus bohrte weiter: »Pinchas ermordete nicht nur den Simri, sondern auch dessen ausländische Frau. Richten sich terroristische Anschläge nach seinem Vorbild auch gegen Fremde, gegen Römer, Griechen und Menschen wie mich?«

»Gut, dass du das ansprichst«, meinte Helkias. »Der Eifer ist von Hause aus eigentlich Verteidigung gegen das Eindringen fremder Sitten in unser Volk. Aber Angriff ist manchmal die beste Verteidigung.«

Erasmus hakte nach: »Pinchas tötete im Eifer einen Israeliten, weil er eine fremde Frau geheiratet hatte. Würden seine Nachfolger einen Heiden töten, der eine jüdische Frau heiratet?« Er dachte an seine Beziehung zu Hannah. Wenn sie zusammenlebten, würden die Fanatiker sie deshalb verfolgen? Waren sie ihres Lebens sicher, wenn diese Fanatiker sogar in Rom tätig werden?

Helkias antwortete: »Bisher haben die Eiferer Nicht-Juden nur angegriffen, wenn Juden daran gehindert wurden, nach ihren Gesetzen zu leben, also, wenn ein genereller Abfall vom Gesetz drohte.«

»Wurden rein private ›Mischehen‹ nicht bedroht?«, fragte Erasmus.

Helkias beruhigte ihn: »Davon habe ich nie etwas gehört. Du musst bedenken: Pinchas schritt gegen eine Mischehe nur ein, weil das ganze Volk zum Götzendienst verführt

19 Apg 17,6f wird Paulus in Thessaloniki vorgeworfen: »Diese, die die ganze Welt in Aufruhr gebracht haben, sind jetzt auch zu uns gekommen ... Sie alle verstoßen gegen die Gesetze des Kaisers und sagen: Ein anderer ist König, nämlich Jesus.«

worden war. So eine Situation gab es später nur noch einmal zur Zeit des Judas Makkabaios.«[20]

Ismael bestätigte: »Vor 200 Jahren wollten Priester in Jerusalem das Judentum reformieren. Beschneidung und Speisegebote sollten wegfallen, unser Gott sollte als ›Zeus Olympios‹ verehrt werden. Die Reformer wollten diese Reformen mit Hilfe des syrischen Herrschers Antiochus IV. gewaltsam durchsetzen. Diese Reform kam in der Stadt Jerusalem gut an. Die Gebildeten unterstützen sie.«

Helkias ergänzte: »Aber gegen die Reformer trommelte Judas Makkabaios die gesetzestreue Landbevölkerung zusammen und machte den ›Eifer für das Gesetz‹ zur Parole des Widerstands.[21] Seitdem fordern immer wieder radikalisierte Juden zu terroristischen Aktionen auch gegen Fremde auf!«

Erasmus durchfuhr der Gedanke: Wenn Paulus zu den fanatischen Eiferern gehört hatte, dann war nicht ausgeschlossen, dass er in Terrorakte gegen die Römer verwickelt war. War das der Grund, warum er in seinem Brief so penetrant seine Staatsloyalität betont? War vielleicht etwas an dem Gerücht dran, er sei ein Widerstandskämpfer gegen die Römer gewesen? Einen Widerstandskämpfer konnte er unmöglich verteidigen. Das ginge allenfalls mit dem Argument, dass romfeindliche Fanatiker ihm als Verräter nach dem Leben trachteten, weil er sich vom Widerstand abgewandt hatte. Dann aber musste er sicher sein, dass sich Paulus wirklich vom Fanatismus verabschiedet hatte. Er fragte noch einmal nach:

»Das mit Judas Makkabaios ist schon lange her. Ver-

20 Die Geschichte des Aufstands wird in den Makkabäerbüchern erzählt, die zu den Apokryphen des Alten Testaments gehören.

21 Judas Makkabaios sagte in seiner Abschiedsrede: »Jetzt Kinder, *eifert* für das Gesetz! ... Wurde Abraham nicht in der Versuchung als treu befunden, und wurde es ihm nicht zur Gerechtigkeit angerechnet? ... Pinchas, unser Vater, empfing für sein *Eifern* die Zusicherung ewigen Priestertums ... Elia wurde wegen seines *Eiferns* für das Gesetz in den Himmel emporgehoben« (1Makk 2,50-58).

birgt sich auch heute noch unter dem Motto ›Eifern für das Gesetz‹ Widerstand gegen Rom?«

Die beiden schwiegen eine Zeit lang. Erasmus dachte schon, dass sie ihm etwas verschweigen wollten. Dann aber sagte Helkias leise: »Das ist leider so. Der Widerstand gegen die Römer lebte nach dem Ende des Königs Herodes neu auf.«

»Waren das wieder die Eiferer?«

» Das Stichwort ›Eifer‹ spielte damals keine Rolle«, antwortete Helkias. »Nach dem Tod des Königs Herodes traten zwei Königsanwärter auf: Athronges und Simon, dazu in Galiläa ein dritter Aufstandsführer namens Judas, der kein König sein wollte, sondern allein Gott als legitimen König anerkannte. Ihr Aufstand wurde durch Quintilius Varus niedergeschlagen. Der ließ 2.000 Aufrührer kreuzigen.«[22]

»War es danach ruhig?«

»Nur für kurze Zeit«, fuhr Helkias fort. »Das Land wurde auf drei Söhne des Herodes aufgeteilt. Für eine kurze Zeit herrschte Ruhe. Dann aber wurde Archelaos, der über Judäa und Samarien herrschte, schon nach zehn Jahren abgesetzt. Danach übernahmen die Römer in seinem Gebiet die Herrschaft. Jetzt mussten die dortigen Juden ihre Steuern direkt an die Römer zahlen. Dagegen wandte sich eine Steuerverweigerungskampagne unter eben jenem Judas Galilaios, der zehn Jahre vorher in Galiläa Widerstand geleistet hatte.[23] Judas trat dabei nicht mehr als militärischer Führer auf, sondern als theologischer Lehrer. Er verkündigte, dass das Land und seine Erträge allein Gott gehören und man ihm allein Steuern an den Tempel zahlen müsse,

22 Über die Aufstände nach dem Tode Herodes I. vgl. Josephus, Altertümer XVII 9,5-10 § 271-298; Jüdischer Krieg II 4,1-5,3 § 55-79. Zu den 2.000 gekreuzigten Aufrührern vgl. Josephus, Jüdischer Krieg II 5,2 §75. Quintilius Varus (ca. 47/46 v.Chr.–9 n.Chr) wurde später in Germanien vernichtend geschlagen.

23 Zur Steuerverweigerungskampagne des Judas Galilaios vgl. Josephus, Altertümer XVIII 1,1 § 1-10; Jüdischer Krieg II 8,1 § 117f. Josephus nennt seine Richtung die »vierte Philosophie« im Judentum – neben Pharisäern, Sadduzäern und Essenern (Josephus, Altertümer XVIII 1,6 §23).

nicht aber dem Kaiser. Er begründete den Widerstand mit dem ersten Gebot: ›Ich bin der Herr, dein Gott. Du sollst keine anderen Götter neben mir haben‹. Insofern kann man sagen: Er eiferte für das Gesetz, auch wenn er sich nicht als ›Eiferer‹ bezeichnet hat.«

»Verschwand dieser Widerstand nach seinem Tod?«

»Im Gegenteil«, sagte Helkias, »vor 20 Jahren stifteten zwei seiner Söhne neue Unruhe.[24] Der Widerstand ist im Laufe der Zeit sogar stärker geworden.«

»Heißt das, er war in der Zeit, als Paulus sich zu den Eiferern zählte, noch nicht so intensiv?«, fragte Erasmus zurück.

Helkias erklärte: »Ich würde eher sagen, die Spannungen zwischen Juden und Römern, Armen und Reichen wurden immer größer. Großgrundbesitzer verdrängten immer mehr verschuldete Kleinbauern, diese wurden entwurzelt. Manche verließen ihr normales Leben, schlossen sich den Widerstandskämpfern an. Sie zogen in die Wüste, träumten von einem neuen Exodus, einer neuen Eroberung unseres Landes, als sei es ein fremdes Land, das sie von den Römern zurückerobern müssten. Es war eine Abwärtsspirale: Die römischen Beamten griffen zu immer härteren Gegenmaßnahmen, dadurch radikalisierten sich die verschuldeten Kleinbauern noch mehr. Für diese Entwicklung darfst du nicht nur Juden verantwortlich machen, sondern auch korrupte und unfähige römische Prokuratoren.«[25]

24 Josephus, Altertümer XX 5,2 §102.

25 Theudas rief (ca. 44–46 n.Chr.) eine Menschenmenge auf, ihm zum Jordan zu »folgen«, dort werde sich der Jordan wie bei der Landnahme spalten. (Josephus, Altertümer XX 5,1 §97-99, vgl. Apg 5,36). Ein Ägypter führte (zwischen 52–60 n.Chr.) seine Anhänger zum Ölberg. Die Mauern Jerusalems sollten wie bei Jericho zusammenbrechen (Josephus Altertümer XX 8,6 §169-172; Jüdischer Krieg II 13,5 §261-263; vgl. Apg 21,38). Anonyme Propheten versprachen ihren Anhängern Zeichen und Wunder in der Wüste wie bei einem neuen Exodus (Josephus Altertümer XX 8,6 §167f; Jüdischer Krieg II 8,5 §258-60). Ca. 60–62 n.Chr. versprach ein Prophet »Erlösung«, wenn man ihm zu einer neuen Wüstenwanderung folgte (Josephus Altertümer XX 8,10 §188).

»Nannten sich diese Widerstandskämpfer ›Eiferer‹?«

Helkias sagte: »Sicher ist nur, dass das Ideal des Eifers in ihren Köpfen lebte. Aber wenn ich ehrlich bin: Mir sind eigentlich nur zwei ›Eiferer‹ mit Namen bekannt: ein Jünger dieses Christus, ›Simeon der Eiferer‹, und Paulus, der von sich sagt, er habe aufgrund seines Eifers Christusanhänger verfolgt.«[26]

Jetzt wurde Erasmus hellwach: »Ausgerechnet zwei Christusanhänger! Gehören die Christusanhänger also nicht doch zu den Fanatikern? Ist ihr Auftreten mit Feindesliebe und Gewaltverzicht vielleicht nur ein Schutzschild, hinter dem sie ihren Fanatismus verbergen?«

Seine Gesprächspartner schüttelten den Kopf. Helkias meinte: »Wenn in einer Gruppe einer den Spitznamen ›der Priester‹ hat, kannst du Gift darauf nehmen, dass die anderen keine Priester sind. Wenn einer ›Eiferer‹ genannt wird, sind die anderen es nicht.«

»Das leuchtet ein«, meinte Erasmus, »aber Verbindungen zu den Eiferern muss es gegeben haben, wenn zwei zu ihnen gehörten. Heute gibt es Christusanhänger nicht nur in Palästina. Daher noch eine wichtige Frage: Werden die Eiferer auch außerhalb Palästinas aktiv? Konkret: Könnten sie auch in Rom auftauchen? Hinter meiner Frage steckt eine sehr ernste Sache.« Erasmus zögerte, ehe er damit herausrückte: »In Rom sind heute Drohbriefe aufgetaucht, die alle Juden davor warnen, Paulus zu unterstützen. Die Absender nennen sich die Verschwörer des Pinchas.« Dabei schaute er die beiden aufmerksam an. Verrieten sie durch ihre Reaktion, dass sie die Drohbriefe kannten? Waren sie ahnungslos? Aber nichts deutete in die eine oder die andere Richtung. Ismael schaute unverändert würdig drein, Helkias unverändert aufmerksam.

26 Simeon, einer der Jünger Jesu, wurde von Simeon Petrus durch den Beinamen »Eiferer« (Lk 6,15) = »Kananäus« unterschieden (Mk 3,18; Mt 10,4). Paulus nennt sich selbst einen Eiferer (Gal 1,14; vgl. Phil 3,6).

Helkias sagte: »Solche Drohbriefe kennen wir bisher nur aus Judäa.«

»Sind sie ernst zu nehmen?«, fragte Erasmus.

»In Judäa müsste man sie auf jeden Fall ernst nehmen«, betonte Helkias. »Dort haben die Eiferer in letzter Zeit eine infame Taktik entwickelt. Sie bringen ihre Opfer mitten in einer Menschenmenge durch Dolchstiche um. Danach mischen sie sich unter die Menge und beklagen ihre eigene Schandtat, um jeden Verdacht von sich abzuwenden.[27] So wollten sie wahrscheinlich auch gegen Paulus vorgehen: Er sollte in einem Tumult auf dem Tempelvorhof ermordet werden – mitten in einer dichten Menschenmenge. Aber das klappte nicht.«

Ismael ergänzte: »Um deine Frage zu beantworten, kann ich dir versichern: Bisher trafen solche Attentate nur Juden. Bisher gab es sie nicht in der Diaspora. Aber jüdische Gemeinden außerhalb Judäas sind wahrscheinlich Rückzugsorte der Fanatiker.«

Helkias pflichtete ihm bei: »Einige Fanatiker sind aus der Diaspora nach Judäa gekommen. Auch Paulus kam aus Tarsos nach Jerusalem, um das Gesetz zu studieren, aber er radikalisierte sich erst in Jerusalem.«

»Habt ihr ihn damals in Jerusalem kennengelernt?«, unterbrach Erasmus ihn.

Ismael und Helkias antworteten: »Paulus ist uns erst aufgefallen, als er sich anbot, die Christusanhänger zu bekämpfen. Er wollte von uns damit beauftragt werden. Wir haben ihm Briefe an Diasporagemeinden mitgegeben. Was er vorher getrieben hat, wissen wir nicht.«

27 Zu diesen Attentaten vgl. Josephus, Jüdischer Krieg II 13,3 § 254f: »Am helllichten Tag und mitten in der Stadt mordeten sie Menschen, besonders an den Festen mischten sie sich unter die Menge und stachen mit kleinen Dolchen, die sie unter ihren Kleidern verborgen hatten, ihre Gegner nieder. Brachen diese dann zusammen, so verwandelten sich die Mörder in einen Teil der aufgebrachten Menge, schienen sie doch allenthalben auf Grund ihrer Biederkeit unverdächtig.«

»Kennt ihr vielleicht jemanden«, fragte Erasmus, »der mehr darüber weiß? Ich will auch sagen, warum mir das so wichtig ist, aber behandelt es bitte vertraulich: Ich bin gefragt worden, ob ich die Verteidigung des Paulus vor Gericht übernehme.«

Ismael sagte: »Du tust ein gutes Werk, wenn du Juden verteidigst. Paulus ist zwar ein Spinner. Aber verrückte Ideen sind kein Verbrechen.« Und er fügte hinzu: »Vielleicht kann dir Simeon weiterhelfen. Der ist in Rom aufgewachsen, die Familie zog aber in der Zeit des Tiberius nach Jerusalem. Dort hat er zusammen mit Paulus studiert, kam aber zurück nach Rom. Er ist ein großartiger Schriftgelehrter. Er kennt nicht nur unsere Schriften, sondern auch die der Griechen und Römer. Ich schreibe dir eine Empfehlung für ihn.« Ismael ging in ein Nebenzimmer, um den Brief zu schreiben.

Als er draußen war, flüsterte Helkias ihm zu, als dürfe es niemand hören: »Mache dir keine Sorgen wegen der Drohbriefe. Wir haben ein Netz von Informanten in Rom aufgebaut. Das werden wir beauftragen, herauszufinden, wer hinter diesen Briefen steckt. Wir werden dich schützen, das ist in unserem Interesse. Wenn die terroristischen Aktivitäten in Palästina auf die Diaspora übergriffen, wäre das eine Katastrophe für das Judentum – besonders für uns in Rom!«

Beim Abschied gab Ismael ihm das Empfehlungsschreiben und sagte noch einmal mit hohepriesterlichem Tonfall: »Du hast uns das Leben gerettet. Wir tun jetzt gerne etwas für dich, um dein Leben zu schützen.« Auch der Tempelschatzmeister versicherte noch einmal: »Wir werden dich schützen!«

Erasmus bedankte und verabschiedete sich. Er ging in der Dämmerung durch die Gassen und Straßen Roms nach Hause. Zuerst fühlte er sich erleichtert. Waren diese beiden Priester nicht ein Glücksfall? Sie hatten ein Interesse, ihn zu schützen. Aber dann kamen ihm Zweifel: Wenn diese Priester ein Netz von Informanten in Rom aufgebaut hatten, konnten sie ihn damit auch ausspionieren. Wollten sie ihn vielleicht nur in Sicherheit wiegen, damit sie Informationen erhielten, die sie sonst nie bekämen? Doch dann sagte er sich, dass das Hilfsangebot der beiden Priester aufrichtig sein müsse. Jüdischer Terror in Rom konnte nicht in ihrem Interesse sein. Beide Priester waren ihm persönlich verpflichtet. Aber dann kamen ihm wieder Zweifel: Galt nicht für sie dasselbe wie für Paulus? Wer über fanatische Kreise Bescheid wusste, muss Zugang zu ihnen haben. Kollaborierten die Priester heimlich mit den Fanatikern? Hatte Helkias Beziehungen zu ihnen? Er hörte in sich den Widerhall seiner letzten Worte: »Wir werden dich schützen.« Im Zwielicht des Abends wurden diese Worte fast zur Drohung: Wer einen schützen kann, kann einen auch gefährden!

Der Zweifel, der in ihm bohrte, schraubte sich tiefer und tiefer. Erasmus fragte sich: War nur er in Gefahr? War nicht auch Hannah gefährdet? Würden diese Fanatiker nicht sagen, Hannah habe sich durch ihn zur Untreue gegenüber dem jüdischen Gesetz verführen lassen? Er habe Paulus verteidigt, der Gesetze missachtete! Würde er durch Verteidigung des Paulus Hannah gefährden? Wäre es dann nicht besser, er würde die Verteidigung des Paulus ablehnen? Auch Nathan müsste dafür Verständnis haben.

Eigentlich hatte Erasmus vorgehabt, sich nach dem Gespräch mit den Priestern möglichst schnell mit Nathan zu beraten und Paulus aufzusuchen. Aber jetzt war ihm klar geworden: Er musste vorher die Beziehung des Paulus zu diesen Fanatikern klären. Er musste Simeon sprechen.

Die Dämmerung nahm zu. Die Schatten wurden dunkler. Erasmus fühlte sich unwohl. Wurde er beobachtet? Wurde er vielleicht von seinen »Freunden« beschützt? Wiederholt schaute er sich vorsichtig um, um zu prüfen, ob ihm jemand folgte. Doch die Dunkelheit ließ alles im Zwielicht verschwimmen. Er war froh, als er zu Hause ankam und Tertius ihm ein Abendessen servierte. Danach nutzte er die restliche Zeit des Tages, um seinen Briefwechsel mit Philodemus fortzusetzen. Bald hatte er seine Antwort in den Händen.

## Briefe über Traditionspolitik und Traditionskritik

*Philodemus grüßt Erasmus!*

Es möge Dir gut gehen. Was Du von diesen Priestern geschrieben hast, alarmiert mich. Ich halte nichts von Priestern. Sie tun so, als hätten sie direkten Zugang zu Gott. Keiner kann behaupten, er habe ihn. Keiner kann begründete Aussagen darüber machen, wie wir die Götter verehren sollen. Daher ist es das Vernünftigste, sie so zu verehren, wie unsere Vorfahren sie schon immer verehrt haben. Die Tradition schafft in der Religion einen Konsens, den wir durch Argumente nie erreichen könnten. Es war daher richtig, dass Claudius eine konservative Religionspolitik einschlug, als er die Regierung antrat. Claudius erließ gleich am Anfang mehrere Edikte, um alle Menschen zu verpflichten, bei ihren Traditionen zu bleiben.[28] Da in der Religion keine begründeten Aussagen möglich sind, sollten wir nicht versuchen, sie zu verbessern, zu ändern oder zu reformieren. Wer mit diesem Anspruch auftritt, schafft nur Konflikte.

Wahrscheinlich wurde die Religion erfunden, um Menschen besser kontrollieren zu können. Viele Gesetzesbrüche finden im Geheimen statt. Also erfand ein klu-

28 In einem Brief an die Alexandriner beschwört Claudius sie, die Juden zu respektieren, befiehlt den Juden aber, mit ihrem Status zufrieden zu sein. Text bei C.K. Barrett / C.J. Thornton (Hg.), Texte zur Umwelt des Neuen Testaments UTB 1591, Tübingen $^{2}$1991, Nr. 52, S. 55-57.

ger Gesetzgeber die Götter, die wissen, was im Geheimen geschieht, und Blitze und Donner schleudern, um die Übeltäter zu strafen.[29]

Lieber Erasmus, ich leugne die Götter nicht. Ich leugne nur Götter, die Polizisten und Moralwächter sind. Dieser Paulus nimmt den Mund zu voll, wenn er behauptet, den Willen Gottes zu kennen. Damit bringt er Konflikte und Unruhe in die Welt. Da er sich durch die gewaltfreie Stimme der Vernunft nie wird durchsetzen können, wirbt er um Zustimmung mit anderen Mitteln: durch den Psychoterror eines Gerichts nach dem Tode. Wo Vernunft nicht entscheiden kann, entscheidet Macht. Auch deshalb ist es besser, der sanften Macht der Tradition zu folgen als Propheten, die alles anders machen wollen.

Juden haben eine altehrwürdige Tradition. Sie treten uns gegenüber aber mit dem Anspruch auf, Moses habe ihnen den einzig wahren Weg der Gottesverehrung offenbart. Gerade dadurch schaffen sie Unruhe. Aber wir können ihre Ansprüche akzeptieren, weil sie alten Traditionen folgen.

Das ist bei den Christusanhängern anders: Innerhalb des Judentums weichen sie bewusst von allen alten Traditionen ab. Sie behaupten, mit ihnen beginne nicht nur die wahre Religion, sondern eine neue Welt. Jetzt müsse man die Religion neu erfinden. So etwas mag uns Philosophen faszinieren – aber es bringt nur Streit und Unruhe im Leben.

***Grüße an Erasmus von Philodemus***
***Seinem Freund***

29 Kritias von Athen (ca. 460–403 v.Chr.), aber auch Euripides (ca. 480–406 v.Chr.) wird diese Religionskritik zugeschrieben. Vgl. Th. Schirren/Th. Zinsmaier (Hg.), Die Sophisten, RUB 18264, Stuttgart 2003, 279-281.

*Erasmus grüßt Philodemus,*

es möge Dir gut gehen. Wir beide wollen Philosophen bleiben, wenn es um die Religion geht. Wir verdanken den Philosophen, dass wir Wahres und Falsches in unserem Wissen unterscheiden. Die Juden sind ein philosophisches Volk, weil sie diese Unterscheidung auch auf die Religion anwenden. Auch in ihr wollen sie das Wahre und das Falsche unterscheiden. Diese Unterscheidung hat Moses in die Welt gebracht. Du sagst: Es sei besser, in der Religion der Tradition zu folgen, als sich um ihre Verbesserung zu bemühen – und Du bringst dafür ein starkes Argument: Wir sollten Unruhe vermeiden. Das schadet dem Zusammenleben. Aber eben damit unterscheidest Du zwischen einer Religion, die dem Zusammenleben dient, und einer, die ihm schadet. Eben damit folgst auch Du der Unterscheidung des Moses.

Aber gibt es einleuchtende und vernünftige Kriterien, nach denen wir Gut und Böse in der Religion unterscheiden können? Nach meiner Meinung hat Mose solche Kriterien formuliert. Man muss nur die ersten fünf seiner zehn Gebote philosophisch lesen. Dann wird man erkennen: Sie sind für alle Religionen gültig.

Über allen Kriterien steht als Prämisse: Es gibt nur einen Gott. Die Einheit ist der Vielzahl vorzuziehen. Das ist vernünftig. Denn die Wirklichkeit ist eine einzige. Wenn von Gott in Vielzahl gesprochen wird, handelt es sich um poetische Bilder.

Erstes Kriterium ist: Der eine Gott führt aus Sklaverei in die Freiheit. Was in der Religion unfrei macht, ist abzulehnen. Ein Gott, der nicht in die Freiheit führt, ist ein Götze. Den dürfen wir nicht verehren.

Zweites Kriterium: Du sollst Dir kein Bildnis noch Gleichnis von diesem Gott machen. Wenn wir Gott mit etwas identifizieren, was wir in dieser Welt sehen, haben wir ihn verfehlt.

Drittes Kriterium: Du sollst den Namen Gottes nicht missbrauchen. Alles in der Religion kann missbraucht werden, um anderen Menschen zu schaden. Daher müssen wir zwischen guter und falscher Religion unterscheiden.

Viertes Kriterium: Du sollst am siebten Tag von deiner Arbeit ruhen. Durch Arbeit verändern wir die Welt. Wir finden Gott aber nur dort, wo wir bereit sind, uns verändern zu lassen, indem wir auf sein Wort hören.

Fünftes Kriterium: Du sollst deinen Vater und deine Mutter ehren! Was wir an religiösen Formen und Überlieferungen von unseren Eltern mitgegeben bekommen haben, sollen wir als Tradition achten.

Dieser Paulus ist ein echter Jude. Er hat verstanden, was die Unterscheidung des Moses fordert. In seinem Brief an die römischen Christusanhänger schreibt er: Verwirklicht den »vernünftigen Gottesdienst«! Erneuert euren Verstand, um zu prüfen, was der Wille Gottes ist, was das Gute, das Zustimmungsfähige und Vollkommene ist.[30] Sokrates hat uns gelehrt, unser Wissen zu überprüfen. Paulus lehrt uns, unseren Glauben zu überprüfen. Die Kriterien sind ethische Kriterien. Sie verpflichten, Traditionen zu respektieren, aber auch zu kritisieren. Das bringt Unruhe. Aber Unruhe dieser Art ist der beste Schutz gegen religiösen Fanatismus.

***Grüße an Philodemus von Erasmus***



30 Röm 12,1-2.

# ERINNERUNGEN EINES AUGENZEUGEN 4

Am nächsten Tag suchte Erasmus Simeon in seiner bescheidenen Wohnung im Stadtteil *trans Tiberim* auf. Er klopfte an einer verwitterten Tür. Ein alter Mann mit imposantem Philosophenbart öffnete und begrüßte ihn freundlich, als er sich vorstellte: »Es möge dir gut gehen, Erasmus. Dein Name ist mir bekannt. Mein Freund Nathan hat oft von dir gesprochen. Du hast unsere Priester verteidigt.«

»Diese Priester«, antwortete Erasmus, »gaben mir ein Empfehlungsschreiben mit.« Er reichte Simeon den Brief, der ihn laut vorlas, wie es damals üblich war:

***Ismael an Simeon.***

*Frieden und Erbarmen für Dich und ganz Israel.*
*Wir hoffen, es geht Dir gut. Ich bete zu Gott, dass Du noch lange lebst und der jüdischen Gemeinde erhalten bleibst. Ich schätze Dein vernünftiges Urteil und Deine Menschenkenntnis. Heute empfehle ich Dir Erasmus. Du hast gehört, dass ein Christusanhänger mit Namen Paulus als Gefangener nach Rom geschickt wurde, damit ihm der Prozess gemacht wird. Erasmus hat mich und Helkias in unserem Prozess mit Erfolg verteidigt. Er ist gebeten worden, auch für Paulus die Verteidigung zu übernehmen. Sage ihm bitte alles, was Du über Paulus weißt, damit er seine Verteidigung übernehmen kann. Du bist einer der wenigen unter uns, die ihn in Jerusalem kennengelernt haben, als Du bei Gamaliel studiert hast. Wir wissen, Du wirst ihn fair beurteilen.*
*Gottes Segen für Dich und Dein Haus*
*und alle, die in ihm wohnen.*

***Ismael***

Sie legten sich auf die Liegen, die um kleine Tische herum standen. Die Frau des Simeon brachte Getränke und Obst. Erasmus schaute sich im Raum um. Neugierig blieb sein Blick an einem Schrank mit Buchrollen in einer Ecke hängen. Simeon ahnte, was er dachte:

»Das sind Thorarollen«, sagte er, »nicht nur die fünf Bücher des Mose, sondern auch die Propheten, dazu die Schriften, sogar der Prediger Salomo und das Hohelied Salomos, die manche nicht zu den Heiligen Schriften zählen. Ich lese jeden Tag darin.«

Erasmus fragte: »Auf Hebräisch?«

Darauf Simeon: »Als ich in Jerusalem die Thora studierte, haben wir alles in Hebräisch gelesen. Hier in Rom lese ich sie meist in griechischer Sprache.« Dann fügte er hinzu: »Die Bücher, die ich sonst lese, sind meist in griechischer Sprache geschrieben. Vor kurzem kaufte ich mir das Buch eines Heiden, ›Über das Erhabene‹, und fand dort ein Zitat aus unserem Schöpfungsbericht. Unser Gesetzgeber, so heißt es dort, habe die ›Macht des Göttlichen‹ treffend in Worte gefasst, als er sein Buch mit den Worten begann: ›Es werde Licht und es ward Licht.‹[1] Dass ein Heide unsere Schriften als etwas Erhabenes erlebt, fasziniert mich. Natürlich konnte er kein Hebräisch, er hatte eine griechische Übersetzung gelesen.«

Erasmus nickte: »Auch ich lese eure Schriften in Griechisch. Manches in ihnen ist für mich wild und fremd. Alle Grausamkeiten des Lebens finden sich in ihnen. Aber manche Worte leuchten in ihnen so hell wie das Licht der Wahrheit.«

Simeon fuhr fort: »Manchmal träume ich davon, sie ins Lateinische zu übersetzen. Dann könnten sich alle Menschen in Rom besser über uns informieren – wie dieser Heide, der in unseren Schriften den erhabenen Ausdruck des Göttlichen fand. Aber ich kann nicht genug Latein.«



1 R. Brandt (Hg.), Ps.-Longinus, Vom Erhabenen, 1966, 45.

Erasmus tröstete ihn: »Die Gebildeten in Rom verstehen Griechisch. Für sie reichen griechische Übersetzungen.«

»Die Übersetzung unserer Schriften liegt mir sehr am Herzen, weil es so wichtig ist, dass sie allen Menschen zugänglich sind. Denn die Thora«, so begründete Simeon seinen Wunsch, »ist unser transportables Heiligtum, das wir überallhin mitnehmen. Selbst wenn wir weit entfernt vom Tempel leben, finden wir in diesem Buch alles, was wir im Tempel suchen. Es gibt nur einen Unterschied zwischen Tempel und Buch: Das Tempelinnere darf kein Heide betreten, aber dieses Buch dürfen alle lesen, Juden und Heiden. Alle können beim Lesen bis ins Allerinnerste unserer Religion eindringen. Wer Gott nicht kennt, kann ihm hier begegnen. Wer Gott verloren hat, kann ihn hier wiederfinden. In diesem Buch weht der Atem des einen und einzigen Gottes.[2] Du musst wissen: Kein Israelit außer dem Hohepriester darf im Tempel das Allerheiligste betreten, den Ort, an dem Gott gegenwärtig ist. Selbst der Hohepriester betritt es nur beim Versöhnungsfest. Aber wenn wir unsere Schriftrollen lesen, ist jeder von uns Hohepriester. Hier gibt es nicht einmal einen Unterschied zwischen Mann und Frau. Denn wir legen Wert darauf, dass auch Frauen lesen können.«

Erasmus wandte ein: »Aber insgesamt spielen Frauen bei euch keine große Rolle.«

»Sag das nicht«, antwortete Simeon, »ich habe einigen Mädchen aus jüdischen Familien in Rom Hebräisch beigebracht und große Begabungen entdeckt. Besonders viel Freude hat mir die Tochter Nathans gemacht. Hannah ist eine richtige Schriftgelehrte geworden. Sie leiht sich immer wieder Rollen bei mir aus – von jüdischen und nicht-jüdischen Autoren. Sie ist eine Leseratte. Man kann sich mit

2 Dies schrieb Heinrich Heine im zweiten Vorwort zur »Geschichte der Philosophie und Religion in Deutschland« über die Bibel: »Wer seinen Gott verloren hat, der kann ihn in diesem Buche wiederfinden, und wer ihn nie gekannt, dem weht hier entgegen der Odem des göttlichen Wortes.«

ihr über alles unterhalten, über Religion, Philosophie und Literatur.«

Erasmus hatte solch ein Loblied auf »seine« Hannah nicht erwartet. Er sah sie vor sich, wie sie eine Rolle in der Hand hielt. Er träumte davon, mit ihr zusammen diese Rolle zu lesen. Der Gedanke, dass man dabei in Gedanken in innere Heiligtümer eindringt, gefiel ihm. Bei seinen Gesprächen mit Hannah hatte er ohnehin das Gefühl, dass sie gemeinsam den »inneren Tempel« ihrer Liebe betraten. Er verschwieg gegenüber Simeon, dass er Hannah gut kannte und darauf brannte, sie noch besser kennenzulernen, sondern sagte nur:

»Dass auch Mädchen und Frauen philosophieren sollen, habe ich bei Musonius gelernt. Es ist gut, wenn auch Juden so denken.«

»Da hast du Recht«, bemerkte Simeon, »Hannahs Vater hat Lehrvorträge bei Musonius gehört. Das hat ihn darin bestärkt, seiner Tochter die beste Bildung zu vermitteln.«

»Aber wird der Grundsatz, dass auch Frauen philosophieren sollten, von allen Juden akzeptiert? Unter uns Heiden sind einige irritiert, wenn eine Frau Sokrates zitiert. Solche Frauen blamieren ihre Männer, die manchmal kaum wissen, wer Sokrates war. Die Vorstellung, dass eure Schriften ein transportables Heiligtum sind – für Männer und Frauen –, finde ich wunderbar. Aber ist das nicht eine philosophische Idee nur für Gebildete?«

Simeon lachte: »Diese Idee wird bei uns anschaulich vermittelt, so dass es jeder verstehen kann. Wir legen die wichtigsten Worte auf handbeschriebenem Papyrus in zwei Kapseln, an denen Lederriemen angebracht sind. Du kennst gewiss diese ›Tefillin‹ oder Gebetsriemen, mit denen wir beim Gebet die Kapseln an Stirn und Oberarm befestigen. Wir wollen nie vergessen, was auf diesen Papyrusblättern steht: Es ist eine Erinnerung an den Auszug aus der Sklaverei Ägyptens, dazu ein Abschnitt aus den Büchern des Moses mit dem Gebot der Gottesliebe:

*Höre, Israel: Der Herr ist unser Gott, der Herr ist einzig. Und du sollst den Herrn, deinen Gott, lieben mit deinem ganzen Herzen und mit deiner ganzen Seele und mit deiner ganzen Kraft. Und diese Worte, die ich dir heute gebiete, sollen in deinem Herzen sein. Und du sollst sie deinen Kindern einschärfen, und du sollst davon reden, wenn du in deinem Hause sitzt und wenn du auf dem Weg gehst, wenn du dich hinlegst und wenn du aufstehst. Und du sollst sie als Zeichen auf deine Hand binden, und sie sollen als Merkzeichen zwischen deinen Augen sein, und du sollst sie auf die Pfosten deines Hauses und an deine Tore schreiben.*[3]

Die ›Tefillin‹ nennen wir in griechischer Sprache auch ›Phylakterien‹, das bedeutet ›Amulette‹. Einfache Menschen betrachten sie als magischen Schutz. Das ist Aberglaube. Aber im Kern geht es um die Hochschätzung des Wortes. Das Wort soll uns nah sein. Es soll an unserem Körper befestigt werden als Symbol dafür, dass uns diese Worte im Innersten bewegen. Deshalb heißt es auf einem der Papyrusblätter in den Gebetskapseln: ›So schreibt euch nun diese *meine Worte ins Herz und in die Seele*, und bindet sie zum Denkzeichen auf eure Hand, und traget sie als Merkzeichen auf eurer *Stirn*.‹[4] Du siehst: Die Vorstellung, das Wort Gottes sei ein transportabler Tempel, ist mehr als eine abstrakte Idee. Jeder von uns kann den Tempel in diesen Kapseln mit sich tragen.«

Erasmus fragte nach: »Auch Frauen?«

Simeon lachte: »Da triffst du einen wunden Punkt. Die Gebetsriemen werden nur von Männern angelegt. Hannah war darüber empört. Ich habe ihr gesagt, das Entscheidende

3 5Mose 6,4-9. Die anderen Texte sind 2Mose 13,8-10 und 13,11-16, dazu 5Mose 11,13-21.

4 5Mose 11,18.

seien auch hier die Worte. Die begleiten dich in deinem Herzen überallhin, wenn du sie auswendig kennst.«

»War sie damit zufrieden?«, fragte Erasmus.

»Natürlich nicht«, antwortet Simeon, »aber wir haben uns darauf geeinigt, dass sie Aberglauben den Männern überlässt. Das Wesentliche seien allein die Worte. Darin seien alle gleich, Männer und Frauen.«

Erasmus nickte: »Aber es gibt bei euch auch unter Gebildeten verschiedene Einstellungen zur Idee eines transportablen Tempels. Auch Menschen, die alle Schriften bei sich haben, sehnen sich wie Ismael und Helkias nach dem Jerusalemer Tempel.«

»Ich weiß«, sagte Simeon, »meine Überzeugung, dass wir durch das Studium der Tempelgesetze bis ins innerste Tempelheiligtum gelangen, teilen nicht alle Juden. Natürlich würde auch ich den Tempel in Jerusalem gerne noch einmal besuchen, bevor ich sterbe. Aber die Schrift ist mein Tempel, der mir immer offen steht. Als Schriftgelehrter, der anderen Menschen Zugang zu diesem Heiligtum verschafft, bin ich so wichtig wie der allerhöchste Hohepriester, wichtiger noch als Ismael. Aber das sagst du ihm besser nicht.«

Erasmus lenkte das Gespräch behutsam auf sein konkretes Anliegen: »Paulus«, so sagte er, »tritt leidenschaftlich für die Öffnung des Tempels in Jerusalem für alle Heiden ein. Er vertritt die These: Alle, die an Gott glauben, sollen den gleichen Zugang zum Tempelinneren haben, denn alle sind vor Gott gleich.«

Simeon lachte: »Das passt zu ihm. Ich lernte ihn kennen, als er aus Tarsos nach Jerusalem kam. Damals hatte er noch nicht diese Idee von der Öffnung des Tempels, aber schon damals suchte er eine Gemeinschaft, in der alle gleich sind.«

»Ausgerechnet Paulus, der eine Zeit lang für die Trennung der Juden von den Heiden eiferte – ausgerechnet der kam mit einem Traum von Gleichheit nach Jerusalem?«

»So war es«, versicherte Simeon, »von Anfang an hatte er eine Sehnsucht nach Gleichheit. Deswegen haben wir uns angefreundet. Wir kamen gleichzeitig nach Jerusalem, er freiwillig aus Tarsos, ich unfreiwillig aus Rom.«

»Unfreiwillig?«, fragte Erasmus.

»Kaiser Tiberius hatte damals alle Juden, darunter auch meine Eltern, aus Rom verbannt.[5] Meine Eltern zogen zu Verwandten nach Jerusalem. Da ich gerade die Grammatikschule in Rom abgeschlossen hatte, schickten sie mich in die jüdische Thoraschule zu Rabbi Gamaliel. Paulus war mein Mitschüler.«[6]

»War das die Verbannung unter Tiberius, als Juden wegen einer Sexaffäre und Unterschlagung aus Rom verbannt wurden?«

»Die Sexaffäre betraf nur Ägypter, die damals zusammen mit uns Juden verbannt wurden.[7] Paulina war eine vornehme Römerin, die mit Saturninus verheiratet war. Aufgrund ihrer Schönheit verliebte sich der Ritter Decius Mundus in sie, aufgrund ihrer Tugend blitzte er bei seinem Versuch ab, sich ihr zu nähern. Er hatte ihr 200.000 Drachmen für eine Liebesnacht geboten, sie hatte das empört zurückgewiesen. Da nutzte er eine Schwäche der Paulina aus, einer glühenden Verehrerin der Göttin Isis. Mit 25.000 Drachmen bestach er die Priester der Isis, Paulina die Botschaft zu schicken, der Gott Anubis habe sie dazu erwählt, seine Geliebte zu werden. Sie solle am Abend in den Isistempel kommen. Paulina war so naiv, davon ihrem Ehemann zu erzählen. Dieser gab sogar seine Einwilligung, da er von der Tugend seiner Frau überzeugt war. Sie ging also zur verabredeten Zeit in den Tempel. Dort wartete Decius Mundus auf sie. Beide hatten eine intensive Nacht, ohne

5 Tacitus, Annalen II 85,4; Sueton, Tiberius 36.
6 Gamaliel war nach Apg 22,3 der Lehrer des Paulus.
7 Nach Josephus, Altertümer XVIII 3,4 § 66-80.

dass Paulina ihren Liebhaber erkannte. Das alles wäre auch nie herausgekommen, hätte Decius Mundus nicht Paulina auf ihre Liebesnacht angesprochen und sie an die 200.000 Drachmen erinnert, die er gespart hätte, weil er als Gott Anubis preiswerter an sein Ziel gekommen war. Als Paulina aufging, dass sie schamlos betrogen worden war, erzählte sie ihrem Mann von dem Betrug. Auf dessen Anklage hin ließ Kaiser Tiberius die Priester kreuzigen, ihren Tempel zerstören und die Statue der Isis in den Tiber werfen. Decius Mundus kam glimpflich davon. Er und alle Ägypter wurden aus Rom verbannt.«

»Glaubst Du, dass das wirklich passiert ist? Fremden aus dem Orient dichtet man in Rom gerne obszöne Dinge an.«

»Ich denke«, meinte Simeon, »dass einmal eine Isisverehrerin im Tempel ihrer Göttin verführt worden ist. Was man sonst noch darüber erzählte, wer kann da Dichtung und Wahrheit unterscheiden? Dass diese Geschichte aber erzählt und geglaubt wird, zeigt auf jeden Fall, welch schlechten Ruf Mysterienreligionen wie der Isiskult in Rom haben. Daran sind diese Religionen selbst schuld. Sie legen den Schleier des Geheimnisses um ihre Riten und verbieten, von ihnen in der Öffentlichkeit zu erzählen. Dann wundern sie sich darüber, dass wilde Gerüchte über sie kursieren. Deswegen sind mir unsere heiligen Schriften so wichtig. Jeder kann sich in ihnen über das informieren, was im Allerheiligsten geschieht. Niemand braucht an unseren Riten teilzunehmen, um diese Riten kennenzulernen. Wir haben nichts zu verbergen.«

»Nun wurden damals auch Juden verbannt. Waren auch sie in diese Affäre verwickelt?«

»Das war ein anderer Skandal.[8] Ein Jude hatte sich seiner Strafverfolgung in Judäa durch Flucht nach Rom entzogen und gab sich zusammen mit drei anderen Juden als



8 Nach Josephus, Altertümer XVIII 3,5 § 81-84.

Thoralehrer aus. Sie überredeten eine reiche Frau namens Fulvia, ihnen Gold und Purpur als Spende für den Jerusalemer Tempel anzuvertrauen. Dann verprassten sie das Geld. Auch hier meldete der Mann der betrogenen Frau die Sache dem Kaiser Tiberius, der daraufhin alle Juden aus Rom vertrieb. Auch dieser Mann hieß Saturninus.«

»Merkwürdig, dass er genauso hieß wie der Mann der Paulina«, sagte Erasmus. »Sind das vielleicht zwei Varianten ein und derselben Geschichte. In beiden spielt ein Tempel eine Rolle. Die ägyptische hat mehr Unterhaltungswert.«

»Die Geschichte von Fulvia spiegelt ein echtes Problem wider. Wir schicken aus Rom jedes Jahr die Tempelsteuer nach Jerusalem. Oft werden die Überbringer verdächtigt, sie würden das Geld veruntreuen. Natürlich gibt es Betrüger. Werden sie erwischt, heißt es gleich: Alle Juden sind Betrüger. Wir müssen uns immer wieder für Dinge entschuldigen, die wir nicht getan haben und zutiefst verabscheuen. Im selben Jahr, als Tiberius die Juden aus Rom auswies, nannte der jüdische Herrscher von Galiläa, Herodes Antipas, seine neue Hauptstadt ›Tiberias‹[9] – vielleicht wollte er Tiberius schmeicheln und für die in Ungnade gefallenen Juden ein gutes Wort einlegen. Wir kamen auf jeden Fall damals als Verbannte nach Jerusalem. Dort begegnete ich Paulus. Der hatte ähnliche Probleme wie ich.«

»War der auch aus Tarsos verbannt worden?«

»Bei Paulus war alles anders. In Tarsos stritt man seit Jahrzehnten um die Gleichheit aller Bürger. Um die Konflikte einzudämmen, hatte Kaiser Augustus seinen philosophischen Lehrer Athenodoros als Vermittler nach Tarsos geschickt. Dort gab es eine Verfassung mit Gleichberechtigung aller Bürger. Die Reichen pochten jedoch auf besonderen Privilegien für sich, wie sie in vielen Städten üblich sind. Sie allein wollten über die Angelegenheiten der Stadt

9 Vgl. Josephus, Altertümer XVIII 2,3 § 36-38.

entscheiden. Der Philosoph sollte den Streit durch einen Kompromiss lösen.«[10]

»Athenodoros«, unterbrach ihn Erasmus, »war Stoiker wie ich. Wir treten dafür ein, dass alle Menschen Bürger einer einzigen Stadt sind. Deshalb müssen wir zusammenarbeiten wie Glieder in einem Körper.«

»Mit solchen Vorstellungen kam Paulus aus Tarsos«, sagte Simeon, »tief enttäuscht darüber, dass nichts davon in seiner Heimatstadt verwirklicht wurde. Athenodoros führte zwei Klassen von Bürgern ein: Zwar gehörten alle Bürger zur Volksversammlung, aber die Reichen entschieden alles Wichtige. Die meisten wurden Bürger zweiter Klasse. Der Konflikt schwelte weiter. Die Juden in Tarsos spürten ihn besonders deutlich, denn sie wurden jetzt noch einmal gespalten. Die Eltern des Paulus gehörten zu den bessergestellten Bürgern. In der Elementar- und Grammatikschule war Paulus als Jude unter Griechen ein Außenseiter, wurde aber in der jüdischen Gemeinde argwöhnisch betrachtet, weil er unter Juden zu den Bessergestellten gehörte. Daher kam Paulus nach Jerusalem voll Sehnsucht nach einer Gemeinschaft, in der alle wirklich gleichberechtigt sind.«

»Und wurde enttäuscht?«

»Im Gegenteil«, antwortete Simeon, »er fand bei Gamaliel eine Gemeinschaft von Pharisäern, in der alle gleichwertig sind. Wir wollten die Heiligkeit des Tempels auch außerhalb des Tempels verwirklichen – jeder Tisch sollte so heilig wie der Altar, jeder Laie so heilig wie ein Priester, jede Tischgemeinschaft ein kleiner Tempel sein. Paulus war davon begeistert. Deshalb wurde er Pharisäer.«

10 Augustus hatte (nach Strabo, Geographica XIV, 5.13-15) seinen aus Tarsos stammenden Lehrer Athenodorus gesandt. Dessen Verfassungsreform drängte den demokratischen Einfluss des Volkes zugunsten der Reichen zurück. Nach Dio Chrysostomos (Ende des 1. Jh./Anfang des 2. Jh.) kannte man in Tarsos zwei Klassen von Bürgern (Dio Chrysostomos, Reden 34, 21-23).

»Habe ich richtig verstanden, dass es nur sehr wenige Gruppen dieser Art in Israel gibt?«

»Diese Gemeinschaften sind Experimente. Wir wussten, dass in unseren pharisäischen Lebensgemeinschaften zwar alle gleich sind, aber dass die meisten Juden ausgeschlossen bleiben. Deshalb entstand unter uns der Traum von einer Gemeinschaft, die ganz Israel umfassen sollte. Dabei spielten die Thoraschulen eine wichtige Rolle!«

»Aber solche Schulen sind doch auch nur kleine Gruppen!«, wandte Erasmus ein.

»Aber sie leben davon, dass sie durch Lernen Menschen verändern. Wir hatten zwei Grundsätze. Der erste war: Indem wir das Gesetz studieren und praktizieren, schaffen wir eine Gemeinschaft von Gleichberechtigten. Der zweite Grundsatz: Das Gesetz studieren kann jeder. Unsere Lerngemeinschaft ist für alle Juden offen. Damals wurden die Bücher für mich wichtig. Der Tempel ist nicht für alle zugänglich, wohl aber das Buch. Wenn ich als alter Mann einen Vorschlag machen könnte, wie eine weltweite Gemeinschaft verwirklicht werden könnte, dann würde ich raten: Gründet Schulen! Lehrt in ihnen alles, was man lehren und lernen kann – nicht nur die Thora! Auch die griechische Weisheit, auch das römische Recht! Die Begeisterung für das Lernen stammt auch aus Israel. Alle müssen bei uns das Gesetz Gottes studieren. Damals dachten wir alle freilich nur an eine Gemeinschaft von gleichberechtigten Menschen in Israel.«

»Wie stand Gamaliel zu euren Ideen?«

»Er fand sie gut, weil sie uns motivierten, das Gesetz zu studieren. Wir meinten, durch Lernen viel mehr Menschen zusammenführen zu können als durch Mahlzeiten. Denn beliebig viele Menschen können dieselbe Thora studieren, aber nur wenige können an einem Tisch dasselbe Essen einnehmen. Das erste Jahr bei Gamaliel war von diesem Gleichheitstraum erfüllt. Es war das schönste Jahr meiner Jugend.«

»Und das zweite Jahr?«

»Da begannen die Probleme. Je mehr wir das Gesetz studierten, um Gleichheit unter Israeliten zu schaffen, desto mehr störte eine neue Ungleichheit. Paulus war allen beim Lernen und Argumentieren überlegen. Er durchschaute blitzschnell schwierige Sachverhalte, hatte ein ungeheuer gutes Gedächtnis für Texte. Das alles wäre kein Problem gewesen, wenn er uns nicht immer wieder hätte spüren lassen, dass er nicht nur der Erste *war*, sondern sein *wollte*. Er genoss es, dass wir nicht so gut waren wie er!«

»Aber war ihm nicht sein Lehrer Gamaliel überlegen?«

»Weit überlegen, wenigstens an menschlicher Weisheit. Paulus versuchte zwar in Diskussionen zu zeigen, dass auch Gamaliel manchmal falsch lag. Gamaliel sagte dann nur: Du musst noch lernen, dass es nicht entscheidend ist, ob Gesetzesauslegungen theoretisch richtig, sondern praktikabel sind. Deshalb solle man nicht gleich Alarm schlagen, wenn Menschen etwas ausprobieren, das wie Gesetzesbruch aussieht – wenn es nichts taugt, wird es sich nicht durchsetzen.«[11]

»Führte das zum Bruch mit Gamaliel?«

»Gamaliels Toleranz gegenüber verschiedenen Gesetzesauffassungen war Paulus zuwider. Er war fest davon überzeugt, dass nur eine Meinung wahr sein kann. Und das war natürlich seine eigene. In seinen Augen bot Gamaliel nur eine Thoraauslegung für Anfänger an. Er suchte die Thora für Fortgeschrittene. Er wollte das Gesetz so auslegen, dass es eine Gemeinschaft schafft, in der alle durch Thoragehorsam gleich sind. Er fand bei den ›Eiferern‹ das, was er gesucht hatte. Er wurde ein Eiferer.«

11 Vgl. den Rat des Gamaliel: »Lasst ab von diesen Menschen und lasst sie gelten! Ist dieses Vorhaben oder dies Werk von Menschen, so wird's untergehen, ist es aber von Gott, so könnt ihr sie nicht vernichten – damit ihr nicht dasteht als solche, die gegen Gott streiten wollen« (Apg 5,38f).

»Und spielte er jetzt diesen Eifer gegen Gamaliel aus?«

»Das war nicht nötig. Er fand eine andere Gruppe, an der er viel besser demonstrieren konnte, dass sie falsch lag. Das waren die Christusanhänger, in seinen Augen Gesetzesbrecher, die man bekämpfen musste.«

»Manche halten sie für harmlos.«

»Das sind sie auch, aber Paulus, auf der Suche nach einer Gemeinschaft von Gleichberechtigten, fand bei den Christen solch eine Gemeinschaft – aber nicht aufgrund von Gesetzesstrenge, sondern aufgrund einer Liberalisierung des Gesetzes. Die Christusanhänger diskutierten ja damals schon, ob sie auch Heiden in ihre Gemeinschaft aufnehmen sollten, selbst wenn sie nicht nach jüdischen Gesetzen lebten. Einige lehnten das ab, andere befürworteten es. Alle aber erhofften für die nahe Zukunft, dass Menschen aus allen Völkern sich ihnen wie durch ein Wunder anschließen würden. Später haben sie sich bis nach Antiochien ausgebreitet. Dort nahmen sie dann zum ersten Mal Heiden ohne Beschneidung in ihre Gemeinschaft auf.[12]«

»Er bekämpfte also die Christen, obwohl er im Grunde dasselbe Ziel hatte?«

»So könnte man sagen. Wenn zwei dasselbe Ziel auf entgegengesetztem Weg verwirklichen wollen, gibt es oft Konflikte. Paulus hatte eine Zeit lang die Idee: Ich will ganz Israel als eine Gemeinschaft gleichberechtigter Menschen dadurch realisieren, dass ich wie Pinchas alle Gesetzesabtrünnige zwinge, das Gesetz einzuhalten. Er wollte deshalb die Gemeinschaft der Christusanhänger zerstören. Gamaliel war über seinen Schüler entsetzt. Lass sie in Ruhe, sagte er ihm! Wenn ihre Ideen nichts taugen, werden sie sich nicht durchsetzen.«

»Aber warum hat er sich diesen Christusanhängern angeschlossen, die er vorher bekämpft hatte?«, fragte Erasmus.

12 Vgl. Apg 11,20.

»Als ich ihn nach seiner Bekehrung zum Christusanhänger traf, erzählte er mir, auf dem Weg nach Damaskus sei Christus ihm begegnet und habe ihn für sich gewonnen. Es ist für mich schwer zu beurteilen, was hinter diesem Erlebnis steckt. Ich vermute, Paulus hat gemerkt, dass er mit seinem Eifer in eine Sackgasse geraten war. Je strenger er das Gesetz auslegte, desto weniger Menschen konnten nach ihm leben, am Ende nur noch eine winzige Gruppe in Israel. Wir haben solche Gruppen. Sie ziehen sich wie manche Essener in die Wüste zurück. Paulus aber hatte einen Traum von einer Gemeinschaft, die viele Menschen umfasst, ja, die am Ende alle Menschen umfassen sollte.«

Erasmus unterbrach ihn: »Ist sein Traum nicht ein Nachklang der stoischen Philosophie seiner Heimatstadt? Für Stoiker sind alle Menschen Bürger einer großen Stadt.«

»Dieser Traum hat auch jüdische Wurzeln«, meinte Simeon, »Gamaliel hat uns eingeprägt: *Alle* Menschen sind nach dem Ebenbild Gottes geschaffen, nicht nur Juden. Daher sind auch wir Juden Kosmopoliten. Von den Stoikern unterscheidet uns nur eins: Stoiker meinen, diese Gleichheit sei schon Realität. Wir meinen dagegen, dass sich die Welt tiefgreifend ändern muss, wenn alle in ihr gleichberechtigt sein sollen.«

»Paulus wollte also zuerst eine egalitäre Gemeinschaft auf strenge Gesetzeserfüllung gründen«, setzte Erasmus zu einer Zwischenbilanz an, »das ging aber nur auf Kosten der Größe dieser Gemeinschaft. Nur kleine Splittergruppen können solch eine Gemeinschaft verwirklichen. Paulus spürte, dass er am Ende nicht der Erste, sondern der Einzige in solch einer Gruppe wäre. Dann entdeckte er bei den Christusanhängern eine schnell wachsende Gemeinschaft, die das Gesetz lockerte und deshalb viele Menschen aus anderen Völkern anzog; der Preis dafür war der Verzicht auf Gesetzesstrenge. Kann man also sagen: Von dieser Gesetzesstrenge musste sich Paulus freimachen? Wie aber kam er davon los, nachdem er ein Eiferer für das Gesetz gewesen war? Da muss etwas geschehen sein, wodurch seine Überzeugungen total umkippten.«

»Dabei muss dieser Jesus die entscheidende Rolle gespielt haben. Jesus ging schon immer mit Reinheits- und Sabbatgeboten freizügig um, er kritisierte den Tempel. Er wurde aus politischen Gründen gekreuzigt, weil die Römer in ihm einen Unruhestifter sahen. Manche Juden aber meinten, Gott habe die Römer genutzt, um ihn für seine Gesetzesbrüche zu bestrafen, obwohl die den Römern gleichgültig waren. Nach unserer Überzeugung ist ein Gekreuzigter vom Gesetz verflucht. In unseren Schriften steht nämlich: ›Wer am Holz hängt, ist verflucht‹.[13] Er hat etwas verbrochen. Auch Paulus teilte diese Überzeugung, kam aber durch seine Begegnung mit Christus zu der Erkenntnis, dass Gott auf der Seite des Gekreuzigten steht. Dadurch veränderte sich für ihn mit einem Schlag alles; er erkannte: Nicht der Gekreuzigte war im Unrecht, sondern das Gesetz, das ihn verurteilt hatte. Diese Erkenntnis erschütterte seinen fanatischen Glauben an das Gesetz. Er musste den Christusanhängern Recht geben, wenn sie das Gesetz an den Stellen auflösten, wo es andere Menschen verurteilt, abwertet oder ausschließt. Die neue Einsicht des Paulus war: Erst wenn man Menschen unabhängig vom Gesetz beurteilt, erkennt man, dass alle gleich sind. Vorher hatte er versucht, die Menschen an das Gesetz anzupassen. Jetzt wollte er das Gesetz an die Menschen anpassen.«

»Trotzdem ist dieser Umschwung ein Rätsel«.

»Tatsache ist, der schlimmste Verfolger der Christusanhänger wurde ihr wichtigster Verfechter«, sagte Simeon und fügte sogleich hinzu: »Das war ein Bruch. Dennoch gibt es in seinem Leben eine durchgehende Linie. Er sehnte sich immer nach einer Gemeinschaft der Gleichen. Mit dieser

13 5Mose 21,23.

Sehnsucht kam er aus Tarsos, trat in unsere Gemeinschaft als Thoraschüler ein, wurde später zu den Eiferern getrieben – am Ende brach sie noch einmal durch, als er bei den Christusanhängern eine Gemeinschaft fand, in der alle alles gemeinsam haben.[14] Hier meinte er, endlich die Gemeinschaft gefunden zu haben, die er schon immer gesucht hatte.«

»Heißt das«, fragte Erasmus, »dass er aus einem liberalen Diasporajudentum kam, sich vorübergehend radikalisierte und mit seiner Bekehrung zum Judentum seiner Herkunft zurückkehrte? Ist das die durchgehende Linie in seinem Leben?«

Simeon antwortete: »Ja, aber es gibt noch eine andere. Sie widerspricht seiner Sehnsucht nach Gleichheit. In unserer Thoraschule wollte er der Erste sein. Dann wollte er als Fanatiker der Erste sein. Dann trennte er sich von diesen Fanatikern, weil er meinte, die Christusanhänger würden deren Radikalität überbieten. Aber auch unter den Christen wollte er nach allem, was ich gehört habe, der Erste sein. Das ist die zweite durchgehende Linie bei ihm. Ich habe das immer als Widerspruch empfunden, einerseits seine Sehnsucht nach Gleichheit, andererseits sein Ehrgeiz, alle zu überbieten.«

Erasmus wurde nachdenklich: »Kann man also sagen: Weil er der Erste sein wollte, neigte er zum Fanatismus? Erst landete er damit bei den Pharisäern, dann bei den Fanatikern, dann bei den Christusanhängern. Ich habe gehört, dass einige unter den Christusanhängern ihn für eine radikale Richtung verantwortlich machen, die überall Unruhe stiftet. Daher frage ich mich: Hat er sich wirklich von seinem Fanatismus abgewandt? Ich möchte keinen Fanatiker verteidigen.«

14 Die ersten Christen haben das verbreitete Sprichwort: »Freunde haben alles gemeinsam« auf ihre Gemeinschaft bezogen (Apg 2,44; 4,32).

»Ich vermute, Paulus hat zwei Seiten: eine menschliche, die sich für alle öffnen will, und eine fanatische, die für das eifert, was er für Wahrheit hält.«

Erasmus griff diesen Gedanken auf: »Dann beschreibt er vielleicht sich selbst, wenn er in seinem Brief schreibt: ›Ich weiß nicht, was ich tue. Denn ich tue nicht, was ich will, sondern was ich hasse, das tue ich‹[15].«

Simeon nickte: »Paulus ist ein Mensch mit Widersprüchen. Aber wer ist ohne Widerspruch?«

Erasmus' Blick fiel wieder auf die Ecke mit den Bücherrollen. »Paulus wird vorgeworfen, dass er den Tempel für Heiden öffnen wollte. Steht er dir im Grunde nicht nahe? Für dich sind diese Thorarollen ein transportables Heiligtum. Sie sind für alle Menschen zugänglich. Die Christusanhänger und Paulus sagen dagegen, dass jeder Mensch ein lebendiger Tempel Gottes ist – gleichgültig, ob er Jude oder Heide ist. Hauptsache ist, dass der Geist Gottes in ihn einziehen kann. Könntest du dir vorstellen, dass jeder Mensch eine ›Heilige Schrift‹ ist – geschrieben nicht von Menschen, sondern von Gott? Ist das die Überzeugung dieser Christusanhänger?«

Simeon lächelte: »Ich stimme zu – nur müsste man bei den meisten Menschen diese Schrift etwas leserlicher machen, bevor man in ihnen die Spur Gottes erkennen kann. Aber im Prinzip hast du Recht: Seine Handschrift ist in allen vorhanden.«

»Die Christusanhänger meinen«, fügte Erasmus hinzu, »in Christus sei sie sogar in denjenigen, die sich verirrt haben, lesbar.«

»Das meinen nicht nur sie, das glauben alle Juden. Wenn die Christusanhänger anerkennen, dass die Handschrift Gottes auch in Moses, in den Propheten und in die-

15 Röm 7,15; vgl. 7,19.

sen Buchrollen lesbar ist«, damit zeigte Simeon auf seine Thorarollen, »dann könnte ich ihnen zustimmen.«

»Ist sie nicht auch in Sokrates lesbar? Oder in Musonius?«

»Auch da«, meinte Simeon. »Alle sind Gottes Ebenbild. Wir haben oft nur keine Augen dafür.«

»Würdest du sogar sagen«, fragte Erasmus, »dass die Spur Gottes in einem Menschen wie Paulus lesbar ist? Obwohl er ein Fanatiker war?«

»In ihm erst recht«, antwortete Simeon: »Wer umkehrt und sich von Verfehlungen abwendet, in dem sind die Spuren Gottes so deutlich wie sonst nirgends. Denn in ihm spiegelt sich der Gott, der spricht: ›Ich habe keinen Gefallen am Tode des Gottlosen, sondern dass sich der Gottlose bekehre von seinem Wesen und lebe‹.[16] Gott ist nach unserem Glauben dort, wo sich etwas zum Guten verändert – in der Welt, in der Religion, in der Geschichte, besonders aber dort, wo Menschen von ihren Irrwegen umkehren.«

»Gilt das auch für Menschen, die zum Judentum übertreten?«, fragte Erasmus. »Bleiben sie nicht immer Juden zweiter Klasse?« Er dachte daran, wie er in der jüdischen Gemeinde angesehen würde, wenn er Hannah zuliebe Jude würde.

Simeon sagte: »Unser großer Philosoph Philo sagt dazu: Wer zu uns übertritt, ist zu Gott übergetreten. Er ist unter uns hoch angesehen.«[17]

Erasmus dankte Simeon für das Gespräch. Der sagte ihm zum Abschied: »Die Spur Gottes ist in jedem erkennbar, der sich für das Recht einsetzt. Wenn du im Prozess gegen einen Juden dem Recht zum Durchbruch verhilfst – gesegnet seist du!«

16 Hesekiel 33,11.

17 Philo von Alexandrien, Über Belohnungen und Strafen 152.

Erasmus ging tief bewegt nach Hause. Wenn das Judentum ist, was Simeon sagte, dann war er im Grunde ein Jude. Dann trennte ihn nicht viel von Hannah und Nathan. Aber das war das Gegenteil von jenem Judentum, vor dem ihn Philodemus gewarnt hatte: keine menschenfeindliche, dunkle, sich selbst beschneidende Frömmigkeit. Von ihr ging ein warmes Licht aus. Sehnsucht nach solch einem Glauben erfüllte ihn, als er durch die Dämmerung nach Hause ging. Diesmal erlebte er die hereinbrechende Nacht nicht als etwas Unheimliches. Diesmal ging er nach Hause und fühlte sich unendlich geborgen in dieser Welt und dem leiser werdenden Trubel der großen Stadt. Immer wieder klang in ihm wie eine schöne Melodie nach, was Simeon ihm gesagt hatte: Jeder Mensch ist ein Tempel Gottes. In jedem kann Gott gegenwärtig sein. In jedem ist seine Schrift zu sehen, selbst wenn sie unleserlich wurde. Wenn wir den Sinn dieser Schrift verstehen, leben wir überall in Gottes Gegenwart. Aber dann dachte er wieder an Paulus. Von Paulus ging etwas Beunruhigendes aus. Paulus vertrat kein so sympathisches Judentum wie Simeon. Paulus war nicht damit zufrieden, dass alle durch Lesen und Lernen der Schriften in die Gegenwart Gottes eintreten können, so dass es unwichtig wird, ob sie in den Tempel gehen können. Dieser Paulus wollte unbedingt den Tempel verändern. Er schuf Unruhe, provozierte Feindschaft und Hass. Offenheit für alle Menschen ist gut. Aber eine Offenheit, die Streit und Konflikt hervorruft, ist sie nicht gefährlich?

Erasmus schrieb noch am selben Abend an Philodemus einen Brief mit der Idee, dass wir die Schrift Gottes in allen Menschen und Dingen lesen können. Die Antwort kam mit folgendem Brief:

## Briefe über Mythos und Wahrheit

*Philodemus an seinen Freund Erasmus,*

es ist ein schöner Gedanke, dass Gott in der Welt seine Spur hinterlassen hat. Doch ist die Welt oft so traurig, dass ich mir nicht vorstellen kann, dass die Götter gerne ihre Gedanken in diese Welt schreiben. Ihr Stoiker habt ein zu positives Bild von der Welt. Ihr behauptet, dass sie ein von Sinn durchwobenes Schauspiel sei und alles in ihr ein Ziel habe.

In vielem sind wir uns einig, doch in einem muss ich Dir widersprechen: Die Hochschätzung des Wortes unter Juden und Philosophen kannst Du nicht auf einen Nenner bringen, den philosophischen »Logos« und das »Wort Gottes«. Erstens sehen wir Philosophen weniger im Wort als im Denken das, was uns verbindet. Zweitens haben wir dabei menschliche Gedanken, nicht Gedanken Gottes im Sinn. Vor allem aber kritisieren wir die primitiven Bilder der Religion. Schon Xenophanes sagte: »Wenn die Rinder und Pferde und Löwen Hände hätten und mit diesen Händen malen könnten wie Menschen, so würden die Pferde die Götter malen in der Gestalt von Pferden, die Rinder in der von Rindern.«[18] Was folgt daraus? Die Bilder der Religion sind unglaubwürdig. Es sind menschliche Vorstellungen.

*An Erasmus*
*von Philodemus.*

*Erasmus an seinen Freund Philodemus,*

es möge Dir gut gehen. Ich stimme Dir in einem Punkte zu. Philosophie ist im Denken zu Hause, jüdische Weisheit im Wort. Aber auch in der Philosophie müssen wir unsere



18 Zitiert bei Clemens von Alexandrien, Teppiche V 109,3 = Fr 29 (leicht verkürzt).

Gedanken austauschen. Dazu brauchen wir Worte. Unsere bedeutendsten philosophischen Schriften sind Dialoge. Natürlich sind die Worte Gottes und die menschlichen Worte nicht identisch. Bei einem jüdischen Propheten sagt Gott:

*Meine Gedanken sind nicht eure Gedanken,*
*und eure Wege sind nicht meine Wege, spricht der Herr,*
*sondern so hoch der Himmel über der Erde ist,*
*so viel sind meine Wege höher als eure Wege*
*und meine Gedanken höher als eure Gedanken.*[19]

Unsere Gedanken sind nur ein unvollkommener Spiegel der Gedanken Gottes. Wenn uns das Wort Gottes anspricht, werden in uns Seiten in Schwingung gebracht, die wir früher nicht bemerkt haben. Wir entdecken sie erst durch sein Wort. Daher müssen wir von beiden lernen, von Philosophen und Propheten.

Vor allem müssen wir von den Philosophen lernen, wie wir mit den Bildern der Religion umgehen. Der jüdische Philosoph Philo hat von griechischen Philosophen die Lehre übernommen, dass die Rede von den Göttern Allegorien sind, d.h. sie sagen etwas anderes, als sie zu sagen scheinen. Zeus und seine sexuellen Abenteuer sind z.B. Bilder für das Spiel der Kräfte in der Natur. Philo wandte diese Auslegung auf die Bibel an. Er legte die Geschichte von Adam und Eva allegorisch aus:[20] Adam verkörpere die Vernunft, Eva die Sinnlichkeit. Eva ließ sich dazu hinreißen, die verbotene Frucht vom Baum der Erkenntnis zu pflücken, und verführte Adam dazu, sie zu essen. Genauso verführe die Sinnlichkeit die Vernunft.

Philo hat in seiner Auslegungsmethode Recht: Die Geschichte ist nur bildlich wahr. Seine Deutung aber ist

19 Jesaja 55,8f.
20 Philo von Alexandrien, Allegorische Erklärung des heiligen Gesetzbuches II und III. Ders., Über die Weltschöpfung 151-169.

falsch. Musonius hat mit Recht kritisiert, dass man dem Mann Vernunft zuspricht, aber nicht der Frau. Beide sollen dieselbe Tugend praktizieren. Die Geschichte von Adam und Eva deute ich so: Gott allein kann zwischen Gut und Böse unterscheiden. Menschen können es, sofern sie Gottes Ebenbild sind. Eva tat Recht daran, nach diesem Wissen zu streben und es Adam mitzuteilen, indem sie ihm vom Baum der Erkenntnis Früchte zu essen gab. Jetzt erst, nachdem sie Gut und Böse unterscheiden konnten, gingen ihnen die Augen dafür auf, was alles in der Welt böse ist. Sie erkannten, dass sie aus dem Paradies ihrer kindlichen Unschuld verjagt worden waren. Sie erkannten das Böse, hatten aber nicht die Kraft, es zu überwinden. So etwa würde ich die Geschichte von Adam und Eva deuten. Und so ist das mit allen Geschichten und Bildern in der Bibel. Wir dürfen sie nicht wörtlich nehmen.

Damit Du von Philo nicht gering denkst, führe ich seine Deutung des Gottesnamens an, der ich voll zustimmen kann. Gott offenbart sich in der Bibel mit den Worten: »Ich bin, der ich bin«[21]. Philo deutet das so:

*Sage ihnen, dass ich der Seiende bin,*
*belehre sie über den Unterschied*
*zwischen Sein und Nichts.*
*Mir allein kommt das Sein zu.*
*Es gibt keinen treffenden Namen für mein Wesen.«*[22]
*Philo hat Recht:*
*Gott ist das Sein selbst,*
*das sich allen Bildern entzieht.*
*Er berührt unser Herz,*
*wenn wir darüber staunen,*
*dass überhaupt etwas ist und nicht nichts.*

21 2Mose 3,14.
22 Frei formuliert nach Philo von Alexandrien, Leben des Moses I,75.

*Dann sind wir unmittelbar verbunden mit seiner Macht,*
*die aus Nichts schafft*
*und in Nichts versinken lässt.*
*Vor unserer Geburt*
*waren wir nicht,*
*nach unserm Tod*
*werden wir versinken in ein Nichts,*
*das so endlos und ewig ist wie Gott.*
*Der Tod ist der Schattenriss Gottes.*
*Zwischen Geburt und Grab*
*ist die Gegenwart*
*ein flüchtiger Moment in einem Strom,*
*der in beide Richtungen ins Nichts versinkt.*
*Die Vergangenheit ist nicht mehr,*
*die Zukunft noch nicht,*
*die Gegenwart ein Übergang*
*aus einem Nichts*
*in ein anderes Nichts.*
*Die Macht,*
*die aus Nichts Sein schafft,*
*umgibt uns jeden Augenblick.*
*In diesem Geheimnis von Sein und Nichts*
*begegnet uns Gott*
*in jedem Augenblick.*
*Durch ihn sind wir mit allen Dingen verbunden.*[23]

Die Bibel philosophisch deuten heißt, ihre Bilder frei auslegen. Dabei müssen wir auch nach dem fragen, was in allen Bildern eine Wahrheit ist, die wir unmittelbar erfahren wie diese Erfahrung von Sein und Nichts.

***Mit Grüßen von Erasmus***
***an Philodemus***

23 Text nach G. Theißen, Glaubenssätze. Ein kritischer Katechismus, Gütersloh 2012, Nr. 43, 76f.

Einige Tage später ging Erasmus morgens am Ufer des Tibers entlang. Er wollte allein sein. Das Wasser strömte dem Meer zu. Die Hügel Roms, die Pinienhaine und die Silhouette der Stadt blieben an den Ufern stehen, nur die Wellen bewegten sich. Keine Welle war die letzte, keine die erste. Genauso strömte die Zeit dahin. Beim Tiber gab das Ufer festen Halt. Aber was war das feste Ufer der Zeit? Hatten die Anhänger Platos Recht, die das veränderliche Geschehen in der Zeit für einen unwirklichen Schatten der Dinge hielten? Und die meinten, nur was beständig bleibt, könne man klar erkennen. Was sich verändert und eine Geschichte hat, bleibe ein schattenhafter Traum. War also die ewige Welt der Ideen hinter dem Strom der Zeit die eigentliche Wirklichkeit?

Aber hin und wieder hatte Erasmus ein merkwürdiges Erlebnis, als kippte dieses Bild der Wirklichkeit. Dann wurde die ganze Welt zu einem Strom, auch die Ufer. Alles bewegte sich zum Meer einer unbekannten Zukunft, in dem sich jeder Tropfen auflöst. Was eben noch fest schien, Uferböschung, Hügel und Häuser und er selbst – all das veränderte sich. Die Zeit ist kein Strom, an dessen Ufer wir sitzen, so dass nur unsere Füße nass werden, wenn wir sie ins Wasser baumeln lassen. Wir selbst sind in diesem Strom. Wir sind der Strom. Unser Sein ist Zeit. Aus der Zukunft schwimmt unser Leben heran, tritt für einen Augenblick aus dem Nichts ins Sein und versinkt wieder im Nichts der Vergangenheit. Wir existieren als Veränderung. Meinte das sein Freund Nathan, wenn er von einem Gott sprach, der aus Nichts Sein schafft – jeden Augenblick und immer wieder neu? Ein Gott, der auch Menschen verändern kann? Ein Gott, der in jedem Augenblick gegenwärtig ist. Er lässt sich auf keine Zeit begrenzen.

Genauso wenig lässt sich Gott auf einen Ort beschränken. Juden suchen ihn in Jerusalem, Römer in Rom, Athener in Athen. Aber war das nicht Aberglaube? War nicht auch Paulus davon infiziert, wenn er Konflikte riskierte, um den Tempel in Jerusalem für alle Menschen zu öffnen? Waren viele Juden nicht gerade in diesem Punkte fortschrittlicher als alle anderen? Sie feierten in ihren Synagogen Gottesdienst. Überall war Gott für sie präsent. Heilige Schriften waren für sie sein transportabler Tempel, nicht aus Stein und Holz, sondern aus Buchstaben und Bedeutung. Warum muss man dann noch darüber streiten, ob Gott in Jerusalem, Athen oder Rom zu finden ist?

Oder hatten die Christusanhänger Recht? Sie sagten: Wir Menschen sind der lebendige Tempel Gottes! Wir sind sein Ebenbild. Oder genauer: Wir werden sein Ebenbild. Wenn Gott sich im Strom der Zeit zeigt, in der sich alles verändert, werden wir erst dann sein Ebenbild, wenn auch wir uns verändern. Menschen abzusprechen, dass sie sich verändern können, wäre so, als würde man ihre Ebenbildlichkeit leugnen.

Erasmus neigte als Stoiker eigentlich zu einer noch weitherzigeren Antwort: Gott ist überall. Die ganze Wirklichkeit ist sein Tempel. Die meisten leben an ihm vorbei. Die meisten spüren nichts von ihm. Aber jedes Mal, wenn er dieses Umkippen der Wirklichkeit erlebte, durch das alles zum Strom wurde, spürte er diesen Gott. Dann merkte er, dass er existierte – als unaufhörliche Verwandlung aus Nichts in Sein und Sein in Nichts. Das war nicht der Gott der Stoiker, der alles mit Sinn erfüllt. Das war der Gott der Juden, der alles aus Nichts schafft und verändert. Die Welt, wie sie ist, ist noch nicht von ihm erfüllt. Aber die Welt, wie sie sein könnte, lässt seine Spuren erahnen.

In solche Gedanken war Erasmus vertieft, als er von seinem Spaziergang am Ufer des Tibers wieder zu Hause ankam. Dort hatte ein Bote einen Brief des Nathan abgegeben:

***Nathan an Erasmus.***

*Friede und Gnade für Dich!*
*Ich hoffe, es geht Dir gut. Ich denke in meinen Gebeten an Dich. Heute kann ich Dir mitteilen: Wir haben Briefe von Paulus gefunden. Ich erhielt eine kleine Briefsammlung von einem Christusanhänger aus Korinth. Der sagt: Paulus habe bei ihnen in Korinth den Brief nach Rom verfasst, den Du kennst. Als Paulus ihn vor seiner Absendung in Korinth vorgelesen habe, seien alle so begeistert gewesen, dass sie eine Abschrift hätten haben wollen. Sie hätten gemeint: ›Im persönlichen Auftreten mag Paulus ja armselig sein, aber in seinen Briefen ist er gewaltig‹.*[1] *Gewaltig seien auch seine Briefe an ihre eigene Gemeinde, an die Korinther. Sie hätten daher Paulus gebeten, für sie eine Briefsammlung zusammenzustellen. Vor allem die Gebildeten unter den Korinthern hätten gerne von ihm eine Lehrbriefsammlung haben wollen – wie von griechischen Philosophen und Schriftstellern. Diese Sammlung beginnt mit dem Brief nach Rom. Er ist der längste. Dann folgen zwei Briefe an die Korinther. Der erste Brief ist fast so lang wie der Brief nach Rom. Verschiedene kleinere Briefe an die Korinther hat Paulus dann so zusammengesetzt, dass sie zusammen einen zweiten kürzeren Brief an die Korinther ergaben. Am Ende steht ein Brief an die Christusanhänger in Galatien, von dem Paulus eine Zweitschrift mit sich führte. Denn in Galatien hatten seine Gegner seine Ansichten so verdreht, dass er in der Lage sein wollte, Missverständnisse sofort anhand dieser Abschrift widerlegen zu können.*[2] *Zusätzlich zu dieser*

1 2Kor 10,10.

2 Die Annahme, dass Paulus in Korinth eine solche Briefsammlung aus Röm, 1 und 2 Kor, Gal selbst zusammengestellt hat, vertritt D. Trobisch, Die Paulusbriefe und die Anfänge der christlichen Publizistik, Gütersloh 1994.

*Briefsammlung konnte mir mein Bekannter noch einen Brief an die Thessaloniker zugänglich machen, der auch in Korinth geschrieben wurde. Der soll der älteste Brief des Paulus sein. Schließlich legte er mir noch ein kurzes Fragment bei, das Teil eines Briefes gewesen sein muss. Das Fragment kann man schwer einordnen. Aber es ist deshalb wichtig, weil Paulus da etwas über sein Leben sagt. Erfahren habe ich ferner, dass Paulus noch einen kurzen Brief an einen Philemon geschrieben haben soll, den wir nicht besorgen konnten. Hannah ist dabei, alle Briefe zu studieren. Sie sagt, ihr Inhalt sei hoch interessant. Manches sei sympathisch, manches paradox, manches leicht verrückt. Komm bitte bald, damit wir diese Briefe zusammen durchgehen. Heute haben wir Zeit. In diesen Briefen müsstest Du genug Material finden, damit Du Dir ein Urteil über die Philosophie und das Wirken des Paulus machen kannst. Wir warten auf Dich.*

***Mit Grüßen auch von Salome und Hannah***
***Nathan***

Erasmus machte sich sofort zu Nathan auf und ging noch einmal raschen Schritts den Weg am Tiber entlang, den er soeben in meditativer Versenkung gegangen war. Er überquerte die beiden Brücken zur Tiberinsel und kam ins Stadtviertel *trans Tiberim*, wo Nathan und die meisten Juden wohnten. Nathan begrüßte ihn an der Tür: »Wie schön, dass du gekommen bist. Wir studieren schon den ganzen Tag die Briefe des Paulus.«

»Aber das sind ja gar keine Rollen!«, entfuhr es Erasmus, als er die Briefe sah, »das sind ja zusammengebundene Blätter! Als wären es Listen und Verwaltungsunterlagen! Hattest du mir den Brief an die Römer nicht als eine Schriftrolle gegeben?«

»In der Tat«, antwortete Nathan, »meine Abschrift war eine Rolle, das Original aber ein Kodex. Diese Christusanhänger sind einfache Leute. Schriftrollen sind für sie Literatur für Gebildete. Sie kennen Rollen jedoch aus unseren Synagogen. Daher vermute ich, sie wollen mit solch einem zusammengebundenen Kodex sagen, wir wollen mit den Briefen des Paulus nicht die Heiligen Schriften ersetzen. Wir bringen nur ein paar Ergänzungen. Praktisch sind Schriften in Kodexform auf jeden Fall. Man kann sie leichter transportieren. Wenn man eine Stelle in ihnen sucht, findet man sie schneller, als wenn man eine Rolle erst einmal entfalten muss.«

Salome, die inzwischen hinzugekommen war, sagte: »Hannah und ich haben in den Briefen die Stellen rausgesucht, die für dich interessant sein könnten, an denen Paulus über sein Leben spricht. Zweimal sagt er, dass er ein Fanatiker war. Vielleicht fangen wir damit an. Hör dir mal an, was er da über sich schreibt:

*Ihr habt sicher von meinem früheren Leben im Judentum gehört,*
*wie hemmungslos ich die Kirche Gottes verfolgte und zerstören wollte.*
*Ich machte damals Fortschritte im Judentum*
*über alle meine Altersgenossen hinaus*
*und war ein extremer Eiferer*
*für die Überlieferungen meiner Väter.*
*Aber Gott hatte mich schon im Mutterleib auserwählt*
*und später durch seine Gnade berufen.*
*Gott offenbarte in mir seinen Sohn,*
*damit ich ihn unter den Heiden verkündige.*
*Keinen Menschen habe ich zu Rate gezogen,*
*ich zog nicht einmal nach Jerusalem zu denen,*
*die vor mir Apostel waren, sondern nach Arabien*
*und kehrte dann wieder nach Damaskus zurück.*[3]



3 Gal 1,13-17.

Das schreibt Paulus in seinem Brief an die Galater. Dieselbe Wende in seinem Leben hat er noch einmal in diesem kleinen Fragment beschrieben, das wir bei den Briefen fanden:

> *Wenn ein anderer meint, er könne auf sein ›Fleisch‹*
> *vertrauen, so ich noch mehr.*
> *Ich wurde am achten Tag beschnitten,*
> *stamme aus dem Volk Israel,*
> *aus dem Stamm Benjamin,*
> *ein Hebräer von Hebräern.*
> *Nach dem Gesetz war ich Pharisäer,*
> *nach dem Eifer verfolgte ich dann die Gemeinde,*
> *nach der vom Gesetz geforderten Gerechtigkeit*
> *war ich untadelig.*
> *Aber was mir einst ein Gewinn war,*
> *das habe ich um Christi willen als Schaden erkannt.*
> *Ja noch mehr, ich sehe alles als Schaden an*
> *im Vergleich zu der alles übertreffenden Erkenntnis*
> *Christi, meines Herrn.*
> *Seinetwillen ist mir alles ein Schaden geworden,*
> *und ich halte es für Dreck, damit ich Christus gewinne.*[4]«

Erasmus schüttelte den Kopf: »Das passt nicht zusammen. Im ersten Text behauptet er, von seiner Geburt bis zur Gegenwart gebe es eine durchgehende Linie, im zweiten Text spricht er von einem radikalen Bruch. Ob Paulus alles, was vor diesem Bruch war, wirklich für Dreck hält? Auch seine Erwählung von Mutterleib an? Das glaubt er selbst nicht!«

Salome warf ein: »Bei euch Männern findet man immer diese Übertreibungsrhetorik – auch gegen Logik und Vernunft. Erwischt man euch dabei, gebt ihr das als Tiefsinn aus.«

4 Phil 3, 4b-8. Das 3. Kapitel des Philipperbriefs wird oft für ein Fragment gehalten, das in den Philipperbrief eingefügt wurde.

Nathan verteidigte Paulus: »Salome denkt vielleicht, ich würde für Tiefsinn halten, was nur wirr ist. Aber ich meine, dass Paulus im ersten Text sagen will, *Gott* erwählte mich, *Gott* berief mich, *Gott* offenbarte seinen Sohn in mir! Hier betont er eine zusammenhängende Linie aus der Sicht Gottes. Der zweite Text betont dagegen die menschliche Sicht: *Ich*, Paulus, habe eine neue Erkenntnis; *ich* verwerfe als Mist, was vorher war. Was für Menschen ein Widerspruch ist, kann vor Gott als Ganzes zusammengehören.«

Hannah verteidigte ihre Mutter: »Trotzdem glaube ich, dass Paulus übertreibt. Vielleicht will er sich im ersten Text nur wegen seines früheren Fanatismus rechtfertigen und betont deshalb, Gott habe ihn schon berufen, bevor er ein Fanatiker war. Wenn er schon von Mutterleib an erwählt war, also auch in der Zeit, als er Christusanhänger verfolgt hat, dann schiebt er Gott die Verantwortung dafür zu, anstatt offen einzugestehen: Ich hatte mich verirrt.«

Salome reagierte: »Besser ist es, er macht Gott für seine Fehltritte verantwortlich als eine Frau. Adam schob Eva die Verantwortung für seine Tat zu.«

Noch einmal vermittelte Nathan: »Vielleicht deutet er nur an, dass er auch in seiner Zeit als Fanatiker, ohne es zu wissen, von Gott geführt wurde. Gott hat ihn da herausgeholt. Er schreibt ja im Rückblick, als er den fanatischen Irrtum seiner Jugend schon lange hinter sich hat.«

»Paulus hat zwar einen Bruch hinter sich«, unterstützte ihn Erasmus, »das wirkt so, als gebe es nur eine dunkle Zeit vor der Wende und eine helle Zeit danach. Aber wenn man näher hinschaut, kann man diesen Kontrast nicht mehr so scharf sehen. Simeon sagte mir, Paulus sei am Anfang ein moderater Jude gewesen und habe sich in Jerusalem zunächst den Pharisäern angeschlossen, dann den Fanatikern, danach erst den Christusanhängern. Danach hätte es nicht nur *einen* großen Umbruch in seinem Leben gegeben, sondern mehrere kleine und größere Schritte. Das passt zu dem, was Paulus über sich sagt. Er sagt über seine Herkunft nur, er sei als Hebräer von Hebräern geboren worden, er sagt nicht, er stamme als Pharisäer von Pharisäern ab. Denn Pharisäer wird man nicht durch Geburt, sondern durch Tun des Gesetzes. Paulus wurde also erst Pharisäer, als er nach Jerusalem kam und dort die Thora studierte. Seine Radikalisierung zum Fanatiker war ein weiterer Schritt. Er kann auch in Jerusalem nicht von Anfang an ein Fanatiker gewesen sein, betont er doch selbst, er habe Fortschritte im Judentum gemacht und viele Altersgenossen durch seinen Fanatismus überboten. Es gab also in Jerusalem zwei Phasen: eine Anfangsphase und einen ›Fortschritt‹ darüber hinaus. Den dritten Schritt bringt er am klarsten zum Ausdruck: Er wurde Christusanhänger. Er sagt, Gott offenbarte in ihm seinen Sohn. Damit wandte er sich von den Fanatikern ab. Für mich ist wichtig, dass er sich nur vorübergehend fanatisiert hatte. Viele Menschen, die sich in ihrer Jugend radikalisierten, überwinden später ihren Fanatismus. Die entscheidende Frage ist: Hat Paulus sich wirklich weiterentwickelt?«

Hannah warf ein: »Ich bin überzeugt, er hat seinen Fanatismus überwunden. Wie könnte er sich sonst denen anschließen, die er verfolgt hat! Das macht kein Fanatiker.«

»Als Anwalt müsste ich das belegen«, meinte Erasmus. »Dafür wäre wichtig zu wissen, wie er sich in seiner neuen Gruppe verhalten hat. Blieb er so fanatisch wie früher? Was ich bisher über ihn gehört habe, deutet darauf hin, dass er auch unter Christusanhängern manchmal ›fanatisch‹ seine Meinung durchsetzen wollte. Oder eckte er nur deswegen unter ihnen an, weil er toleranter war als andere? Das muss ich anhand der Briefe in Ruhe überprüfen. Daher mein Vorschlag, wir machen jetzt eine Pause, in der ich die Briefe daraufhin durchlese, ob ich etwas zu dieser Frage finde: Blieb er Fanatiker oder hat er seinen Fanatismus überwunden? Ihr kennt die Briefe, ich kenne sie nicht. Gebt mir Zeit bis zum Abendessen. Ich ziehe mich in ein kleines Zimmer zurück. Habt ihr etwas zum Schreiben für Notizen – ein altes Papyrusblatt oder ein Holzstück?«

Nathan und Hannah zeigten Erasmus einen Nebenraum, wo er in Ruhe arbeiten konnte, brachten ihm Schreibzeug und Papyrus, Getränke und Früchte und ließen ihn allein. Das Zimmer war von festen Mauern umgeben. Dennoch wurde in Erasmus wieder der Eindruck lebendig, als ob alles gar nicht so fest sei, wie es zunächst scheint. Alles verändert sich. Alles ist Zeit. Nicht nur das Wasser des Tibers. Auch die festen Häuser und Steine, vor allem aber die Menschen in ihnen. Konnte sich ein Mensch so stark verändern, dass er neu das Leben beginnt? War Paulus das zuzutrauen? Oder hat jeder Mensch einen festen Kern, der sich im Laufe seines Lebens nur noch entfaltet? Erasmus spürte, wie diese Frage eng mit seiner Lebensentscheidung zusammenhing: Sollte er sich der jüdischen Gemeinde anschließen? Wenn Paulus sein Leben noch einmal neu begonnen hatte, musste es auch für ihn möglich sein. Wenn Paulus dabei gescheitert war, sollte ihm das als Warnung dienen! Er hatte begriffen: Gott mutet Veränderung zu. Er fordert eine Entscheidung: Sollte er Paulus verteidigen oder nicht? Sollte er Jude werden? Sollte er um Hannah werben?

Auch deswegen las er wie gebannt die Briefe. Vieles konnte er überschlagen, vieles war unverständlich. Erasmus nahm sich vor, Stellen zu sammeln und nach jenen zwei Linien im Leben des Paulus zu sortieren, die Simeon bei ihm beobachtet hatte: auf der einen Seite einen Fanatismus, mit dem Paulus andere übertreffen wollte, auf der anderen Seite eine Sehnsucht nach Gemeinschaft, in der alle gleich sind. Er stellte sich vier Fragen:

Erstens: Wo verdammt Paulus andere Menschen, weil sie seinen Vorstellungen nicht entsprechen? Das spräche für eine Tendenz zum Fanatismus.

Zweitens: Wo erkennt man, dass er der Erste sein will und absolut Recht haben will? Das führt oft zum Fanatismus.

Drittens: Wo findet sich in seinen Briefen eine Sehnsucht nach Gemeinschaft und Gleichheit über Grenzen hinweg? Das spräche gegen Fanatismus.

Viertens: Wo plädiert er dafür, verschiedene Meinungen zu tolerieren. Das wäre ein direkter Widerspruch zum Fanatismus.

Nach einigen Stunden hatte er zu allen Fragen ein paar Stellen aus den Briefen notiert. Jetzt musste er das Gesamtbild, das sich daraus ergab, nur noch interpretieren. Dazu brauchte er seine Freunde, denn die wussten viel besser, was einen Juden wie Paulus bewegt haben könnte. Er gab der Familie Bescheid. Alle kamen zusammen, um die Briefe des Paulus zu diskutieren.

Erasmus erläuterte sein Vorgehen und begann mit der ersten Sammlung von Briefstellen, einer Liste von Flüchen, Verwünschungen und Polemiken: Wenn jemand ein anderes Evangelium predige, sei er verflucht.[5] Wenn jemand behauptet, Paulus sage: Lasst uns Böses tun, damit Gutes daraus komme, der sei verdammt.[6] Es waren Beschimpfungen seiner Gegner als »Lügenapostel«. Wie sich der Satan als Engel des Lichts verstellt habe, so würden sich auch diese Diener des Satans verstellen.[7] Der Gott der Welt habe ihren Sinn verblendet.[8] Sie seien wie die Schlange, die Eva verführte.[9] Paulus nennt seine Gegner Hunde, böswillige Arbeiter, Kastrierte![10] Die Verunglimpfung der Beschneidung als Kastration war besonders infam,[11] nur bei Hei-

5 Gal 1,8f.
6 Röm 3,8.
7 2Kor 11,13-15.
8 2Kor 4,4.
9 2Kor 11,3f.
10 Phil 3,2.
11 Gal 5,12.

den fand man solche böswilligen Beleidigungen von Juden! Einmal fiel Paulus sogar mit wilder Polemik generell über Juden her – mit einem Vorurteil, das damals unter Nicht-Juden weit verbreitet war: Juden missfielen Gott und seien Feinde aller Menschen. Paulus schließt daraus, Gottes Zorn sei endgültig über sie gekommen.[12] An solchen Stellen war Paulus eine Dreckschleuder.

Dazu kam eine zweite Gruppe von Aussagen: Paulus hielt sich oft für den Ersten, der alles besser wusste. Sein Konkurrent war Petrus. Paulus setzte gegen ihn durch, dass man die Beschneidung nicht von den Heiden verlangen müsse; die »Wahrheit des Evangeliums«[13] stehe damit auf dem Spiel. Insgeheim fand Erasmus es natürlich gut, dass sich Paulus in diesem Punkt gegen Petrus durchgesetzt hatte, auch wenn er seine Polemik zutiefst ablehnte. Die Beschneidung mit Kastration gleichsetzen, war unfair. Erasmus fand noch weitere Stellen, wo Paulus der Erste sein wollte: Einmal wertet er sich zwar als letzten Apostel und Fehlgeburt ab, stellt danach aber sofort klar, dass er alle überboten habe: »Mehr als alle anderen Apostel habe ich gearbeitet.«[14] Er prahlt vor Zungenrednern, die sinnlose Laute für Offenbarungen Gottes halten: »Mehr als alle rede ich in Zungen.«[15] Vor allem wollte er mehr sein als Petrus. Petrus sollte der Missionar für die Juden sein, Paulus für die Heiden. Petrus hatte wenig Erfolg mit seiner Mission. Paulus blamiert ihn genüsslich, indem er betont, er, Paulus, würde nicht nur Heiden zum Glauben bringe, sondern dadurch auch Juden einen Anreiz geben, zum Glauben zu kommen. Was heißt das anderes, als dass er als Missionar besser sei als Petrus! Dessen Aufgabe erledige er nebenbei mit. Muss man sich da nicht fragen, ob Paulus der alte Fana-

12 1Thess 2,15f.
13 Gal 2,5.
14 1Kor 15,10.
15 1Kor 14,18.

tiker geblieben ist, der alles besser weiß, besser macht und sich gegen andere mit scharfen Attacken durchsetzen will?

Salome lachte: »Viel davon ist übertrieben. Nähme ich solche Schimpfkanonaden ernst, müsste ich alle Männer für Fanatiker halten.«

»Du kriegst meine Schimpftiraden aber mit, *bevor* ich einen Brief schreibe,« sagte Nathan, als würde Salome ihn meinen, »danach formuliere ich die höflichsten Briefe. Paulus hat keine Salome, die ihn bremst!«

»Nathan«, antwortete Salome, »du darfst gerne schimpfen, solange du nicht mich beschimpfst.«

»Wir sollten fair gegenüber Paulus sein. Bei ihm findet man nicht nur Polemik«, meinte Erasmus, »es gibt auch einige sehr schöne Sätze.«

Hier unterbrach ihn Hannah abrupt und rief: »Der schönste Satz steht im Brief an die Galater:

*Hier ist nicht Jude noch Grieche,*
*hier ist nicht Sklave noch Freier,*
*hier ist nicht Mann noch Frau.*[16]

Hier träumt Paulus von einer Gemeinschaft, in der alle gleich sind, selbst Sklaven und Freie, Frauen und Männer. So etwas habe ich vorher noch nie gehört. Ein wunderbarer Satz.«

Erasmus blickte sie an. Wenn sie so redete, war sie noch schöner als sonst. Was sie sagte, war ihm aus dem Herzen gesprochen. Liebte er sie, weil sie so schön war? Oder war sie so schön, weil er sie verliebt anschaute? Oder weil sie diese Worte sagte? Wenn sie von demselben Gedanken so tief berührt wurden, mussten sie sich auch sonst gut verstehen? Laut sagte er nur:

16 Gal 3,28.

»Auch wir Stoiker glauben nicht an Unterschiede zwischen den Menschen. Wir meinen, dass wir uns innerlich von ihnen befreien können. Ein Sklave kann frei sein, wenn er moralisch handelt, ein Freier zum Sklaven werden, wenn er sich von Leidenschaften beherrschen lässt. Was Paulus sagt, klingt so ähnlich wie das, was wir Stoiker sagen.«

Nathan gab zu bedenken: »Paulus spricht an dieser Stelle freilich nur von denen, die auf Christus getauft sind. Alle müssen sich taufen lassen, damit sie gleich sind.«

Erasmus gab ihm Recht: »Das ist bei uns Stoikern nicht nötig.«

»Aber ihr bildet auch keine enge Gemeinschaft«, meinte Nathan dazu: »Jeder wird bei euch durch persönliche Entscheidung zum Stoiker. Er schließt sich keiner Gemeinschaft an. Taufe oder Beschneidung bedeuten dagegen Eintritt in eine Gemeinschaft. Die Christusanhänger verlangen dabei von jedem Umkehr und Taufe. Sie sind nicht zufrieden mit dem Menschen, wie er ist, sondern erst mit dem Menschen, wie er sein könnte.«

»Sag das nicht! Auch wir Stoiker sind nicht mit dem Menschen zufrieden, wie er ist«, betonte Erasmus. »Wenn wir fordern: Der Weise soll von Leidenschaften frei sein, so müssen wir freilich zugeben, dass es in vielen Jahrhunderten nur wenige Menschen gibt, die dieses Ziel erreichen.«

Hannah schaltete sich ein und fragte Erasmus: »Das könnte auch für all diese schönen Sätzen des Paulus gelten. Hat es je eine Zeit gegeben oder wird es sie geben, in der Sklaven und Freie gleich sind? Und wie ist es mit Mann und Frau? Auch die sollen gleich sein. Was hältst du denn als Stoiker davon?«

Erasmus war plötzlich hellwach. Sollte das ein Test sein, wie er über Frauen und Ehe dachte? Ob sie sich so jemanden wie ihn als Lebenspartner denken könnte? Aber auch, wenn es kein Test war, wollte er in ihren Augen bestehen. Die Frage war ja nur: Wie denken Stoiker über Mann und Frau, und nicht: Wie denkt Erasmus über Hannah? Er sagte also:

»Ihr kennt ja alle Musonius. Nach seiner Lehre gibt es zwischen Mann und Frau keinen Unterschied, was das gute Leben angeht. Die Götter haben den Frauen dieselbe Vernunft gegeben wie den Männern, eine Vernunft, die wir im Umgang miteinander brauchen und mit der wir jede Sache danach beurteilen, ob sie gut oder schlecht, schön oder hässlich ist. Warum soll es also nur für Männer gut sein, danach zu suchen und zu forschen, wie man ein moralisches Leben führt, für Frauen dagegen nicht? Nach Musonius sollen auch Frauen philosophieren. Denn Philosophieren heißt nach dem guten Leben suchen.«[17]

»Und was ist mit der Ehe?«, fragte Hannah. »Manche Philosophen lehnen sie ab. Frauen – das bedeutet für sie Kindergeheul, Küchengeruch und Klatsch. Philosophen haben angeblich Wichtigeres zu tun.«

Erasmus merkte, wie alle im Raum gespannt auf ihn schauten. Zum Glück gehörte Musonius zu den Philosophen, die für die Ehe waren: »Musonius hat mich gelehrt«, sagte er, »dass wir heiraten sollen. Eheleute sollen füreinander die besten Freunde sein. Sie sollen eng zusammenleben und füreinander sorgen, bei Gesundheit und Krankheit und in jeder Lebenslage. Wenn sie sich gegenseitig treu sind und beide einander in Liebe überbieten – dann ist ihre Ehe so, wie sie sein soll. Wo aber jeder das Seine sucht, ohne sich um den anderen zu kümmern, oder wo auch nur einer so handelt und dasselbe Haus bewohnt, während sein Herz draußen verweilt, weil er keine Neigung hat, mit seinem Partner zusammen zu leben und zu atmen, da ist das Zusammenleben trostloser, als wenn jeder für sich alleine wäre.«[18]

17 Dieser Abschnitt über das Philosophieren von Frauen stammt aus Musonius, Lehrgespräche 3.
18 Dieser Abschnitt über die Ehe ist fast wörtlich aus Musonius, Lehrgespräche 13b, übernommen. Vgl. M. Szarek, Ehe und Askese. Familienethos bei Paulus und Musonius, Münster 2016.

»Das klingt gut«, meinte Hannah, »wenn nur alle Männer so dächten!«

»Musonius ist mein Lehrer«, sagte Erasmus und fügte leise hinzu: »Und ich denke genauso.« Dabei schaute er Hannah an. Das hätte er als Stoiker, der seine inneren Impulse unter Kontrolle halten soll, nicht tun sollen. Das Abendlicht hüllte ihre Gestalt in milde Farben. Sie sah noch reizender aus als sonst. In ihren Augen hätte er versinken können. Ihre Haut schimmerte in einem milden Licht. Ihr Haar war, als würden sie ohne Berührung streicheln. Aber schöner als ihre Augen, ihre Haut und ihre Haare waren ihre Worte: Das war eine Frau, mit der man Gespräche führen konnte, sogar philosophische, mit ihr würde er sich nie langweilen. Sie könnte sein bester Freund sein. Am liebsten hätte er sie gleich umarmt. Aber das ging nicht in Gegenwart der Eltern. Erasmus disziplinierte sich und dachte: Es ist besser, man merkt nicht allzu sehr, was in mir vorgeht. Dass sie mich interessiert, darf aber jeder merken.

»Wie Musonius denken heute auch einige Juden über die Ehe. Aber sie sind eine Minderheit«, sagte Hannah, »Paulus scheint in diese Richtung zu denken!«

Salome korrigierte: »Da gibt es aber Unterschiede. Musonius sagt, man solle nur ausnahmsweise miteinander schlafen, Paulus sagt, man soll nur ausnahmsweise nicht miteinander schlafen.«

Nathan schaute seine Frau freundlich an und meinte: »Liebe Salome, da finde ich Paulus besser als Musonius. Musonius dachte an Kinder. Nur, um Kinder zu zeugen, solle man zusammen schlafen. Bei Paulus spielen Kinder keine Rolle.«

»Stimme diesem Paulus nicht zu schnell zu«, antwortete Salome, »Paulus meint nämlich, dass in der Ehe beide Partner voneinander abhängig sind. Männer hören gern, wenn er schreibt, dass der Mann über den Leib der Frau verfügt, hören aber ungern, wenn Paulus hinzufügt, dass auch die Frau über den Leib des Mannes verfügt.[19] Beide Ehepartner sind in seinen Augen unfrei. Beide müssen ertragen, dass ihr Partner über sie verfügt. Deshalb ist für Paulus die Ehelosigkeit der Ehe überlegen. Erst ohne Ehe sei man wirklich frei. Erst dann könne man sich ungeteilt dem Wichtigsten im Leben widmen, nämlich Gott!«

»Paulus kennt noch eine dritte Meinung«, warf Hannah ein: »Zwei Menschen leben in guter Freundschaft zusammen – aber sind so asketisch wie Philosophen, die ihre Triebe unter Kontrolle haben. Sie sind Freunde, schlafen aber nicht miteinander.«[20]

Nathan meinte: »Da ist Paulus meiner Meinung nach ein naiver Spinner. Aber nicht nur da. Auch in einem anderen Punkt ist er unrealistisch. Musonius ist der Meinung, wenn Eheleute sich nicht mehr verstehen, sollen sie sich trennen. Paulus sagt dagegen, sie sollen zusammenbleiben. Wenn sie sich trennen, sollen sie versuchen, wieder zusammen zu kommen. Paulus lehnt Scheidungen ab.«

Salome widersprach: »Ich habe genau gelesen, was er dazu schreibt. Paulus ist mit einer Ehescheidung nur in einem Fall einverstanden: Wenn beide Partner verschiedener religiöser Überzeugungen sind – also wenn der eine ein Christusanhänger, der andere ein Heide ist – dann sei eine Scheidung erlaubt, wenn der heidnische Partner auf ihr besteht.«[21]

»Da kann ich ja froh sein, dass du nicht zu den Heiden gehörst«, meinte Nathan, »dann könntest du dich mit dem Segen des Paulus von mir trennen.«

Salome warf ihm einen Blick zu, der sagte: Du Schelm! Du lieber Schelm!

19 1Kor 7,3f.

20 1Kor 7,36-38 kann man in diesem Sinne deuten: Zwei, die sich als Paar verstehen, verzichten auf die Heirat, leben »asketisch« und bleiben dennoch ein Paar. In der frühen Kirchengeschichte sind solche asexuellen Paare gut bezeugt, wobei es dann durchaus passieren konnte, dass sie doch ein Kind bekamen.

21 1Kor 7,10-16.

Erasmus lenkte zum Thema des Gesprächs zurück: »Unsere Frage war eigentlich nicht, was Paulus zur Ehe denkt, sondern: War Paulus ein Fanatiker? Ist er es nach seiner Wende geblieben? Dafür ist seine Einstellung zur Ehe wichtig. Denn das Vorbild der Fanatiker ist Pinchas. Der ging gegen Mischehen mit Mord und Totschlag vor. Paulus aber akzeptiert Mischehen zwischen Christusanhängern und Heiden.«

Sie waren sich einig, dass Pinchas nicht das Vorbild des Paulus sein konnte, wenn er Mischehen zuließ. Er musste seinen Fanatismus in diesem Punkt überwunden haben.

Doch Salome warf ein: »Warum poltert er dennoch so maßlos gegen seine Gegner? Worte, die den Unterschied zwischen den Menschen aufheben, sind wunderbar. Aber im selben Brief unterscheidet er schroff zwischen Erwählten und Verdammten, Feinden und Freunden. Zwar ist das meiner Meinung nach auch Übertreibungsrhetorik. Aber warum ist nicht auch der Satz von der Einheit aller Menschen nur Vereinigungsrhetorik?«

Hier hakte Hannah nach: »Weil ich diese Idee der Einheit aller Menschen so gut fand, habe ich den Brief genau gelesen. Da mahnt Paulus am Ende: Wenn man jemanden bei einer Verfehlung erwischt, solle man ihn nicht verurteilen, sondern nachsichtig mit ihm sein. Er empfiehlt: ›Ein jeder prüfe sein eigenes Tun, dann wird er seinen Ruhm bei sich selbst haben und nicht im Vergleich zu anderen‹.[22] Das klingt erstaunlich bei einem, der immer alle übertreffen will und alle spüren lässt, dass sie falsch liegen.«

Salome war noch nicht zufrieden: »Aber wenn es um seine Gegner geht, spürt man nichts von der Mahnung, andere nicht zu verurteilen! Da neigt er zur Schwarz-Weiß-Malerei. Im Brief an die Römer unterscheidet er so unbarmherzig zwischen Jakob und Esau, dass man zusammenzuckt.



22 Gal 6,1-4.

Er schreibt über diese Brüder: ›Den einen hat Gott geliebt, den anderen gehasst.‹[23] Das ist das Schlimmste, das man Kindern antun kann: den einen lieben und den andern hassen. Dieser Gott ist kein guter Vater.« Salomes Stimme klang empört.

Nathan brauchte eine Zeit, um die Stelle durchzulesen, und versuchte zu beschwichtigen: »Ich habe den Eindruck, auch da ändert Paulus seine Meinung noch im selben Text. Gleich nach diesem Kontrast zwischen Jakob und Esau zitiert er den Propheten Hosea. Da sagt Gott: ›Ich will als mein Volk berufen, was nicht mein Volk war; und als Geliebte jene, die nicht geliebt war‹.[24] Wer nicht geliebt war, kann wieder geliebt werden. Der ungeliebte Esau hat also noch eine Chance.«

»Nathan«, hakte Salome noch einmal nach, »mir scheint, der wirkliche Paulus ist nicht so liebenswert wie du. Nirgendwo sagt Paulus eindeutig, dass alle von Gott akzeptiert werden, dass alle gerettet werden. Unterscheidet er nicht immer schroff die, die vor Gottes Gericht bestehen werden, und die anderen, die zur Hölle fahren?«

»Aber es gibt bei Paulus einige Aussagen ohne diese Schwarz-Weiß-Malerei«, verteidigte Nathan Paulus. »Am Ende dieses Abschnitts über Erwählte und Nicht-Erwählte sagt er, dass Gott alle unter den Ungehorsam eingeschlossen hat, ›damit er sich aller erbarme‹.[25] Hier sind alle Menschen gemeint. Allen gilt das Erbarmen Gottes. Danach lobt Paulus Gott, ›von dem und durch den und zu dem alles ist‹.[26] Nichts ist hier ausgenommen. Gott ist am Ende ›alles in allem‹[27].«

23 Röm 9,13 (Zitat von Maleachi 1,2f).
24 Röm 9,25f (Zitat von Hosea 2,1).
25 Röm 11,32.
26 Röm 11,36.
27 1Kor 15,28. Ein weiterer Beleg für eine Allversöhnung ist Röm 5,18f, wonach Jesus »für *alle Menschen*« einen Freispruch erwirkt hat.

»Und trotzdem ist er oft unerträglich intolerant«, sagte Hannah. »Ich habe mich gefragt, warum verdammt er seine Gegner so scharf? Die Gegner sagten, dass die heidnischen Christusanhänger nur ein Judentum für Anfänger praktizieren, es sei denn, sie lassen sich beschneiden. Ihr Glaube sei noch unvollkommen. Erst die Beschneidung bringe seine Vollendung. Im selben Brief sagt Paulus aber auch, er habe einmal ähnlich wie seine Gegner durch sein Judentum für ›Fortgeschrittene‹ viele seiner Altersgenossen überbieten wollen. Er kennt aus eigener Erfahrung die Sehnsucht nach einem vollendeten Judentum. Nach seiner Bekehrung wendet er sich gegen diese Perfektionierung, die er selbst einmal vertreten hat. Aber er nimmt diese Sehnsucht nach Vervollkommnung ernst. Er zeigt einen Weg, wie sie erfüllt werden kann. Es ist nicht der Weg der Beschneidung, sondern der Liebe. Das Gesetz, so schreibt er, wird nicht durch die Beschneidung erfüllt, sondern durch ein einziges Gebot: ›Du sollst deinen Nächsten lieben wie dich selbst!‹« [28]

Erasmus hörte hellwach zu und rief: »Wäre das nicht die Lösung: Liebe anstatt Beschneidung!« Bei diesen Sätzen begegneten seine Blicke den Blicken Hannahs – und es war, als spränge da ein Funke zwischen ihnen hin und her, so dass sie aneinander vorbeischauen mussten, damit er nicht zu Feuer würde. Erasmus stockte, dann meinte er: »Ich könnte mir gut vorstellen, dass es aus Paulus manchmal herausbricht: Verdammt ist jeder, der in dieser Sache anderer Meinung ist als ich! Verdammt ist, wer nicht meint, dass die Liebe das Wichtigste ist! Verflucht ist, wer auf der Beschneidung besteht! Warum urteilt er hier so scharf? Er verdammt im Grunde seine eigenen fanatischen Einstellungen vor seiner Bekehrung. Er bekämpft in seinen Gegnern sich selbst. Daher kommen diese überzogenen Flüche und Polemiken. Vor seiner Bekehrung hat er Christusanhänger zwingen wollen,



28 Gal 5,13f.

das Gesetz ganz einzuhalten. Jetzt wird er mit Gegnern konfrontiert, die seine Gemeinden genau dazu zwingen wollen. Wir sind oft am unbarmherzigsten, wenn wir uns selbst in anderen bekämpfen, manchmal ohne es zu merken. Natürlich wäre es besser, wenn er sich freundlicher ausdrückte.«

»Das meine ich auch«, sagte Nathan, »zumal er das kann. Beim Konflikt zwischen Starken und Schwachen toleriert er andere Meinungen und verzichtet lieber darauf, unreine Speise zu essen als andere zu verärgern. Hier hat er seine Meinung geändert.«

Hannah rief dazwischen: »Ich glaube, das ist typisch für ihn. Erst bekämpft er eine Meinung, dann übernimmt er sie. Erst bekämpft er Christus, dann wird er sein Anhänger. Erst bekämpft er Petrus, dann übernimmt er dessen Toleranz. Erst bekämpft er Gegner, die seine Anhänger ins Judentum zurückführen wollen – dann wirbt er um sie.« Sie stockte, als suchte sie auch bei seinem Kampf gegen seine Gegner nach einem eindeutigen Gesinnungswandel des Paulus.

Nathan sprang seiner Tochter zur Seite: »Auch hier hat er im Grunde das Anliegen seiner Gegner übernommen. Seine Gegner wollen an der Einheit mit dem Judentum festhalten. Auch Paulus will diese Einheit erhalten, aber auf einem anderen Weg. Nicht die Christusanhänger sollen Juden werden, sondern das Judentum sollte sich so öffnen, dass Christusanhänger in ihm Platz finden. Auch auf diesem Wege wäre die Einheit des Judentums erreicht. Weil er unsere jüdische Religion reformieren wollte, wurde er inhaftiert und angeklagt.«

Erasmus sagte: »Eine Sache muss ich noch ansprechen. Da ist diese eine Aussage im Thessalonikerbrief, der unter den uns vorliegenden Briefen der älteste sein soll. Da sagt Paulus, Gottes Zorn sei endgültig über die Juden gekommen.[29] Was machen wir damit?«

29 1Thess 2,16.

Nathan antwortete: »Auch hier hat er seine Meinung geändert. In seinem Brief nach Rom sagt er genau das Gegenteil: ›Ganz Israel wird gerettet‹.[30] Ausdrücklich betont er: Das gilt auch für die, die seine Botschaft bekämpfen.«

Erasmus versuchte, die Diskussion zusammenzufassen: »Man kann also sagen: Er war einmal eine Zeit lang ein Fanatiker, aber er ist nicht der unbelehrbare Paulus geblieben, der für das Gesetz eiferte. Er hat an vielen Stellen seinen Fanatismus überwunden. Manchmal aber bricht noch etwas von diesem Fanatismus durch.«

Hannah meldete sich noch einmal zu Wort: »Ich habe mir einen Text gemerkt, der zeigt, dass er auch in seinen eigenen Augen flexibler geworden ist. Auch das ist ein sehr schöner Text.« Und sie zitierte:

*Den Juden bin ich ein Jude geworden,*
*um Juden zu gewinnen;*
*denen, die unter dem Gesetz stehen, bin ich,*
*obgleich ich nicht unter dem Gesetz stehe,*
*einer unter dem Gesetz geworden,*
*um die zu gewinnen, die unter dem Gesetz stehen.*
*Den Gesetzlosen war ich sozusagen ein Gesetzloser –*
*nicht als ein Gesetzloser vor Gott,*
*sondern gebunden an das Gesetz Christi –,*
*um die Gesetzlosen zu gewinnen.*
*Den Schwachen wurde ich ein Schwacher,*
*um die Schwachen zu gewinnen.*
*Allen bin ich alles geworden,*
*um auf jeden Fall einige zu retten.*
*Alles aber tue ich um des Evangeliums willen,*
*um an seiner Verheißung teilzuhaben.*[31]

30 Röm 11,26.
31 1Kor 9,20-23.

Zu Erasmus gewandt, fügte sie hinzu: »Wer so spricht, hat sich von jedem Fanatismus abgewandt. So jemanden kannst du doch sicher verteidigen! Jemanden, der die Liebe über alles stellt!«

Erasmus war verwirrt. Er hörte nur die eine Botschaft: Wer solch einen Paulus verteidigt, den liebe ich. Oder bildete er sich das nur ein? Man soll es Frauen nicht verübeln, wenn sie ihren Charme dafür einsetzen, um ein Ziel zu erreichen. Sie haben nicht viele andere Mittel, um sich durchzusetzen. Wenn sie es für einen guten Zweck tun, kann man es ertragen. Aber gehörte Hannah zu diesen Frauen? Flirtete sie nur mit ihm, um ihr Ziel zu erreichen? Er schaute sie noch einmal an. Sie schaute ihn an. Was er in ihren Augen sah, war eine Widerlegung seiner Gedanken. Denn sie schaute ihn mit einer in sich ruhenden, ganz gelösten Liebe an. Einen Augenblick herrschte Schweigen.

Nathan sprach nach einiger Zeit in die Stille hinein: »Lieber Erasmus, überleg es dir in Ruhe. Wir würden uns freuen, wenn du Paulus verteidigst. Wir wissen, dass Paulus Licht- und Schattenseiten hat. Aber die haben wir alle. Wenn Paulus freigesprochen wird und sich seine Gedanken verbreiten könnten, wäre das für das Judentum gut. Er könnte am ehesten alle Christusanhänger davon überzeugen, dass sie nach wie vor Juden sind.«

Erasmus versprach, mit Paulus möglich bald Kontakt aufzunehmen. Er müsse ihm noch einige Fragen stellen, ehe er endgültig seine Verteidigung übernehmen könne. Wenn sich Paulus wirklich vom Fanatismus seiner Jugendphase befreit hätte, wäre er eine große Hoffnung für die Welt. Er würde zeigen, dass sich auch Fanatiker bekehren können, dass sich die zerstörerische Gewalt des Fanatismus in Kraft für das Gute verwandeln kann.

Erasmus verabschiedete sich. Beim Abschied schaute er für einen flüchtigen Moment in Hannahs Augen und spürte, dass auch sie auf diesen Moment gewartet hatte, als wolle sie sagen: Ich möchte noch viele solcher Augenblicke erleben, in denen ich dir in die Augen schauen kann. Ihr Blick begleitete ihn auf dem Heimweg. Erasmus hatte dieses Gespräch die Gewissheit gebracht, dass Hannah gut zu ihm passen würde. Sollte er nicht doch möglichst bald um sie werben? Er dachte an den kommenden Doppelgeburtstag seiner Eltern und stellte sich vor, er könnte sie schon bei dieser Gelegenheit seinen Eltern vorstellen. Was hinderte ihn eigentlich daran? Das war eigentlich nur das leidige Thema der Beschneidung. Ob sich das nicht bald von selbst erledigen würde? Vielleicht könnte man in der Synagoge der Christusanhänger heiraten. Aber er kannte diese Gruppe noch immer nicht richtig. Er war deshalb gespannt auf das Gespräch mit Paulus. Er hoffte, dass er möglichst viele gute Seiten an ihnen entdecken würde. Aber er war vorsichtig geworden: Möglicherweise stieß er auch auf neue Ehehindernisse. Möglicherweise war diese Gruppe so verhasst, dass er sich mit einer Heirat in ihrem Rahmen sogar selbst gefährden würde. Der Drohbrief der Pinchasanhänger warf einen dunklen Schatten auf alles. Sollte sich zeigen, dass auch diese Christusanhänger nur eine neue Variante von religiösem Fanatismus sind, kämen sie ohnehin nicht in Frage. Für den Briefwechsel mit Philodemus gab es auf jeden Fall ein neues Thema. Er schrieb ihm noch am Abend und erhielt auch bald eine Antwort.

## Briefe über Fanatismus und Religion

*Philodemus grüßt Erasmus!*

Ich wünsche Dir, dass Dein Gewissen Dich auf den rechten Weg bringt. Das Gewissen – das ist für euch Stoiker ja der »Gott in Euch«.[32] Oft meldet es sich erst, nachdem man in die Irre gelaufen ist. Aber immer mehr Menschen sehen in ihm auch einen Führer, der die Richtung zeigt, bevor wir handeln. Du bist dabei, in die Irre zu gehen.

Diese neue Religion aus dem Orient ist fanatisch. Sie muss sich gegenüber den alten Religionen durchsetzen und deshalb den Anspruch erheben, dass nur sie die Wahrheit lehrt. Bei Juden ist das zu tolerieren, denn bei ihnen ist diese Unbedingtheit schon Tradition. Sie ziehen Menschen wie Dich an, weil der Glaube an den einen und einzigen Gott mit unserer Erkenntnis übereinstimmt, dass die Wirklichkeit eine Einheit ist. Aber Juden missionieren nicht. Sie überzeugen durch ihr Leben und ihr Dasein. Diese neue Strömung im Judentum aber missioniert und wirbt darum, dass man die Verehrung der alten Götter verwirft und nur noch ihren Gott verehrt – der sich in einem hingerichteten Menschen offenbart haben soll. Die Wahrheit soll sich ausgerechnet in ihm gezeigt haben? Das ist absurd.

Kein Wunder, dass sich Menschen mit fanatischen Tendenzen dieser neuen Bewegung anschließen, Menschen, die alles in Frage stellen, was uns wertvoll ist. Nur solche Menschen können jemanden verehren, der von der Gesellschaft verworfen und gekreuzigt wurde. Du schreibst, dass dieser Paulus im Judentum zunächst zu einer fanatischen Strömung gehört hatte, aber nun das Gegenteil vertrete. Das

32 Seneca beschreibt das Gewissen so: »Nahe ist dir der Gott, mit dir ist er, in dir ist er. So sage ich, Lucilius, ein heiliger Geist wohnt in uns, unserer schlechten und guten Taten Beobachter und Wächter. Wie er von uns behandelt wird, so behandelt er selber uns« (Seneca, Briefe an Lucilius 41,1f).

glaube ich nicht! Fanatiker bleiben Fanatiker, sie tauschen nur das aus, wofür sie fanatisch eifern. Menschen folgen ihrem inneren Programm. Daher sagt das Sprichwort: Ein guter Baum bringt gute Frucht hervor, ein schlechter Baum schlechte Früchte.[33] Bäume bleiben, wie sie sind. So auch Menschen. Sie verändern sich nicht.

Das also ist meine Meinung: Bekehrungen sind unglaubwürdig. Fanatiker tauschen nur einen Fanatismus gegen einen anderen aus. Es lohnt sich nicht, sie zu verteidigen. Ich kenne Dich gut genug, um Dir sagen zu können: Diese Fanatiker passen nicht zu Dir. Folge Deinem inneren Kompass! Folge Deinem Gewissen!

*Philodemus an seinen Freund Erasmus*

*Erasmus grüßt Philodemus!*

Gott segne Dich. Du kannst sicher sein: Einen Fanatiker will ich nicht verteidigen. Du hast Recht: Man soll seinem Gewissen folgen, auch dann, wenn man seiner Umwelt widerspricht. Sokrates folgte seinem Gewissen, als er nicht aus Athen floh, um sich zu retten. Er wurde hingerichtet. Seine philosophische Haltung ist vorbildlich. Könnte das nicht auch für diesen Christus gelten? Er wurde als Krimineller hingerichtet. Er stellte zwei Gebote des Judentums ins Zentrum seiner Lehre: Erstens soll man Gott lieben und zweitens seinen Nächsten! Beides sei gleich wichtig. Das ist eine Absage an jeden Fanatismus. Die Fanatiker unter den Juden sagen: Erstens muss man Gott gehorchen, und zweitens: Wenn jemand ihm nicht gehorcht, darf man ihn umbringen. Ich vermute, schon Jesus hat ihnen mit dem Doppelgebot der Liebe widersprochen.

33 Mt 12,25; Lk 6,43.

Alle Stoiker sagen: Das Gewissen ist Gottes Gegenwart in uns. Man muss ihm unbedingt folgen. Paulus aber sagt: Das Gewissen kann irren. Was unser Gewissen sagt, ist nicht unbedingt das, was Gott sagt. So argumentiert kein Fanatiker.

Deshalb bin ich überzeugt, dass Paulus seinen Fanatismus überwunden hat. Du zweifelst freilich daran, dass Menschen sich ändern können. Da denken Juden anders. Sie sind überzeugt, Gott kann Menschen ein neues Herz und einen neuen Geist geben.[34] Griechen und Römer denken, dass jeder Mensch ein inneres Programm hat, dem er folgt. Aber wenn Plato im Höhlengleichnis erzählt, wie die Menschen, die bisher nur die Schatten in der Höhle gesehen haben, sich umdrehen und zur Sonne schauen – ist das nicht auch eine radikale Umkehr?[35]

Eigentlich müsstest Du als Epikureer eine Änderung des Menschen bejahen. Denn ihr schreibt dem Menschen eine freie Entscheidung zu. Die Welt ist für euch ein mechanisches Spiel von Atomen. Den Atomen ist es egal, ob sie durch menschlichen Willen abgelenkt und bewegt werden. Sie haben kein inneres Ziel. Wir Stoiker denken bescheidener von dem, was wir beeinflussen können: Letztlich haben wir nur Macht über unsere innere Einstellung zu den Dingen. Juden denken radikaler. Sie sehen die Ebenbildlichkeit des Menschen darin, dass er etwas ganz Neues beginnen kann – wie Gott bei seiner Schöpfung. Für Griechen steht Gott hinter der Ordnung des Raums, für Juden hinter den Veränderungen der Geschichte. Er zeigt sich in der Kraft zur Veränderung.

***Erasmus mit Grüßen an Philodemus***

34 Psalm 51,12; Jeremia 24,7; Hesekiel 11,19; 36,26.
35 Plato, Politeia 514a-521b und 539d-541b.

# 6 BEGEGNUNG IM GEFÄNGNIS

Nach dem Gespräch im Hause des Nathan war klar: Erasmus wollte so schnell wie möglich Paulus aufsuchen und entscheiden, ob er seine Verteidigung übernahm. Seine Liebe zu Hannah sagte ihm, er müsse es tun, sein Verstand dagegen, dass Liebe zu einer Frau seinen juristischen Blick auf den »Fall Paulus« nicht trüben dürfe, zumal Fanatiker jeden mit Mord bedrohten, der Paulus unterstützte. Er musste Paulus im eigenen Interesse sehr kritische Fragen stellen und sich bis zuletzt die innere Freiheit bewahren, seinen Fall abzulehnen.

Als er am nächsten Tag früh aufbrechen wollte, um Paulus im Staatsgefängnis aufzusuchen, überraschte ihn Tertius, der vollkommen aufgelöst aus der Stadt zurückkam: »Es ist etwas Schreckliches passiert. Der Stadtpräfekt Pedanius Secundus[1] ist vorgestern von einem seiner Sklaven ermordet worden. Nach einem alten Gesetz sollen nun zur Strafe alle Sklaven seines Hauses hingerichtet werden, das sind 400 Menschen, unter ihnen auch Säuglinge, Kinder, Jugendliche, viele Menschen, die mit dem Mord nichts zu tun haben. Das Urteil ist schon gesprochen.«[2]

Erasmus war schockiert: »Um Gottes willen!«, rief er.

»Ich kann nicht glauben, dass es so ein Gesetz gibt!«, sagte Tertius fassungslos.

1 Der Stadtpräfekt war der Stellvertreter des Kaisers in Rom, Leiter der Verwaltung und der Polizei. Pedanius Secundus war 43 Konsul gewesen und in den 50er-Jahren Prokonsul der Provinz Asien. Zur Analyse vgl. J.G. Wolf, Das Senatusconsultum Silanianum und die Senatsrede des C. Cassius Longinus aus dem Jahre 61 n.Chr., Heidelberg 1988.

2 Tacitus, Annalen XIV 42-45, berichtet über diesen Mord: »Nicht viel später brachte den Stadtpräfekten Pedanius Secundus einer seiner eigenen Sklaven um, sei es, weil ihm die Freilassung verweigert worden war, für die er schon einen Preis ausgehandelt hatte, sei es, dass er in Liebe zu einem Lustknaben entbrannt war, den Herrn als Nebenbuhler nicht dulden wollte« (XIV 42,1).

Erasmus bestätigte: »Doch, es gibt so ein Gesetz: Nach der Ermordung des Hausherrn durch seinen Sklaven sollen alle anderen Sklaven ›unter seinem Dach‹ hingerichtet werden.[3] Das Gesetz ist barbarisch. Es passt nicht in unsere humane Zeit.«

»Es tötet Unschuldige«, brach es aus Tertius heraus.

»Das Urteil ist empörend«, meinte Erasmus, »weil in ihm das Gesetz exzessiv angewandt wird: 400 Sklaven finden sich nie ›unter einem Dach‹, es sei denn, man zählt alle Häuser des Pedanius dazu.«

Tertius protestierte: »Selbst wenn man die wenigen Sklaven in dem einen Haus nimmt, in dem Pedanius ermordet worden ist – es ist Unrecht, viele für das zu bestrafen, was einer getan hat. Du bist stolz auf das römische Recht. Aber dieses Gesetz ist inhuman!«

Erasmus stimmte ihm zu: »Wenn man es so exzessiv anwendet, dann gilt, was mein Lehrer Cassius Longinus sagte: Höchstes Recht ist höchstes Unrecht. *Summum jus summa injuria.*[4] Wenn ein Gesetz ohne Billigkeit angewandt wird, ohne Umstände und Folgen zu bedenken, entsteht Unrecht. Dennoch ist unser Recht ein hohes Gut. Es kann missbraucht werden. Aber mit seiner Hilfe können wir Konflikte so regeln, dass das Leben weitergehen kann.«

»Aber hier führt das Recht in eine Katastrophe, es zerstört die Moral. Ich kenne Quartus, einen Sklaven des Pedanius. Ich habe ihn oft auf dem Markt getroffen, wenn ich Einkäufe gemacht habe. Er ist ein netter Kerl. Er ist schon

3 Das Gesetz, das *senatus consultum Silanianum* aus dem Jahr 10 n.Chr., genannt nach dem Konsul Silanus, unterstellte bei einem Mord am Hausherrn bei allen Sklaven im Hause unterlassene Hilfeleistung. Das Gesetz wurde unter Nero durch Ausweitung der Todesstrafe auf die Sklaven, die der Ermordete testamentarisch zur Freilassung bestimmt hatte, verschärft. Auch wurde festgesetzt, dass die Sklaven des Ehegatten unter der Folter verhört werden sollten. Trajan (98–117 n.Chr.) weitete das »peinliche Verhör« auf die zu Lebzeiten Freigelassenen aus. Hadrian (117–138 n.Chr.) schränkte das Gesetz ein: Nur Sklaven, die in der Nähe der Mordtat gewesen waren, sollten unter der Folter verhört werden.

4 Cicero, de officiis I 10,33.

wie alle anderen Sklaven des Pedanius Secundus unter der Folter verhört und verurteilt worden. Er soll jetzt gekreuzigt werden. Das ist ja die Todesstrafe für Sklaven! Der Gedanke ist für mich schrecklich! Das ist kein Recht – das ist Unrecht in Gesetzesform! Warum befiehlt das Gesetz solch eine Grausamkeit?«

Erasmus zögerte mit der Antwort. Er wusste, sie könnte Tertius verletzen. »Dieses Gesetz dient der Abschreckung! Strafen sollen eigentlich die Rechtsordnung wiederherstellen: Der Schaden, der durch ein Verbrechen entstanden ist, soll durch einen Schaden ausgeglichen werden, den der Täter erleidet – durch Geldstrafe, Verbannung, Gefängnis oder Tod. Strafen sollen aber auch abschrecken, damit die Untat nicht nachgeahmt wird.«

»Aber wie will man durch ein schreiendes Unrecht Menschen davon abschrecken, neues Unrecht zu tun. Viele werden nun erst recht sagen: Die Gesetze sind Unrecht. Daher dürfen wir sie brechen, wenn es nicht auffällt.«

Erasmus stimmte ihm zu: »Da hast du Recht. Wenn Gesetze Grausamkeit kaschieren, zerstören sie das Zusammenleben. Ich will und kann dieses Gesetz nicht verteidigen. Es zielt ausschließlich auf Abschreckung. Der Grund ist klar: Viele Sklavenbesitzer haben Angst vor ihren Sklaven. Ihre Sklaven haben Zugang zu ihrem Haus und können sie im Schlaf überraschen, wenn sie wehrlos sind. Ihr Leben liegt in ihrer Hand. Zu viele Herren fürchten die Rache ihrer Sklaven, die sie irgendwann einmal schlecht behandelt haben – sei es zu Recht oder zu Unrecht. Daher dieses brutale Gesetz!«

»Aber steht nicht schon im Zwölftafelgesetz, dass man Gleiches mit Gleichem bestrafen soll?[5] Hier aber wird ein

5 Das Zwölftafelgesetz (aus dem 5. Jh. v. Chr.), genannt nach zwölf Tafeln auf dem Forum Romanum, ist die Keimzelle des Römischen Rechtes. Das *jus talionis*, d.h. der Grundsatz, bei Körperverletzungen Gleiches durch Gleiches zu vergelten, wurde dann abgemildert, wenn es eine Einigung gab (XII tab. 8,2).

Tod durch 400-fachen Tod vergolten. Das widerspricht den ältesten Grundsätzen des römischen Rechts.«

»Auch darin hast du Recht«, sagte Erasmus. »Das Grundübel in unseren Gesetzen ist aber vor allem, dass es Sklaven nicht als Personen, sondern als Sachen behandelt. Nach dem Gesetz kann ein Herr seinen Sklaven mit dem Tod bestrafen. Das tut zwar niemand. Denn jeder Sklavenbesitzer würde sich selbst schädigen, wenn er seinen ›Besitz‹ vernichtet. Er profitiert mehr von einem Sklaven, über den er sich geärgert hat, wenn er ihn verkauft.«

Tertius erschrak. Was Erasmus da sagte, war für ihn neu. Er schaute ihn entsetzt an: »Bin ich eine Sache – wie Vieh oder dein Haus, dein Werkzeug?«[6]

»Tertius ist Tertius«, antwortete Erasmus, »ich bin mit dir wie mit einem Bruder aufgewachsen und froh, dass ich dir in allem vertrauen kann wie einem Freund. Ich lebe nach der stoischen Philosophie. Die lehrt, dass Sklaven genauso Menschen sind wie wir.«

Tertius schaute ihn noch immer mit starrem Blick an: »Du hättest theoretisch das Recht, mich zu töten?«

Erasmus nickte. Aber er fügte hinzu: »Erasmus ist Erasmus. Ich werde niemals einen Sklaven töten. Selbst dann nicht, wenn er mir Unrecht antäte. Erst recht nicht, wenn ich einen so guten Sklaven habe wie dich.«

»Aber du könntest mich an einen anderen verkaufen – und der denkt vielleicht anders!«, rief Tertius.

»Tertius«, erwiderte Erasmus, »für mich ist kein Mensch eine Ware. Ich verkaufe keine Sklaven. Ich lasse sie allenfalls frei. Was den unschuldigen Sklaven des Pedanius Secundus geschehen soll, ist schreiendes Unrecht. Es verstößt gegen alle meine Grundsätze.«

6 Aristoteles, Nikomachische Ethik 1161 b: »Der Sklave ist ein beseeltes Werkzeug wie das Werkzeug ein unbeseelter Sklave.«

»Erasmus, mein Herr«, sagte Tertius, »dann habe ich jetzt als dein Sklave und dein Besitz eine Bitte. Heute wollen viele gegen die Hinrichtung der 400 Sklaven demonstrieren. Sie sind schon vom Richter verurteilt worden. Aber der Senat könnte sie begnadigen und das Gesetz aufheben. Alle Römer, die ich kenne, Menschen aus allen Schichten, sind genauso empört wie ich. Wir Demonstranten wollen erreichen, dass der Senat das Gesetz noch einmal berät und es aufhebt. Wir werden den Senat regelrecht belagern.[7] Meinst Du, das hat eine Chance?«

»Wenn das Gesetz noch einmal beraten wird, wird es wahrscheinlich aufgehoben. Im Senat sitzen Anhänger der stoischen Philosophie. Seneca ist in ihm einer der mächtigsten Männer. Er plädiert in seinen Schriften dafür, dass Sklaven Menschen sind und Freunde sein können.[8] Vor allem aber ist mein Lehrer Cassius Longinus im Senat. Sein Wort hat Gewicht. Er ist ein Mensch, der seine Meinung sagt, selbst wenn alle anderen dagegen sind. Er ist ein guter Redner. Es ist ausgeschlossen, dass er dieses inhumane Gesetz verteidigt. Er hat uns immer beigebracht, dass man bei der Anwendung eines Gesetzes den Einzelfall berücksichtigen muss. Ich bin zuversichtlich: Wenn Seneca und Cassius Longinus an der Senatssitzung teilnehmen, wird alles gut gehen.«

»Darf ich also mitdemonstrieren?«

»Ja, tu das, auch in meinem Namen. Ich stehe auf deiner Seite! Aber vermeide Konflikte mit der Polizei«, fügte Erasmus hinzu. »Ich hoffe, eure Demonstration hat Erfolg. Es wäre ein Erfolg für Recht und Gerechtigkeit.«

7 Tacitus, Annalen XIV 42,2, berichtet: Als die Verurteilten zur Hinrichtung geführt werden sollten, »kam es durch einen Auflauf des Volkes, das so viele Unschuldige beschützen wollte, bis zu offenem Aufruhr und zur Einschließung des Senats«.

8 Seneca, Briefe an Lucilius, Nr. 47. Seneca zog sich erst 62 n.Chr. nach dem Tode des Burrus aus der Politik zurück. Er wird im Zusammenhang mit der Senatssitzung, die die Hinrichtung der 400 Sklaven billigte, nicht erwähnt. Wir wissen nicht, ob er anwesend war.

Nachdem Tertius losgezogen war, machte sich Erasmus auf den Weg, um Paulus aufzusuchen. Die Staatshaft ließ Paulus die Freiheit, Menschen zu empfangen. Viele Juden und Christusanhänger besuchten ihn. Sie brachten ihm Essen, redeten mit ihm und feierten sogar mit ihm Gottesdienste. Erasmus wollte ihn unbedingt am frühen Morgen sprechen. Dann war die Chance am größten, ihn allein anzutreffen. Bei seinem Gespräch sollten seine Anhänger nicht dabei sein. Wenn religiöse Prediger vor ihren Gemeinden sprechen, sind sie darauf bedacht, ihr Ansehen vor ihren Anhängern aufrechtzuerhalten. Als Anwalt aber musste er Punkte ansprechen, die sein Ansehen beschädigen konnten. Er musste herausbekommen, ob Paulus »Leichen im Keller« hat und juristisch angreifbar war. Das konnte er nicht in Gegenwart seiner Anhänger tun.

Erasmus hatte damit gerechnet, einen von Haft zermürbten Gefangenen zu finden. Gefangen war Paulus. Eiserne Fesseln verhinderten, dass er sich frei bewegen konnte. Aber gebrochen war er nicht. Im Gegenteil: Seine Stimme klang fest. Seine Augen schauten ihn klar an. Erasmus stellte sich vor:

»Ich bin Erasmus, ein Rechtsanwalt. Synagogenvorsteher haben mich gebeten, die Verteidigung in deinem Prozess zu übernehmen. Ich komme, um deinen Fall kennen zu lernen. Danach will ich entscheiden, ob ich dich verteidigen kann oder nicht. Aber auch du kannst nach unserem Gespräch ablehnen, dich von mir verteidigen zu lassen.«

Paulus antwortete: »Gott segne dich. Es ist ein Glück, in Rom einen Anwalt zu finden, der bereit ist, einen Juden aus der Provinz zu verteidigen.«

»Ich kenne das Judentum ein wenig«, erwiderte Erasmus, »einige meiner Freunde sind Juden.« Dann kam er zur Sache: »Wichtig ist, dass ich alles weiß, was im Prozess gegen dich vorgebracht werden kann. Nur dann kann ich dich verteidigen. Es ist daher nötig, dass ich Fragen stelle, die dich in Verlegenheit bringen könnten. Es geht mir dabei nicht darum, Schwachstellen gegen dich auszuspielen, sondern um herauszufinden, wie man dich bei solchen Schwachstellen schützen kann. Zunächst: Stimmt es, dass du römischer Bürger bist?«

»Mein Vater«, setzte Paulus an, »wurde als Kriegsgefangener aus Galiläa verschleppt und erwarb durch Freilassung das römische Bürgerrecht.[9] Von ihm habe ich es geerbt. Deswegen habe ich einen römischen Namen ›Paulus‹ nach dem Patron meines Vaters, daneben heiße ich mit hebräischem Namen ›Saulus‹. Als römischer Bürger konnte ich an den Kaiser appellieren, als der Prokurator Festus mich verurteilen wollte.«

»Weswegen wollte er dich verurteilen?«

»Ich soll einen Nicht-Juden heimlich in den inneren Tempelbezirk gebracht haben. Das ist bei Todesstrafe verboten.«

»Und was ist daran wahr?«

Paulus: »Nichts. Aber ich kann erklären, wie dieser Verdacht aufkommen konnte. Ich gehöre zu den Christusanhängern. Sie finden sich in vielen Städten im östlichen römischen Reich unter Juden und Heiden. Wir hatten Geld gesammelt, um unsere Brüder und Schwestern in Jerusalem zu unterstützen. Wir alle hoffen darauf, dass Heiden und Juden einmal gemeinsam Gott verehren – auf der ganzen Welt und im Jerusalemer Tempel.«

»Aber kein römischer Prokurator schickt dich deswegen in Fesseln nach Rom.«

»Das kam so«, fuhr Paulus fort, »es gibt im Tempel einen äußeren Tempelvorhof, den alle Heiden betreten dürfen. Das ist der ›Vorhof der Heiden‹. Der innere Tempelbezirk ist Juden vorbehalten. Hier finden die Opfer statt. Heiden dürfen dort nicht opfern, wohl aber können sie für



9 So eine Überlieferung beim Kirchenvater Hieronymus, Ad Philemona 23; vir. ill. 5.

sich opfern lassen. Sie sind nicht total vom Tempelkult ausgeschlossen.«

»Und worin lag das Problem?«

»Wir waren mit einigen Heiden und viel Geld nach Jerusalem gereist. Unsere Jerusalemer Freunde wollten unserem Wunsch nach einem gemeinsamen Gottesdienst so weit wie möglich entgegenkommen und hatten die Idee: ›Da die meisten von euch als Heiden nicht am Opferkult teilnehmen dürfen, bezahlt ihr mit eurem Geld einige Opfer, so dass alle auf diese Weise teilnehmen.‹ Auch sonst werden von Heiden gestiftete Opfer im Tempel dargebracht. Wir haben also einige Opfer gesponsert, mit denen einige Männer ihr Nasiräat beendet haben, das ist eine Bußzeit, die Männer freiwillig übernehmen, während der sie keinen Wein trinken und sich die Haare nicht scheren.«[10]

»Aber all das ist doch kein Vergehen!«

»All das ist legitim. Das Problem entstand dadurch: Bei solchen Opferfeiern sind diejenigen, die sie sponsern, in der Regel beim Opfern anwesend. Von unserer Delegation konnten natürlich nur die Juden teilnehmen. Die Heiden mussten im Tempelvorhof bleiben. Sie wurden aber mit uns gesehen, als wir mit ihnen beim Verlassen des Tempels durch den ›Vorhof der Heiden‹ gingen. Sofort verbreitete sich das Gerücht, wir alle seien im inneren Tempelbezirk bei der Opferfeier anwesend gewesen – auch die Heiden.«

»Wärest du bereit zu schwören, dass keiner von ihnen im inneren Tempelbezirk war?«, fragte Erasmus.

»Bei Gott, ich lüge nicht«, versicherte Paulus, »das kann ich beschwören. Aber du musst wissen, wir alle hatten damals die Hoffnung, dass der Ausschluss von Nicht-Juden vom inneren Tempelbezirk bald aufgehoben würde. Gott will von allen Menschen verehrt werden. Aber für einige Fanatiker ist schon die Erwartung, dass sich der Tempel

10 Vgl. Apg 21,23-26.

für Heiden öffnen könnte, ein Verstoß gegen die Tempelgesetze. Durch die Warninschriften fühlen sie sich berechtigt, jeden ohne Gerichtsverfahren zu töten, der für die Öffnung des Tempels eintritt.«

Erasmus unterbrach ihn: »In deinem Brief an die römischen Christusanhänger kündigst du an, du wollest Heiden als Opfergabe darbringen. Opfer bringt man im inneren Tempelbezirk dar. Zeigt das nicht, dass du die Absicht hattest, tatsächlich Heiden in den inneren Tempel zu bringen?«

Paulus wurde verlegen: »Du kennst diesen Brief?«

»Jüdische Bekannte haben ihn mir gegeben.«

»Ja, ich habe in diesem Brief geschrieben, dass ich hoffe, einmal würden auch Heiden ›hineingehen‹ und dann würden alle Juden erlöst werden.«

Erasmus schaute ihn kritisch an: »Wie kannst du so naiv sein, in einem Brief öffentlich anzukündigen, was verboten ist?«

»Ich betone immer wieder: Nur Gott allein kann den Tempel für alle Menschen öffnen. Nur sein Messias kann das, ganz gewiss nicht Paulus. Ich hoffte auf ein Wunder.«

»Müssten wir also euren Messias wegen Verstoßes gegen die Tempelgesetze anklagen?«

»Aber der Messias wurde schon angeklagt. Er wurde von den Römern schon vor 30 Jahren hingerichtet.« Paulus sah Erasmus ernst an: »Ich kann schwören: Kein Nicht-Jude wurde von mir ins Tempelinnere gebracht. Aber wir haben darauf gehofft, dass der Messias vom Himmel erscheinen und den Tempel öffnen werde. Dann würde die uralte Weissagung in Erfüllung gehen, dass Heiden und Juden mit ihren Gaben zum Tempel strömen werden. Es wird einmal geschehen, aber wir wissen nicht, wann.«

»Gut, dass du mir das so offen sagst. Ihr wart sehr naiv. Wenn ihr offen verkündigt habt, der Messias werde kommen und den Tempel öffnen – wer hätte da nicht denken müssen, dass hinter dem Messias ein Mensch steckt. Wunder lassen sich arrangieren, indem man nachts die Tore des Tempels öffnet. Am anderen Morgen sagt man, der Messias sei dagewesen und habe sie geöffnet. Das sei das Zeichen des Himmels dafür, dass von jetzt an die Heiden in den Tempel kommen dürfen.«

»Da darfst du sicher sein: Wir glauben, dass der Messias es ohne unser Zutun tun wird, ohne solche Tricks. Er ist mir und vielen anderen von uns schon vom Himmel her erschienen, er hat meine Einstellung zu den Heiden verändert. Warum sollte er nicht auch allen Juden im Tempel erscheinen und sie verändern?«

Erasmus schüttelte innerlich den Kopf. Er war gewohnt, dass bedrängte Klienten ihm alle möglichen Märchen erzählten. Da war es vergleichsweise originell, wenn Paulus einen Messias als Schutzbehauptung erfand, um ihm die Vergehen anzulasten, die er selbst plante. Hoffentlich erzählte dieser Paulus nicht noch mehr Geschichten dieser Art. Vor Gericht würde ihm das niemand glauben. Die Sache mit dem Messias musste er aber weiter klären. Denn hier lauerten politische Probleme, die für die Verteidigung gefährlich werden konnten. Zu Paulus gewandt sagte er daher:

»Ich muss noch etwas ansprechen, was diesen Messias betrifft. In deinem Brief schreibst du am Anfang, er soll die Welt beherrschen und in allen Völkern durch Glauben Gehorsam schaffen. Du proklamierst ihn als neuen Weltherrscher. Weißt du nicht, wie gefährlich das ist? Der Weltherrscher ist der römische Kaiser. Wir Römer beherrschen seit zwei Jahrhunderten die Welt. Vorher waren es Perser und Makedonier. Wir wissen, viele Menschen im Orient träumen davon, dass die Weltherrschaft wieder zu ihnen zurückkehrt. Sie träumen von einem mächtigen König aus dem Osten. Diese Träume sind für uns Römer gefährlich. Sie destabilisieren das Reich. Auch du hängst solchen Träumen an.«

»Ich erkenne den Kaiser an!«

»Aber in deinem Brief an die römischen Christusanhänger erwähnst du ihn nicht einmal. Nur den ›Autoritäten‹ willst du dich unterordnen, als herrschten bei uns mehrere Machthaber, aber kein Kaiser. Dafür proklamierst du einen Messias aus dem Osten als Weltherrscher. Ist das nicht Aufruf zur Rebellion?«

»Jesus von Nazareth ist für mich in der Tat der verborgene Weltherrscher, aber er herrscht anders als alle Herrscher dieser Welt. Lies meinen Brief durch und du wirst sehen: Er kämpft nicht mit Truppen, er erobert kein Land, er befreit nicht die Juden von den Römern. Seine Herrschaft will *alle* Menschen von Sünde, Leid, Tod und vom Gesetz befreien.«

»Vom Gesetz? Das widerspricht dem jüdischen Glauben!«, entgegnete Erasmus. »Ich kenne eure heiligen Schriften. Ich habe aus ihnen gelernt: Das Gesetz ist das Zentrum eures Glaubens. Ihr erwartet einen irdischen König, der euer Land befreien, eure Feinde besiegen soll und das Gesetz überall durchsetzen wird – nicht aber einen, der vom Gesetz befreit!«

»Auch ich habe das einmal gehofft, aber jetzt denke ich nicht mehr so.«

»Zweifelst du an diesen Verheißungen?«

»Ich glaube an sie, aber verstehe sie jetzt anders. Meine messianischen Hoffnungen wurden mit Jesus von Nazareth gekreuzigt und begraben.«

»Du glaubst nicht mehr an den Messias?«

»Doch, ich glaube an ihn. Aber meine Hoffnung auf einen Messias, der ein Herrscher wie alle anderen ist, hat sich verwandelt. Mit Jesus ist diese Hoffnung in neuer Gestalt auferstanden. Der Messias ist für mich nicht mehr ein Mensch. Er erhielt den Rang eines Gottes.«

»Und was hat sich dabei verwandelt?«



»Ich hoffe nicht mehr auf einen Messias, der sich mit

Gewalt gegen seine Feinde durchsetzt, sondern auf einen Messias, der sich durch Liebe durchsetzt.«

Erasmus dachte, dieser Messias wird immer merkwürdiger. Erst soll er den Tempel öffnen, dann Waffen durch Liebe ersetzen. Was hinter diesen Bildern auch sonst noch immer stecken könnte, als Jurist musste er sie auf ihre politische Brisanz hin abklopfen.

»Verstehe ich dich richtig, dass du früher darauf gehofft hast, dass sich der Messias auf Erden mit Gewalt und Krieg durchsetzt. Jetzt aber hat dieser Messias im Himmel den gleichen Rang wie Gott selbst. Gegen Rebellen auf Erden kämpfen wir Römer, Gottheiten im Himmel respektieren wir. Alle Menschen dürfen ihre Götter verehren. Sag deshalb einmal ganz ehrlich: Dient diese Verwandlung eines gekreuzigten Menschen in eine Gottheit nicht vor allem dazu, ihn im römischen Reich akzeptabel zu machen? Einen gekreuzigten irdischen Rebellen lehnen wir Römer ab, nicht aber eine Gottheit im Himmel.«

»Diese Verwandlung hat Gott allein bewirkt. Keiner kann aus dem Tode und dem Nichts schaffen, nur Gott. Diese Verwandlung dient dazu, Gewalt durch Liebe zu ersetzen. Man braucht dazu die Kraft einer Gottheit. Das habe ich in meinem Leben selbst erfahren.«

Erasmus hakte hier ein: »Gut, dass du von dir aus ansprichst, dass Gewalt in deinem Leben eine Rolle gespielt hat. Du sagst in deinen Briefen, du seist früher ein ›Eiferer‹ gewesen. Ich habe mir erklären lassen, was das bedeutet. Eiferer sind Nachahmer des Pinchas, der einen Juden und dessen nicht-jüdische Frau ermordet hat, weil er jede Ehe zwischen Juden und Heiden ablehnte.«

»Ja, Pinchas war früher mein Vorbild. Sein Eifer, mit dem er mordete, war mein Eifer, mein Ideal war aber auch Abraham, der bereit war, seinen Sohn zu töten, und Elia, der die Baalspriester schlachtete – sie alle lebten mit ihren Geschichten in meinem Kopf.«

Jetzt setzte Erasmus zur entscheidenden Frage an: »Ich muss jetzt Klartext reden. Wir nennen Menschen wie Pinchas ›Terroristen‹, wenn sie ohne Gerichtsurteil Menschen umbringen, nur, um Schrecken zu verbreiten. Juristisch ist entscheidend: Waren solche Terrorakte nur Gedanken in deinem Kopf? Oder hast du Terroranschläge verübt oder vorbereitet?«

»Ich habe gegen die Christusanhänger gekämpft, aber nicht durch Mord und Totschlag«, antwortete Paulus. »Ihr Messias widersprach meinem Messiasbild. Ich erwartete einen Sieger, sie glaubten an einen Verlierer. Ich erwartete einen Krieg gegen die Feinde. Sie verlangten Liebe zu den Feinden. Ich wollte den Tempel vor Heiden verschließen. Sie wollten ihn öffnen. Deshalb habe ich sie bekämpft.«

»Habe bitte Verständnis, wenn ich noch einmal genau nachfrage: Mit welchen Mitteln hast du sie bekämpft?«, fragte Erasmus. »Du sagst, nicht mit Mord und Totschlag. Aber was konntest du gegen die Christusanhänger tun?«

»Ich musste jüdische Gemeinden davon überzeugen, Disziplinarstrafen gegen sie zu verhängen. Sie konnten Peitschenhiebe erhalten, 40 Hiebe weniger einen Schlag. Sie konnten auf Zeit oder für immer aus den Gemeinden verbannt werden. Ich war einmal Zeuge, als einer ihrer Propheten, Stephanus, gesteinigt wurde, weil er eine Änderung der Tempelgesetze durch Jesus angekündigt hatte – die Öffnung des Tempels, für die ich heute selbst eintrete. Ich war mit seiner Hinrichtung einverstanden, habe aber keinen Stein angerührt, geschweige denn geworfen.«[11]

»Noch einmal muss ich nachfragen: Du sagst, du konntest Strafen beantragen, konntest anklagen, warst Zeuge. Das bedeutet doch, dass du nicht allein für die Verhängung dieser Strafen verantwortlich warst?«



11 Nach Apg 7,54-60 soll Paulus bei der Steinigung des Stephanus anwesend gewesen sein.

»In der Tat, ich musste Gemeindeleitungen davon überzeugen. Nur sie können diese Strafen verhängen.«

»Der Eifer des Pinchas bestand in Strafen ohne Gerichtsverfahren. So etwas hast du nie gemacht? Du bist nicht einfach hingegangen und hast Christusanhänger verprügelt oder umgebracht?«

»Nein, niemals. Das würde ich nie machen!«

»Du warst also zwar ein Fundamentalist voll Aggression gegen die Christusanhänger und hast mit Terroristen sympathisiert«, so fasste Erasmus zusammen, »aber du hast dich damit begnügt, die üblichen Disziplinarstrafen gegen Christusanhänger anzuwenden. Du behauptest aber, du seist ein anderer geworden.«

»Ich bin ein anderer. Ich bin nicht mehr der, der ich einst war. Mein Hass auf die Fremden, auf die Gesetzlosen, auch auf einen Messias, der sich mit Liebe statt mit Gewalt durchsetzt – all das wurde zusammen mit diesem Messias gekreuzigt, begraben, gelöscht. Dieser alte Mensch ist tot. Dieser alte Fanatiker ist mit Christus am Kreuz gestorben. Mein alter Mensch ist in der Nacht seiner Irrtümer untergegangen.«

»Und du bist erwacht?«

»Einmal ging mir ein Licht auf. Es wirkte so, als strahlte es aus einer großen Ferne wie vom Himmel. Es leuchtete gleichzeitig in mir. Ich war geblendet. Ich konnte nicht in das Licht sehen. Aber ich hörte aus der unsichtbaren Mitte des Lichts eine Stimme: ›Saul, Saul, warum verfolgst du mich?‹ Das war die Stimme Jesu. Ihn hatte ich verfolgt.«[12]

»Und das war die große Wende?«

»Ich spürte: Dieses Licht war dasselbe Licht wie das Licht vom Anfang der Schöpfung. Es war das Licht Gottes.

12 Die Apostelgeschichte erzählt dreimal die Bekehrung des Paulus: Apg 9,1-30; 22,3-21; 26,9-20.

Es strahlte auf in meinem Herzen.[13] Es machte mich zu einem neuen Menschen. Es war dieselbe Stimme, die alle Menschen hören, wenn ihnen bewusst wird, dass ihr Dasein ein Wunder ist und Gott ihnen zuruft: Siehe, alles ist gut. Ich habe dich bei deinem Namen gerufen. Du bist mein![14] Es war dieselbe Stimme, die unsere Propheten hörten, wenn sie berufen wurden. Dieser Stimme bin ich gefolgt.«

Erasmus schaute Paulus irritiert an. Der war ins Schwärmen geraten. Hatte er es hier mit jemandem zu tun, der hin und wieder den Kontakt mit der Realität verlor? War Paulus ein Ekstatiker? Vielleicht ein Verrückter? Oder einer, der durch Rauschtrank aus dem normalen Leben ausstieg? So etwas kommt vor. Aber das wollte er jetzt nicht weiter verfolgen. Denn er musste zu den juristisch wichtigen Fakten zurückkehren. Daher fragte er:

»Für mich ist vor allem wichtig, dass du keine terroristischen Taten begangen, sondern sie nur gutgeheißen hast. Terror in der Phantasie ist verwerflich, aber nicht strafbar. Dennoch ist auch solch eine innere Zustimmung zum Terror für mich ein Problem. Kannst du mir erklären, warum du dein Inneres mit solchen terroristischen Bildern vollstopfen konntest? Warum du davon begeistert warst?«

»Das ist leicht erklärt. Wir waren eine kleine Gruppe von Eiferern. Wir alle eiferten um die Wette für das Gesetz. Jeder wollte den anderen überbieten. Je extremer die Gedanken werden, umso höher steigt man in der Hackordnung solcher Gruppen auf. Die Zustimmung der anderen gibt allen ein gutes Gewissen.«

»Eigentlich ist es ja nicht verwerflich, für Recht und Gesetz zu eifern. Gerechtigkeit ist ohne Gesetz nicht möglich.«

Paulus nickte und widersprach zugleich: »Das Gesetz kann aber in die Irre führen. Erleben wir es nicht heute in

13 2Kor 4,6.
14 Vgl. Jesaja 43,1.

Rom? Ich habe gehört, dass vor zwei Tagen der Stadtpräfekt von Rom durch seinen Sklaven ermordet wurde. Nun sollen 400 unschuldige Sklaven aus Rache dafür umgebracht werden. Das soll dem Buchstaben des Gesetzes entsprechen. Ich habe schon immer gelehrt: Der Buchstabe tötet, nur der Geist macht lebendig.[15] Jedes Gesetz tötet, wenn es vom Menschen missbraucht wird. Und manchmal besteht der Missbrauch auch darin, dass man es dem Buchstaben nach durchführt. Hier wird das Recht durch ein Gesetz geschändet und missbraucht.«

Erasmus erstaunte. Paulus war gut informiert über das Geschehen in der Stadt. Vielleicht hatte ihn der Mord auch persönlich verunsichert. Wenn man unschuldige Sklaven hinrichtet, warum sollte man nicht auch mit einem jüdischen Missionar kurzen Prozess machen? Erasmus beruhigte ihn daher:

»Heute demonstrieren viele Römer dafür, dass der Senat dieses Gesetz aufhebt. Ich bin zuversichtlich, dass es gelingt. Es ist ein schreckliches Gesetz. Gesetze müssen immer wieder angepasst werden. Wir Römer machen das besser als andere Völker. Die römische Rechtsordnung ist ein Segen.«

Doch Paulus redete sich in Zorn: »Ein Segen? Da muss ich widersprechen. Diese Rechtsordnung hat ein brutales Gesetz hervorgebracht, das Unschuldige hinrichtet. Ich bin überzeugt, selbst wenn ihr eure Gesetze tausendmal verbessert: Auch die besten Gesetze können missbraucht werden. Menschen sind immer wieder bereit, sie dafür einzusetzen, ihre Interessen ohne Rücksicht auf Anstand und Moral gegen andere durchzusetzen.«

»Nein«, rief Erasmus, »wir müssen an der Verbesserung der Gesetze arbeiten – auf dem vorgesehenen Weg der Gesetzgebung. Schlechte Gesetze sind noch immer besser als

15 2Kor 3,6.

Gesetzlosigkeit und Anarchie. Ohne Gesetz herrscht nur ein einziges Recht, das Recht des Stärkeren. Das römische Recht ist ein großer Fortschritt. Aber wir müssen es immer wieder reformieren.«

Paulus protestierte: »Aber ein Gesetz, das verlangt, alle Sklaven eines Hauses zu töten, wenn einer von ihnen den Hausherrn ermordet hat, ist Unrecht. Hier herrscht das Recht des Stärkeren. Hier sichert das Gesetz die Herrschaft der Mächtigen über die Schwächsten. Dieses Gesetz tötet. Aber nimm auch eure angeblich guten Gesetze. Sie unterscheiden zwischen Freien und Sklaven, Fremden und Einheimischen, Frauen und Männern. Das Leben von Sklaven ist nichts wert, das der Freien wird geschützt. Das römische Recht ist etwas Großes. Aber ich würde heute nicht auf dieses Recht stolz sein, ich würde sehr viel mehr auf das Volk in Rom stolz sein, das gegen die Massenabschlachtung unschuldiger Sklaven protestiert.«

Erasmus spürte in sich Ärger aufsteigen. Was Paulus sagte, kränkte seinen Stolz als Anwalt. Aber er beherrschte sich und sagte kühl: »Du kritisierst die römischen Gesetze. Aber gilt nicht das alles auch für die Gesetze der Juden? Viele gelten nur für Juden. Da steht z.B.: Einen hebräischen Sklaven muss man nach sieben Jahren freilassen, einen heidnischen Sklaven darf man lebenslang versklaven.[16]«

Paulus lenkte ein: »Unser Gesetz ist genauso unvollkommen wie das römische Recht. Es diskriminiert Menschen. Vor allem trennt unser Gesetz uns mit vielen rituellen Bestimmungen wie Beschneidung, Speise- und Reinheitstabus von anderen Völkern. Aber unsere moralischen Gesetze: Du sollst nicht töten! Du sollst nicht begehren! Die verbinden uns mit allen Menschen.«



16 2Mose 21,1-6; 3Mose 25,39-46; 5Mose 15,12-18.

Erasmus warf ein: »Meinst du, die moralischen Gebote seien gut, die rituellen Gesetze schlecht?«

Paulus schüttelte den Kopf: »Das ist komplizierter. Die rituellen Gebote haben sogar einen großen Vorteil: Man kann sie befolgen. Es ist nicht unmöglich, kein Schweinefleisch zu essen, den Sabbat zu halten. Nicht zu arbeiten überfordert niemanden. Die moralischen Gebote haben einen Nachteil: Wir können sie nie ganz erfüllen. Niemand kann die sexuelle Begierde nach einer anderen Frau in sich total unterdrücken. Niemand kann seinen Zorn, der den Nächsten beseitigen möchte, total verleugnen. Gerade die moralischen Gesetze wirken oft unheilvoll. Sie unterscheiden Gerechte und Ungerechte. Dadurch verleiten sie zur Heuchelei. Denn es ist leichter, gerecht zu scheinen als gerecht zu sein. Auch die guten Gesetze sind eine Verführung dazu. Wer möchte nicht gut dastehen? Ich bleibe dabei: Das Gesetz tötet, es zerstört Beziehungen zwischen den Menschen.«

Paulus und Erasmus steigerten sich noch mehr in ihren Disput hinein: »Was du da predigst, ist Anarchismus!«, rief Erasmus empört. »Ich bleibe dabei: Wir müssen schlechte Gesetze durch gute verbessern. Ich bin zuversichtlich, dass das Gesetz, das 400 Sklaven mit dem Tod bedroht, durch den Senat aufgehoben wird. Aber das brauchen wir jetzt nicht auszudiskutieren.«

Erasmus bremste sich mit Mühe. Er hatte Paulus besucht, um seine rechtlichen Chancen im Prozess auszuloten, nicht dazu, sich über seine abwegigen Meinungen zu ärgern. Versöhnlich sagte er: »Wir hoffen beide, dass Vernunft und Moral im Senat siegen werden. Kannst du aber verstehen, dass ich über deine Verachtung des Gesetzes schockiert bin? Da liegen Welten zwischen dir und mir. Ich bin überzeugt, Verachtung des Gesetzes zerstört die Grundlagen unseres Zusammenlebens. Als Anwalt muss ich das Problem mit dir nicht philosophisch bis in die Tiefe diskutieren. Aber als

Anwalt muss ich deine persönliche Einstellung zum Gesetz kennen, um der Anklage auf Gesetzesbruch entgegentreten zu können. Du hast gesagt, dass sich deine Einstellung zum Gesetz verändert hat. Kannst du mir das erläutern? Vielleicht verstehe ich dann besser deine erschreckend anarchistische Einstellung zum Gesetz.«

Paulus nickte: »Du kennst ja meinen Brief an die Christusanhänger in Rom. In ihm habe ich meine persönliche Geschichte mit dem Gesetz aufgeschrieben. Das merkt man nicht direkt, wenn man den Brief liest. Dennoch erzählt der Brief, wie ich vom Glauben an das Gesetz zu einem Glauben gekommen bin, der das Gesetz kritisiert. Meine zentrale Lehre in ihm ist: Allein der Glaube macht gerecht. Durch ihn wird der Mensch vor Gott unbedingt anerkannt, unabhängig von seinem Tun, unabhängig von Erfolg und Versagen, von Weisheit und Torheit, von Status und Herkunft. Gott beurteilt alle Menschen unabhängig davon, wie unser Gesetz oder irgendein anderes Gesetz sie beurteilt. Das ist die Botschaft meines Briefes, die ich in verschiedenen Bildern entfaltet habe. Jedes Bild strandet in einem Dilemma, das nach einem neuen Bild verlangt, aber auch jedes neue Bild strandet. Ich will damit ausdrücken: Vor Gott scheitern alle unsere Gedanken, und gerade daran merken wir, dass wir Menschen sind und nicht Gott.«

Erasmus unterbrach ihn: »So denkst du heute. Aber ich will wissen, wie du dazu gekommen bist. Wie hat sich deine Einstellung zum Gesetz so verändert, dass du es nun so scharf kritisierst?«

Paulus fuhr fort: »In meiner Jugend war das Gesetz mein Ein und Alles. Ich hatte den Grundsatz verinnerlicht: Wer das Gesetz erfüllt, wird von Gott anerkannt.[17] Deshalb stehen am Anfang meines Briefes Bilder vom gerechten Richter, der alle Menschen ohne Rücksicht auf die Person



17 Röm 1,18-3,20.

richtet.[18] Diesen jüdischen Glauben verdanke ich meinem Elternhaus: Gott traut dem Menschen zu, das Gute zu tun, das Böse zu verwerfen. Er beurteilt alle nach dem gleichen Maßstab. Ich habe aber dann gelernt: Alle Menschen scheitern beim Tun des Guten. Gott müsste eigentlich nach seinem Gesetz alle verurteilen. Wer unter diesen Umständen moralisch sein will, dessen Moral kann nur darin bestehen, dass er erkennt, wie unmoralisch er ist.«

Hier unterbrach ihn Erasmus noch einmal: »Aber Moral besteht doch nicht darin zu erkennen, wie unmoralisch wir sind. Moral besteht darin, das Gute zu tun!«

Paulus nickte: »Aber wenn niemand das Gute tut, wenn keiner gerecht ist – sind dann nicht alle Menschen verloren? Das war mein Dilemma. Darauf fand ich eine Antwort. Und ich habe sie in Bildern vom Freispruch im Gericht ausgedrückt: Gott will Menschen im Gericht gerecht sprechen, obwohl sie Sünder sind. Er verlangt nur eins: Dass sie ihm glauben und vertrauen.[19] Das habe ich persönlich an mir selbst erfahren, als ich die Christusanhänger verfolgt habe. Obwohl ich dabei in die Irre ging, wurde ich berufen, das Evangelium von der Rechtfertigung des Sünders zu verkünden. Eigentlich hätte ich es verdient, von Gott verurteilt zu werden. Aber ich wurde freigesprochen. Aus reiner Gnade. Manche verbinden diese Rechtfertigungslehre mit meinem Namen.«

»Als Rechtsanwalt sehe ich das etwas anders. Ein Richter, der den Schuldigen freispricht, tut das Schlimmste, was ein Richter tun kann: Er beugt das Recht. Was du von Gott lehrst, ist Rechtsbeugung in höchster Instanz!«

Paulus nickte wieder: »Im Prinzip hast du Recht. An sich ist es ein schlimmes Vergehen, wenn ein Richter Schuldige freispricht und Gerechte benachteiligt. Wenn aber alle

18 Röm 2,11.
19 Röm 3,21-5,21.

Menschen Sünder sind, dann wird niemand durch den Freispruch eines Sünders benachteiligt. Denn dieser Freispruch kommt allen in gleicher Weise zugute. Allen wird ein Freispruch angeboten. Gott bleibt gerecht. Denn nur so kann er ermöglichen, dass das Leben weitergeht. Genau das aber soll das Recht letztlich bewirken, dass Leben weiter möglich wird. Jedes Recht kennt im Übrigen die Möglichkeit der Begnadigung. Gott macht davon Gebrauch – nicht nur für Einzelne, sondern für alle.«

Noch einmal widersprach Erasmus: »Wenn ich das konsequent zu Ende denke, landest du wieder in einem Dilemma. Warum soll sich ein Mensch anstrengen, das Gute zu tun, wenn Gott ohnehin allen vergibt? Wenn wir die Amnestie für alle in unserem Recht festschrieben, würden sich die Verbrecher freuen. Sie würden meinen, sie könnten weitermachen, ihre Nächsten schädigen, bestehlen, ausrauben und entführen. Was auf Erden eine Katastrophe wäre, kann doch im Himmel kein Segen sein!«

»Du triffst den Kern des Problems«, stimmte ihm Paulus zu. »Dieses Problem hat mich lange gequält, bis ich eine Lösung hatte. Sie besteht im Glauben an die Verwandlung des Menschen:[20] Menschen müssen sich so verwandeln, dass sie spontan das Gute tun, so dass sie Böses nicht nur nicht *tun*, sondern gar nicht tun *wollen*.«

»Wie willst du das denn erreichen? Wie willst du Menschen so verändern, dass sie nicht einmal mehr das Böse tun wollen? Das ist doch eine Illusion aus moralischen Phantasien ohne Realisierungschance«, protestierte Erasmus. »Real existierende Menschen brauchen Gesetze, Regeln, Strafen. Sie brauchen auch Anerkennung für das Tun des Guten. Spontan tut keiner das Gute! Ich sehe nicht, wie sich Menschen so stark verwandeln können, dass sie von selbst tun, was gut ist?«



20 Röm 6-8.

»Aber gerade das ist meine Botschaft: Diese Verwandlung des Menschen wird durch den Glauben an Christus möglich. Menschen sterben mit ihm. Sie können danach so wenig sündigen, wie ein Verstorbener ins Leben zurück kann. Die durch Christus verwandelten Menschen tun spontan das Gute, wie ein guter Baum gute Früchte hervorbringt.[21] Die Taufe hat sie von Sünde befreit, sie sind ein neuer Mensch.«

»Meinst du wirklich, das könne man für alle Menschen erreichen?«, wandte Erasmus ein. »Das ist doch unmöglich!«

»Auch darin hast du wahrscheinlich Recht«, nickte Paulus. »Als ich mich zu der Zuversicht durchgerungen hatte, dass sich Menschen mit Christus verwandeln können, kam ich erneut ins Schleudern. Denn ich fragte mich: Was ist mit den Menschen, die nicht an Christus glauben? Mit all denen, die nicht durch ihn verwandelt werden. Mit all denen, die nie etwas von ihm gehört haben? Auch auf dieses Dilemma fand ich am Ende eine Antwort. Ich brachte sie in einem neuen Bild zum Ausdruck, im Bild von der Erwählung.[22] Gott hat Menschen, bevor sie geboren wurden, zum Heil erwählt oder verworfen. Er handelt dabei souverän und frei. Er ist frei, jeden zu erwählen. Er kann mitten in der Geschichte daher auch eine neue Wahl treffen. Er kann ein Volk, das nicht sein Volk war, zu seinem Volk machen.[23] Menschen, die er verworfen hat, kann er erneut erwählen. Menschen, die er erwählt hat, verwerfen. Das war meine Lösung: Auch wenn Juden nicht an Christus glauben, selbst wenn einige von ihnen mich umbringen wollen, bleiben sie erwählt. Gott selbst wird sie für sich gewinnen. Er erwählt sie unabhängig von ihrem Glauben und Unglauben, ihren guten und bösen Taten. Durch eine Erscheinung vom Him-

21 Vgl. Mt 12,33-35/Lk 6,43-45.
22 Röm 9-11.
23 Röm 9,25 = Hosea 2,25.

mel wird er alle Juden überzeugen, wie er mich einmal durch eine Erscheinung vor Damaskus überzeugt hat. Damals war ich ein Feind der Christen. Warum sollte er dann nicht auch die anderen Juden für sich gewinnen, die jetzt noch seine Feinde sind. In mir wurde die Überzeugung stark: Gott wendet sich dem Menschen zu, ganz unabhängig davon, ob der Mensch sich ihm zuwendet. ›So wird ganz Israel gerettet‹.«[24]

»Werden so aber auch alle Menschen gerettet? Auch Menschen wie ich?«, warf Erasmus ein, »oder ist das ein Privileg der Juden, so gerettet zu werden?«

Darauf antwortete Paulus: »Danach werde ich oft gefragt. Manche fragen mich: Warum hast du nicht klipp und klar geschrieben, alle Menschen werden gerettet; keiner geht verloren. Aber ich sage es doch indirekt. Wenn alle in Israel gerettet werden, auch die, die das Evangelium bekämpfen, dann müssen erst recht alle gerettet werden, die das Evangelium nicht einmal kennen. Direkt habe ich das vorher in meinem Brief geschrieben: Adam ist der Stammvater *aller* Menschen, Christus der Stammvater einer neuen Menschheit?[25] *Alle* Menschen sind dazu bestimmt, zur geretteten Menschheit zu gehören. So wie alle Menschen von Adam abstammen, so wird Christus Stammvater aller geretteten Menschen sein.«

»Ehrlich gesagt«, warf Erasmus ein, »so ganz überzeugt mich das nicht. Solange der Glaube an den Messias Voraussetzung des Heils ist, bleiben die meisten ausgeschlossen.«

»Es sei denn, wir denken über den Messias anders!«

»Und wie sollen wir über ihn denken?« Erasmus war gespannt auf die Antwort.

Paulus fuhr fort: »Im Messias ist Gott gegenwärtig, der überall gleich nah und gleich fern ist.« Dann griff er zu ein paar Papyrusblättern und reichte sie Erasmus: »Das ist mein

24 Röm 11,26.
25 Röm 5,12-21.

letzter Brief, den ich hier ihm Gefängnis geschrieben habe, ein Brief an die Philipper. Da sage ich in einer bildlichen Sprache, dass Christus allem übergeordnet ist und alle ihn anerkennen werden. In Christus wurde Gott selbst freiwillig ein Mensch, wurde begrenzt und eingeschränkt wie wir alle. Er wurde gekreuzigt. Aber dann kommt die große Wende:

> *Darum hat ihn auch Gott über alles erhöht*
> *und hat ihm den Namen verliehen,*
> *der über allen Namen ist,*
> *damit in dem Namen Jesu sich beuge jedes Knie,*
> *all derer, die im Himmel und auf Erden*
> *und unter der Erde sind,*
> *damit jede Zunge bekenne,*
> *dass Jesus Christus der Herr ist,*
> *zur Ehre Gottes, des Vaters.*[26]

Alle werden ihn anerkennen. Es wird keine Ausnahme geben. Alles, was in der Welt existiert, ganz unabhängig davon, ob sie ihn vorher anerkannt oder nicht anerkannt hatten.«

»Aber ist das nicht reine Spekulation?«

»Nein, es ist Dichtung!«, meinte Paulus: »Sie soll uns die Augen für das öffnen, was überall geschieht.«

»Und was wäre das?«

»Überall gilt: Alles was hoch ist, muss erniedrigt, und was niedrig ist, erhöht werden. Diese Doppelbewegung gibt es überall. Wer in der niedrigsten Kreatur das Höchste erkennt und in der höchsten das Niedrigste, der hat Christus anerkannt.«

»Und warum soll dann jeder gerettet sein?«

»Der von Gott Verworfene hat die allerniedrigste Rolle. Gott selbst hat für sich diese Rolle gewählt. Wenn alle anerkennen, dass dieser Gekreuzigte und von Gott Verworfene

26 Nach dem sogenannten Philipperhymnus Phil 2,5-11, einem alten urchristlichen Lied.

über alle erhöht wird, dann gilt auch die schlimmste Verwerfung nicht mehr. Dann ist sie für immer überwunden.«[27]

»Aber wenn alle so zum Heil kommen, steckst du wieder in deinem alten Dilemma: Warum soll sich dann überhaupt noch jemand anstrengen, Gutes zu tun?«

Paulus antwortete: »Ich habe dir von vornherein gesagt; wir stranden in unlösbaren Fragen. Deshalb kehre ich am Ende meines Briefes zu der Überzeugung zurück, die ich in meiner Jugend gelernt habe.[28] Die sagt: Heil geschieht dadurch, dass wir Gutes tun. Doch inzwischen habe ich erkannt, dass das Gute nicht Bedingung des Heils ist, sondern seine Folge. Wir ehren aus Dankbarkeit Gott mit guten Taten. Am Ende meines Briefes erneuere ich daher für alle Menschen den jüdischen Glauben, in dem ich einmal aufgewachsen bin: Dieser Glaube antwortet auf Gottes Ruf mit guten Taten und vertraut darauf, dass Gott sie akzeptiert. Das ist ein religiöser Humanismus. Er misst alle Gesetze daran, ob man mit ihnen Gott in einem ›vernünftigen Gottesdienst‹ im Leben dienen kann.«

Erasmus hatte aufmerksam zugehört und sich dabei innerlich etwas beruhigt: »Das mit dem vernünftigen Gottesdienst klingt gut. In der ganzen Welt wird Gott auf unvernünftige Weise verehrt, mit blutigen Opfern. Wenn man nicht mehr Tiere opfert, opfern Eiferer in allen Religionen Menschen, als sei das Gott besonders wohlgefällig.«

Erasmus fragte sich: Warum aber setzt sich die Vernunft nicht durch? Warum gibt es überall diese unvernünftige Weise, Gott zu verehren? Deshalb fügte er noch eine Frage hinzu: »Ich habe verstanden, dass das Gesetz für dich problematisch geworden ist. Aber was willst du an die Stelle des Gesetzes stellen?«

27 Ich folge der Deutung der »doppelten Prädestination zum Heil und Unheil« von Karl Barth, Kirchliche Dogmatik, II,2, Zürich $^{3}$1959, 1-563: Gott wählt für sich in Christus die Verwerfung, damit für alle die Erwählung gelten kann.

28 Röm 12-15.

Paulus antwortete: »Die Liebe soll an die Stelle des Gesetzes treten. Die Liebe ist die Erfüllung des Gesetzes. Sie ist keine Forderung, sie ist eine Realität. Wenn wir in der Liebe leben, erfüllen wir spontan das vom Gesetz geforderte Gute. Wir errichten dann nicht mehr das Gesetz als eine Mauer zwischen uns und den anderen, nicht zwischen uns und den Fremden, zwischen Gerechten und Ungerechten. Das Gesetz ist dann kein tötendes Gesetz mehr, sondern ein Gesetz, das Leben gibt. Diese Liebe ist die Vollendung. Über sie habe ich einmal ein Gedicht gemacht, das mit den Worten schließt:

*Nun aber bleiben*
*Glaube, Hoffnung, Liebe,*
*diese drei;*
*doch die größte von ihnen ist*
*die Liebe.«*

Erasmus hörte gebannt zu. Paulus war ein Enthusiast der Liebe, ein Anarchist des guten Willens. Überzeugend war, dass er sich aus einer terroristischen Mentalität gelöst und zu einer humanen Einstellung bekehrt hatte. Aber sollte er diesen Menschen mit seinen bizarren Ansichten verteidigen? Einen radikalen Gesetzeskritiker, der das Gesetz, das seinem Wirken als Anwalt zugrunde liegt, verachtet? Einen zynischen Menschenkenner, der hinter dem Anspruch, das Gute zu tun, überall das Böse wittert? Einen Anarchisten, der die segensreichen Wirkungen von Recht und Gesetz leugnet? Konnte man an seinem Bild von Gott nicht sehen, dass er meilenweit entfernt davon war, den Wert des Rechts zu erkennen? Dieser Gott, der sein eigenes Recht missachtet, sondern bedingungslos alle Menschen begnadigt, musste er nicht Menschen fördern, die das Recht verachten? Paulus war gewiss kein Unmensch. Er schwärmte von der Liebe. Er phantasierte von ihr wie ein Verliebter. Aber war das wirklich ein »vernünftiger Gottesdienst«? War er nicht unvernünftig? Unrealistisch? Illusorisch? Erasmus interessierten seine Gedanken zur Liebe aber noch aus privaten Gründen. Deshalb fragte er:

»Gehört zu der Liebe, von der du sprichst, auch die Liebe zwischen Mann und Frau? Ist auch sie wichtiger als Glaube und Hoffnung?«

Paulus antwortete: »Da gibt es einen wichtigen Unterschied. Man kann ohne Sexualität leben, aber nicht ohne Anerkennung. Überall wo Anerkennung zur Liebe gesteigert wird – da geschieht jene Liebe, die mehr ist als Glaube und Hoffnung.«

»Und worin besteht diese Steigerung?«

»Anerkennen kann man nur etwas Positives. Wenn ich geliebt werde, darf ich auch schwach, hilflos und nicht attraktiv sein.«

Erasmus setzte noch einmal nach: »Was bedeutet das für die Frage: heiraten oder nicht heiraten?«

Paulus antwortete: »Wer sich der höchsten Form der Liebe widmen will, soll unverheiratet bleiben wie ich. Er ist frei. Wenn er heiratet, wird er von seinem Partner abhängig und macht ihn von sich abhängig.«

»Meinst du, dass Eheleute wirklich unfrei sind?«

»Sie sind aneinander gebunden. Jede Bindung ist auch eine Fessel. Außerdem zeigen Eheleute, dass sie ihre sexuellen Triebe nicht beherrschen. Sonst würden sie nicht heiraten. Es ist aber in jedem Fall besser, sie heiraten, als dass sie Prostituierte zur Triebabfuhr benutzen. Denn wer mit einer Frau schläft, auch mit einer Prostituierten, der wird ein Leib mit ihr. Er teilt sein Leben mit ihr. Sie ist gleich viel wert wie er selbst. Die Prostituierte wird dadurch im Grunde seine Frau. Wenn er sie aber nur zur Triebabfuhr benutzt, missachtet er sie. Sie ist dann für ihn keine Frau mehr, sondern ein pornographisches Abführmittel.«[29]



29 1Kor 7,1-6 zusammen mit 1Kor 6,12-20.

»Es gibt für dich also zwei Lebensformen, Ehefreiheit für Vollkommene, die Ehe für Unvollkommene. Stelle dir vor, dich fragt eine Frau um Rat: Soll ich heiraten oder nicht, was würdest du ihr raten?«

Paulus schüttelte den Kopf: »Ich möchte nicht, dass es für Frauen nur eine einzige Lebensform gibt, in der sie sozial anerkannt sind. Das ist bis heute die Rolle der Ehefrau und Mutter. Ich möchte, dass sie auch anerkannt wird, wenn sie alleine lebt. Dasselbe gilt natürlich auch für Männer.«

»Für dich ist wichtiger, dass sie wählen können, als das, was sie wählen – so verstehe ich das«, sagte Erasmus und stellte zum Abschluss noch eine letzte Frage: »Meinst du denn, es sei moralisch, wenn man etwas tut, nur weil man seinen Partner liebt, obwohl man eigentlich nicht davon überzeugt ist? Also dass man z.B. kein Schweinefleisch isst, weil das nach den Sitten der Frau tabu ist?«

Paulus lachte: »Siehst du, wie wahr es ist: Jede Bindung ist eine Fessel, Fesseln führen einen dahin, wohin man nicht will. Eheleute müssen in der Tat oft etwas für den anderen tun, auch wenn sie nicht ganz davon überzeugt sind.«

Erasmus verabschiedete sich von Paulus, ohne sich festzulegen, ob er die Verteidigung übernimmt. Er sagte nur, dass er darüber nachdenken müsse.

Dann verließ er das Gefängnis. Ihm schwirrte der Kopf. Paulus war irritierend. Einerseits würde er mit seiner Gleichgültigkeit gegen rituelle Gebote seine Ehe mit Hannah erleichtern, aber er war auch eine doppelte Gefahr. Paulus könnte Hannah für die von ihm gepriesene Lebensform für Vollkommene begeistern, dann könnte sie es vorziehen, gar nicht zu heiraten. Auch unter den Philosophen gab es diese Schule: Musonius lehrt zwar, ein Philosoph solle heiraten, sein Schüler Epiktet aber propagierte, der Philosoph solle unverheiratet bleiben. Paulus verband beide Schulen, bevorzugte aber die asketische Richtung, insbesondere für selbständige Frauen. Hannah war eine selbständige Frau. Wenn sie von der Lehre des Paulus ergriffen würde, könnte das ein neues Ehehindernis werden. Paulus war aber auch in einer anderen Hinsicht eine Gefahr: Seine dunkle Vergangenheit als Fanatiker konnte ihn einholen. Fanatische Gruppen verfolgten ihn. Seine Gegner scheuten vor Mord und Totschlag nicht zurück. Ihr Hass könnte sich auch gegen ihn und Hannah richten, wenn sie sich für Paulus engagierten.

Erasmus ging durch schmale Seitengassen nach Hause. Die großen Straßen waren voller Demonstranten, die zum Forum Romanum zogen, um vor dem Senat für das Leben der Sklaven und Sklavinnen des Pedanius Secundus zu demonstrieren. Die Volkstribunen wurden aufgefordert, im Namen des römischen Volkes das Gesetz noch einmal dem Senat zur Beratung vorzulegen mit dem Antrag, es aufzuheben oder abzuändern, zumindest aber, um eine Begnadigung aller unbeteiligten Sklaven zu beschließen. Es sollte der Grundsatz durchgesetzt werden, dass nur Schuldige bestraft werden dürfen, dass niemand für die Verfehlungen eines anderen hingerichtet wird. Erasmus staunte, wie viele Menschen demonstrierten, Menschen aus dem einfachen Volk, aber auch ein paar reiche Bürger. Sie alle nahmen dieses Unrecht nicht einfach hin. Erasmus war stolz auf diese Römer. Wie gut, dass so viele auf die Straße gegangen waren und gegen das Gesetz protestierten. Sie hatten die Grundsätze des Rechts auf ihrer Seite. Ohne Vertrauen ins Recht wäre ihre Demonstration nicht denkbar.

Immerhin konnten sie einen kleinen Erfolg verzeichnen. Wie ein Lauffeuer verbreitete sich die Meldung, dass ein Sprecher des Senats der protestierenden Menge versichert hatte: Das Gesetz wird neu beraten. Bald danach lösten sich die Menschenmengen auf und alle gingen nach Hause, so auch Erasmus.

Lange grübelte er darüber nach, sollte er die Verteidigung übernehmen? Sollte er es Hannah zuliebe tun? Sollte er es für seine jüdischen Freunde tun? Aber konnte er solch einen Anarchisten wie Paulus aus Überzeugung verteidigen? Wohl kaum! Doch auch die jüdischen Priester hatte er verteidigt. Auch ihnen gegenüber hatte er Vorbehalte gehabt. Mauerbauer waren nicht sein Fall. Dieser Paulus war ihm weit sympathischer, aber mit seiner grenzenlosen Schwärmerei unheimlich. Liebe ist gut und wichtig, aber wenn man mit ihr das Gesetz aushebeln will, wird sie dann nicht destruktiv? Der Liebesanarchismus des Paulus irritierte ihn. Er hatte auf jeden Fall ein neues Thema, das er mit Philodemus diskutieren wollte. Er schrieb ihm einen Brief. Diesmal brachte Tertius bei seiner Rückkehr gleich eine kurze Antwort mit, so dass Erasmus sie noch am Abend lesen und beantworten konnte.

## Briefe über alte und neue Welt

*Philodemus an seinen Freund Erasmus,*

gelobt sei die Weltvernunft, die euch Stoiker leitet, auch wenn wir Epikureer nicht an sie glauben. Ich habe mich inzwischen über die Christusanhänger informiert. Sie hängen einem maßlosen Aberglauben an. Sie glauben nicht nur daran, dass sich der Mensch ändern kann. Sie sind überzeugt, dass sich die ganze Welt verändern wird. Sie erwarten, dass die Welt bald untergehen wird. Aus ihrem Untergang entstehe wie durch ein Wunder eine neue Welt. Ihr Glaube ist eine Kampfansage an unsere Welt! An alles, was in ihr wertvoll ist, Schauspiele und Feste, Gesetze und Ordnungen, Kunst und Dichtung – all das soll dem Untergang geweiht sein. Diese Christusanhänger hassen das Menschengeschlecht. Das ist die schlimmste Krankheit, die den Geist befallen kann, das *odium humani generis*.[30] Alles soll in Flammen und Feuer untergehen. Halte Dich von solchen Leuten fern. Sie passen nicht zu Dir!

***Mit Grüßen an Erasmus***
***Philodemus***

### *Erasmus an Philodemus!*

Gott segne Dich. Gott bewahre alle Menschen vor Menschenhass, aber auch Dich vor Hass gegen harmlose Leute. Ich habe inzwischen mit Paulus gesprochen. Richtig ist: Er kritisiert diese Welt. Was er will, klingt romantisch und anarchistisch. Aber er ist frei von Hass auf die Menschen. Im Gegenteil, er lehnt diese Welt ab, weil sie von Hass verunstaltet ist. Und hat er darin nicht Recht? Er berief sich auf die Verurteilung der 400 Sklaven durch unsere Gesetze. In diesem Punkte konnte ich ihm nicht widersprechen. Ich hoffe, dass der Senat dieses Gesetz kippt. Was seine Träume von einer Veränderung der Welt angeht, so teile ich sie nicht. Aber sie hängen mit dem Glauben an eine Veränderung des Menschen zusammen. Dafür müsstet ihr als Epikureer eigentlich Verständnis haben. Ihr seid Materialisten. Alles ist bei Euch ein Spiel von Atomen und Teilchen. Unsere Hände und Nase bestehen aus kleinen Teilchen, die schon lange im Weltall herumschwirrten. Wenn wir uns verändern, dann muss auch das Weltall veränderungsfähig sein, sofern wir nach eurer Auffassung durch und durch ein Teil von dieser Welt sind.

Ich deute diese Phantasien von einer alten und neuen Welt wie alle anderen religiösen Bilder. Sie sind Suchprogramme, um etwas zu entdecken. Sie stellen die Frage: Entdecken wir in der Welt Möglichkeiten der Veränderung?

30 Tacitus macht in Annalen XV 44,4 den Christen den Vorwurf des *odium humani generis*, erhebt aber in Historien V 5,1 denselben Vorwurf gegen Juden.

Entdecken wir sie in uns Menschen? Paulus meint, Mensch und Welt könnten sich so tiefgreifend verändern, dass die Liebe alles regiert – und dann Gesetze überflüssig werden, weil wir spontan das Gute tun. Aber haben nicht auch Römer von einem Goldenen Zeitalter geträumt, in dem wir von selbst tun, was die Gesetze fordern? Sollte es anderen Menschen verboten sein, von der Wiederkehr solch eines Goldenen Zeitalters zu träumen?[31] Man mag solche Leute für Spinner halten. Aber Verbrecher sind sie nicht!

*An Philodemus*
*von Erasmus*

31 »Ohne Gesetz wahrte es (sc. das Goldene Zeitalter) aus eigenem Trieb die Treu und das Rechte. Fern war Strafe und Furcht ...« (Ovid, Metamorphosen I 89-92).

# 7 LEGALISIERTER MASSENMORD

Erasmus dachte den ganzen folgenden Tag darüber nach, mit welcher Strategie er Paulus verteidigen könnte. Ihm war klar: Er musste viel unterdrücken, vernebeln und vertuschen, um Paulus zu retten. Dass Paulus das Vorgehen gegen die Sklaven schroff kritisierte, durfte nicht bekannt werden. Durch seine Kritik würde Paulus den Konflikt um die Hinrichtung der Sklaven anheizen und als Unruhestifter erscheinen. Darüber hinaus war seine grundsätzliche Gesetzeskritik ein wunder Punkt. Musste Paulus nicht als Anarchist erscheinen, wenn er in jedem Gesetz eine tödliche Wirkung entdeckte? Erasmus war gleichzeitig klar, worin seine Chance als Verteidiger lag: Er musste Paulus zum Vermittler zwischen Juden und Nicht-Juden machen, der nur deshalb Gegner im Judentum hatte, weil er die Grenzen zwischen Juden und Heiden überwinden wollte. Seinen Gegnern musste er unterstellen, dass sie einen Friedensstifter umbringen wollten, der sich als römischer Bürger für die Integration der Juden in das römische Reich einsetzte.

Aber wie sollte er die Beziehung des Paulus zu einem als Verbrecher hingerichteten Juden darstellen? Anhänger eines Kriminellen kommen schnell in den Verdacht, selbst kriminell zu sein. Er musste daher versuchen, Jesus als zu Unrecht Hingerichteten darzustellen. Vielleicht konnte er ihn mit Sokrates vergleichen, den die Athener zum Tode verurteilt hatten? Aber gab es überhaupt eine Verbindung zwischen Jesus, Paulus und Sokrates? Sokrates hatte gelehrt, unser Wissen bestehe vor allem darin, sich einzugestehen, dass wir nichts wissen. Damit hatte er die Athener verärgert. Er wies ihnen nach: Ihr bildet euch zwar ein, etwas zu wissen, aber in Wirklichkeit wisst ihr nichts. Hatte Paulus nicht eine ähnliche Botschaft, wenn er sagte, unsere Moral bestehe darin, dass wir erkennen, unmoralisch zu sein? Etwa wenn Paulus in seinem Brief an die römischen Christusanhänger fragt: ›Was kritisierst du andere Menschen, wenn du selbst tust, was du kritisierst?‹[1] Paulus als ein neuer Sokrates – wäre das eine mögliche Verteidigungsstrategie?

Wie aber sollte er Römern die Auseinandersetzung um den Tempel erklären? Für Römer war der Gedanke fremd, dass ein Volk nur einen einzigen Tempel hat, an dem ein Gott verehrt wird, der neben ihm keine anderen Götter duldet. Das war angesichts des Pantheons der Römer ein absurder Gedanke. Ganz fremd war für Römer, dass man zu einem solchen Tempel Menschen aus anderen Völkern den Zutritt verwehrt. Sollte er den Jerusalemer Tempel vielleicht als Gegenbild zum Janustempel in Rom darstellen? Der Janustempel stand offen, solange im römischen Reich Krieg herrschte. War er geschlossen, war das ein Zeichen des Friedens. Das war unter Augustus nur drei Mal geschehen.[2] Der jüdische Tempel war dagegen für die Heiden immer geschlossen, aber sollte sich einmal für alle Völker öffnen – nicht als Zeichen des Kriegs, sondern des Friedens. Für solch eine Öffnung habe sich Paulus eingesetzt. Kriegstreiber in Judäa wollten sie verhindern! Doch Erasmus verwarf diesen Vergleich. Der Tempel in Jerusalem und sein Gott waren so einzigartig, dass man ihn mit keinem römischen Tempel und römischen Gott vergleichen konnte.

Während Erasmus über eine Verteidigungsstrategie für Paulus nachgrübelte, hörte er Schritte vor der Tür. Er erkannte die Stimmen von Hannah und Tertius. Beide klangen aufgeregt. Was war nur geschehen, dass sie gemeinsam kamen? Es war etwas ganz Außergewöhnliches, wenn eine Frau einen Mann privat besuchte, obwohl die Begleitung

1 Röm 2,1-3.
2 Augustus, Meine Taten 13.

von Tertius solch einen Besuch akzeptabler machte. Aber Hannah war viel zuzutrauen. Sie war sehr unkonventionell.

Freudig begrüßte er die beiden: »Hannah, welch eine Überraschung, dich wieder zu sehen. Du bringst Tertius mit! Was ist passiert?«

Hannah antwortete: »Ja, Erasmus, dass wir uns sehen, ist schön. Aber es ist entsetzlich, was wir an Nachrichten bringen. Der Senat hat niemanden begnadigt. Einige Senatoren wollten das Sklavengesetz zwar aufheben. Andere aber meinten, dass dann alle reichen Herren nie mehr ihres Lebens sicher sein könnten. Wenn selbst ein Mord am Stadtpräfekten, also dem Leiter der Polizei, nicht mit der Strenge des Gesetzes bestraft wird, so wäre das eine Aufforderung zu weiteren Morden. Die Befürworter des Gesetzes haben sich durchgesetzt. 400 Sklaven sollen morgen gekreuzigt werden. Der Senat befürchtet Unruhen in Rom. Das Volk ist aufgebracht. Es gibt Gerüchte, es wolle die Hinrichtungen mit Gewalt verhindern. Deshalb wurden Soldaten in Alarmbereitschaft versetzt. Sie werden die Straßen und den Hinrichtungsplatz absperren, so dass niemand die Exekution verhindern kann. Weil die Soldaten noch eintreffen müssen, wurde die Exekution auf den nächsten Tag verschoben. Aber sie ist beschlossene Sache.«

Erasmus war wie vom Schlag getroffen: »Schande über alle, die das zu verantworten haben!«, rief er. »Ich hatte fest damit gerechnet, dass dieses Gesetz aufgehoben wird.«

Hannah fuhr fort: »Ich traf Tertius zufällig auf der Straße. Einer seiner Freunde ist unter denen, die morgen hingerichtet werden. Tertius war ganz verzweifelt. Er zitterte am ganzen Leibe, als würde er selbst morgen hingerichtet. Er wollte sich in den Tiber stürzen, um zu sterben. Er sagte zu mir: ›Zum ersten Mal ist mir aufgegangen, was es heißt, ein Sklave zu sein. Wem kann ich noch vertrauen, wenn so etwas geschieht? Was den Sklaven morgen in Rom geschieht, kann auch mir jederzeit geschehen. Ich weiß:

Mein Herr ist ein guter Herr. Aber wer sagt, dass er immer mein Herr sein wird?‹«

Erasmus unterbrach: »Tertius ich verstehe deine Verzweiflung. Aber du bist bei mir sicher. Ich bin froh, dass ich dich habe. Wir sind Freunde.«

Hannah fuhr fort: »Das habe ich ihm auch gesagt. Ich habe ihm gesagt, dass wir beide über eine neue Lehre im Judentum begeistert sind, die sagt: Es gibt vor Gott keinen Unterschied zwischen Sklaven und Freien. Ich habe Tertius versichert, dass er nichts zu befürchten hat.«

Erasmus schaute Hannah und Tertius an: »Tertius, was Hannah sagt, ist wahr. Du brauchst nichts zu befürchten. Wenn ich in Rom die Macht dazu hätte, würde ich diese Massenhinrichtung verhindern. Aber ich bin machtlos. Was der Senat beschlossen hat, wird geschehen. Morgen werden nicht nur 400 Sklaven gekreuzigt, sondern mit ihnen auch das Recht. Es gibt Unrecht, das ist von Natur aus Unrecht – auch wenn es durch Gesetz Recht zu sein scheint. Denn es ist immer und überall Unrecht, jemanden für das Vergehen eines anderen zu strafen. Es ist immer und überall Unrecht, Sklaven und Freie bei Vergehen verschieden zu bestrafen, mag es auch noch so viele römische Gesetze geben, die das tun.«

Hannah unterstützte Erasmus: »Ich habe Tertius versichert: Du machst keinen Unterschied zwischen Freien und Sklaven. Ich habe ihm versichert, dass ich das genau weiß, seitdem wir zusammen die Lehre dieses Paulus studiert haben, der sagt: Es gibt weder Sklaven noch Freie.«

Erasmus fragte noch einmal zurück: »Ich hatte fest damit gerechnet, dass das Gesetz aufgehoben wird. War denn Seneca bei der Sitzung des Senats nicht anwesend? War mein Lehrer Cassius Longinus nicht im Senat? Hat er seine Stimme nicht gegen dieses Unrecht erhoben?«

Hannah und Tertius schauten einander verlegen an.

Erasmus musste noch einmal fragen: »War Cassius Longinus bei der Sitzung anwesend? Und Seneca?«

Hannah fiel es sichtbar schwer, die Frage zu beantworten: »Ich muss dir etwas sagen, das dir weh tun wird. Ob Seneca anwesend war, wissen wir nicht. Aber Cassius Longinus war da. Er war es, der die entscheidende Rede für die Durchführung des Gesetzes hielt. Ohne seine Rede wäre alles anders gelaufen.«

Erasmus war sprachlos. Er wurde schwindlig und spürte eine Erschütterung, als würde ihm der feste Boden unter den Füßen entzogen. Das hätte er sich nie vorstellen können. Sein Lehrer Cassius Longinus war der Unmensch, der die Hinrichtungen durchgesetzt hatte! Für ihn brach eine Welt zusammen. Sein Stolz auf das römische Recht erhielt einen Stoß. Er musste sich setzen und vergrub sein Gesicht in seinen Händen. Alle schwiegen betreten. Nach einiger Zeit schaute er wieder auf und sagte:

»Hättet ihr gesagt, Nero habe für das Gesetz plädiert – ich würde es glauben. Aber dass der angesehenste Rechtsgelehrte im Senat für dieses Unrecht plädiert hat, ist unglaublich! Es darf nicht wahr sein! Einer seiner Grundsätze war: Höchstes Recht kann höchstes Unrecht sein. *Summum ius summa iniuria*. Weiß man denn, wie er argumentiert hat?«

Da sagte Tertius: »Sein Plädoyer kursiert auf einem Flugblatt in Rom. Ich habe es mitgebracht. Lies nur!« Er gab Erasmus eine kleine Papyrusrolle. Der rollte sie auf und las:

*Schon oft, Senatoren, habe ich im Senat erlebt, dass alte Gesetze verändert werden sollten und habe nicht widersprochen, obwohl ich überzeugt bin, dass die alten Gesetze durch Abänderung meist schlechter wurden. Doch wollte ich nicht den Eindruck wecken, als wolle ich mich durch mein Rechtsstudium und meine Kenntnisse der alten Gesetze wichtigmachen. Auch wollte ich meinen bescheidenen Einfluss nicht durch ständigen Widerspruch verbrauchen, sondern ihn für die wichtigen Fälle aufsparen, bei denen der Staat meine Ratschläge braucht.*

*Das ist heute der Fall. Ein hochstehender Senator wurde durch seinen Sklaven im eigenen Haus heimtückisch ermordet. Niemand unter den anderen Sklaven hat es verhindert oder verraten. Nach wie vor ist der Senatsbeschluss gültig, der allen Sklaven in einem Haus die Todesstrafe androht, wenn solch ein Mord geschieht. Ihr könnt nun gerne Straflosigkeit beschließen. Aber wen wird in Zukunft noch sein Rang schützen, wenn er selbst den Stadtpräfekten Pedanius Secundus, den Leiter der Polizei, nicht schützen konnte und alle seine Sklaven straflos ausgehen? Wer wird seines Lebens noch sicher sein, wenn 400 Sklaven Pedanius nicht zur Hilfe eilten? Wen werden seine Sklaven noch retten und dabei auch Todesgefahren in Kauf nehmen, wenn sie nicht bei unterlassener Hilfeleistung auch für sich den Tod fürchten müssen? Oder hat etwa der Mörder, wie einige hier schamlos argumentieren, nur eine Ungerechtigkeit gerächt – hatte sein Herr etwa einen Vertrag zur Freilassung gebrochen, bei dem der Sklave sein ererbtes Vermögen als Gegenleistung angeboten hatte, oder wurde ihm ein von seinem Vater ererbter Sklave als Liebhaber weggenommen? Sklaven haben kein Erbrecht! Sklaven haben keinen Vater, von dem sie einen Sklaven erben können! Dem Mörder wurde kein Unrecht zugefügt. Wer das sagt, soll doch gleich sagen, Pedanius Secundus sei zu Recht ermordet worden! Muss man noch Gründe zusammensuchen für dieses Gesetz, das in der Vergangenheit von klügeren Männern beschlossen worden ist? Wenn wir dieses Gesetz jetzt zum ersten Mal beraten müssten, dann müssen auch wir von einem Sachverhalt ausgehen: Es ist ganz unwahrscheinlich, dass ein Sklave zur Ermordung seines Herrn den Mut aufbringt, ohne dass er vorher vor seinen Mitsklaven ein drohendes Wort fallen lässt oder seine Absicht unbedacht ausplaudert. Aber selbst wenn es ihm gelingt, seinen Plan geheim zu halten, selbst wenn er sich eine Mordwaffe hatte verschaffen können und seine Mitsklaven nichts davon mitbekamen: Hätte er an den Mitsklaven vorbeikommen können, die als Wache eingesetzt waren? Hätte er die Tür des Schlafzimmers öffnen können, Licht hereintragen und seinen Herrn ermorden können, ohne dass es jemand merkte? Vor jedem Verbrechen dieser Art gibt es Ankündigungen und Anzeichen: Nur wenn die anderen Sklaven sie uns verraten, nur dann können wir als einzelne unter so vielen Sklaven in Sicherheit leben. Gewiss, es ist eine Sicherheit unter Sklaven, die von Angst erfüllt sind. Bei einem Mordanschlag müssen dann aber wenigstens alle Sklaven sterben, die nicht zu seiner Verhinderung beigetragen haben, und wir müssen nicht unter ihnen als den Schuldigen weiterleben, sondern haben uns an ihnen gerächt. Unsere Vorfahren misstrauten den Sklaven schon in einer Zeit, als sie noch in den gleichen Landgütern oder Häusern geboren wurden und durch das Zusammenleben die Zuneigung zu ihren Herren wie von selbst entstand. Aber seit einiger Zeit sind unsere Sklaven Ausländer und Fremde, die von unseren Gebräuchen keine Ahnung haben, die eine fremde Religion oder gar keine haben. Dieses zusammengelaufene Sklavenpack kann man nur durch Einschüchterung in Schach halten. Jetzt mögen einige dagegen einwenden: Aber es werden dabei Unschuldige ums Leben kommen! Gewiss, aber auch wenn ein im Krieg geschlagenes Heer zur Dezimierung verurteilt und jeder Zehnte von seinen Mitkameraden zu Tode geprügelt wird, trifft einige Tapfere das Los, die nicht an der Niederlage schuld sind. Es ist ein Stück Ungerechtigkeit in jedem großen Strafexempel enthalten; sie trifft den einzelnen, das aber wird durch den Nutzen für die Gesamtheit aufgewogen.*[3]



3 Die Rede wird hier nach Tacitus, Annalen XIV 43-44 paraphrasiert.

Erasmus machte eine lange Pause, nachdem er das Flugblatt zu Ende gelesen hatte. Dann sage er: »Ich kann meinen Lehrer Cassius Longinus nicht mehr verehren. Ich verachte ihn. Wer seine Gelehrsamkeit einsetzt, um das Recht gegen jedes Rechtsgefühl zu verbiegen, mit dem möchte ich nichts zu tun haben.«

»Merkst du nicht«, meldete sich Tertius zu Wort, »der Senat führt einen Krieg gegen die Sklaven? Nur deshalb kann Cassius Longinus die Dezimierung eines Heeres nach verlorener Schlacht mit der Hinrichtung von 400 Sklaven vergleichen. Offen sagt er, dass Unschuldige getötet werden. Er handelt nach dem Grundsatz: Sei grausam und rede laut darüber, das schreckt am meisten ab. Übe Rechtsbruch, damit sich keiner mehr sicher fühlt. Verbreite Angst, dann sind alle wie Wachs in deinen Händen. Das ist vom Staat verordneter Terror. Ich weiß, im Senat sitzen viele Menschen, die gebildeter sind als ich. Im Senat sitzt Seneca, der die Lehre vertritt, Sklaven seien Menschen wie alle anderen. Viele vertreten in ihrer Philosophie menschliche Grundsätze. Es ist ja möglich, dass sie zu Hause ihre Sklaven menschlich behandeln. Aber das hängt von ihrer Laune ab. Kein Gesetz verpflichtet sie dazu. Keiner kontrolliert es. Keiner schreitet ein, wenn sie gegen ihre humanen Grundsätze verstoßen. Im Senat aber haben sie nichts von ihrer Menschlichkeit gezeigt. Sie haben die Maske fallen lassen. Sie sind Unmenschen – und dazu auch noch Heuchler.«

Erasmus stimmte ihm zu: »Du hast Recht, hier wird ein Krieg der Herren gegen die Sklaven geführt, und das Recht wurde ihre Waffe. Es wurde zu Unrecht. Vielleicht hat Paulus doch Recht, wenn er sagt: Der Buchstabe des Gesetzes tötet, der Geist macht lebendig. Vom Geist des Rechts und der Gerechtigkeit ist hier nichts zu merken.«

Tertius: »Was helfen alle philosophischen Beteuerungen, man werde menschlich mit einem umgehen – wenn sie nicht durch Recht und Gesetz abgesichert sind?«

Erasmus schaute ihn an und sagte: »Du kennst mich doch. Ich war immer menschlich zu dir.«

Tertius nickte: »Ja, das stimmt!«

Und Erasmus fügte hinzu: »Ich schwöre dir, ich werde dich nie als eine Sache oder wie Vieh behandeln, sondern immer als Menschen, der eine Würde hat, die ihm niemand nehmen kann. Du bist bei mir sicher!«

Hannah sprang ihm bei: »Tertius, du kannst Erasmus vertrauen. Ich habe dir gestern noch mehr von diesem Paulus und seiner Gemeinde erzählt, über den ich lange mit Erasmus gesprochen habe.«

Und an Erasmus gewandt, fuhr sie fort: »Ich muss dir etwas gestehen: Ich habe eine Versammlung der Christusanhänger besucht. Sie treffen sich in einem Privathaus. Dort begegnete ich ihrem Leiter Onesimus. Ich habe mich bei den anderen erkundigt, ob er ein Sklave sei. Denn sein Name ist ein typischer Sklavenname. Sie haben mir bestätigt: Er war ein Sklave, aber jetzt sei er so gut wie frei. Daher konnte er zu ihrem Gemeindeleiter gewählt werden. Dann erzählten sie mir seine Geschichte. Auch wenn Tertius sie schon kennt, solltest auch du sie kennen.

Onesimus war Sklave eines Herrn namens Philemon. Philemon war Christusanhänger und gehörte schon immer in Rom zur Partei des Paulus. Auf seine Sklaven hat er keinen Druck ausgeübt, Christusanhänger zu werden. Wahrscheinlich wäre ihm das gar nicht recht gewesen. Denn Christusanhänger machen als Brüder und Schwestern keinen Unterschied zwischen Sklaven und Freien. Wie hätte Philemon dann noch ihr Herr sein können? Onesimus war von Philemon beauftragt, auf dem Markt Finanzgeschäfte zu tätigen. Er verlieh Geld gegen Zinsen. Aber er hatte bei einem seiner Geschäfte Pech. Er hatte Angst, dies seinem Herrn zu gestehen. Er fürchtete, dass der ihn bestraft oder verkauft. Aber er wusste auch, dass Philemon mit Paulus befreundet war. Er suchte ihn im Gefängis auf. Es kommt ja auch sonst vor, dass Sklaven die Freunde ihres Herrn aufsuchen, um bei Streit um Vermittlung zu bitten. Im Gefängnis hat Paulus dem Onesimus klargemacht, dass der Unterschied zwischen Sklaven und Freien in der Gemeinde der Christusanhänger wegfällt und Philemon kein Recht hat, ihn unmenschlich zu behandeln. Paulus hat Onesimus vom Gemeindeleben der Christen erzählt:

> *Wir lieben den Nächsten, richten gerecht. Was wir nicht wollen, das andere uns tun, das tun wir niemandem an. Denen, die uns Unrecht antun, reden wir gut zu und machen sie zu Freunden; unseren Feinden wollen wir Gutes tun. Sklaven und Sklavinnen sowie unsre Kinder überreden wir aus Liebe zu ihnen, Christen zu werden, und nennen sie ohne Unterschied Brüder, wenn sie Christen geworden sind. Wir leben in Demut und Freundlichkeit. Wir lieben einander. Eine Witwe missachten wir nicht, eine Waise kränken wir nicht. Wer hat, gibt neidlos dem, der nicht hat. Wenn wir einen Fremden sehen, führen wir ihn in unser Haus und freuen uns über ihn wie über einen wirklichen Bruder. Denn wir nennen uns nicht Brüder dem Leib nach, sondern Brüder im Geist und in Gott. Wenn einer von unseren Armen aus der Welt scheidet und ihn einer von uns kennt, sorgt er nach Vermögen für sein Begräbnis. Wenn wir erfahren, dass einer wegen des Namens unseres Christus gefangen oder bedrängt ist, sorgen wir alle für seinen Bedarf und befreien ihn, wenn das möglich ist. Und ist unter uns ein Armer oder Bedürftiger, und wir haben nichts übrig für ihn, so fasten wir zwei bis drei Tage, damit wir ihm die notwendige Nahrung geben können.*[4]

4 Nach: Aristides, Apologie XV 4-9, übertragen in die erste Person Plural mit einigen Kürzungen.

Onesimus war begeistert! Er lernte, dass die Christen die Götter für eine Illusion halten und daher keine Götterbilder verehren. Dass sie nur an den einen Gott glauben, der alles geschaffen hat. Dass sie ihn aber erst durch Christus erkennen. Christus öffnet ihnen die Augen für die Liebe Gottes und gibt ihnen die Kraft, an sie zu glauben, obwohl es in der Welt so viel Leid und Unrecht gibt. Onesimus ließ sich taufen. Paulus schickte ihn zu seinem Herrn zurück und gab ihm einen Brief mit auf den Weg, adressiert an ›Philemon und die Gemeinde in seinem Haus‹.« Das war ein geschickter Schachzug. Denn wenn der Brief in der Gemeinde vorgelesen wurde, konnten alle kontrollieren, ob Philemon ihn befolgt. Es hing nicht mehr allein vom guten Willen und der Laune des Sklavenherrn ab, ob er seinen Sklaven menschlich behandelt oder nicht. In diesem Brief teilt Paulus seinem Freund Philemon mit, dass auch Onesimus ein Christusanhänger geworden sei. Ferner erklärt sich Paulus bereit, den finanziellen Schaden zu ersetzen, den Onesimus angerichtet hatte – wobei er zwischen den Zeilen sagt: Eigentlich schuldest du, Philemon, mir dein Leben, so dass ich damit rechne, keinen Pfennig an dich bezahlen zu müssen. Ferner steht im Brief, dass Philemon den Onesimus nicht mehr als Sklaven behandeln soll, sondern als ›geliebten Bruder‹. Das Entscheidende aber war: Er bat den Philemon, dass er ihm den Onesimus zur Verfügung stellt. Paulus sollte fortan sein Herr sein. Er bat Philemon also nicht um dessen Freilassung. Das war geschickt. Denn ein Freigelassener ist sein Leben lang seinem alten Herrn zu Dienstleistungen verpflichtet. Erst wenn ein Sklave einen neuen Herrn hat, wird das Band zum früheren Herrn durchgeschnitten. Paulus wollte der neue Herr sein. Dadurch ist Onesimus faktisch ein Freier geworden. Von all dem habe ich Tertius erzählt, und ihm versprochen, dass ich mit ihm die Gemeinde der Christusanhänger besuchen werde, damit er Onesimus kennenlernt. Vor allem aber habe ich ihm gesagt: ›Jetzt übernehme ich, Hannah, die Rolle des Paulus, um zwischen dir und deinem Herrn zu vermitteln‹.«

Erasmus fuhr es durch den Kopf: Hoffentlich will sie jetzt nicht, dass ich ihr den Tertius abtrete. Er schaute Tertius an, als ginge ihm erst jetzt auf, was für ein hübscher Kerl er war. Hatte Hannah ein Auge auf ihn geworfen? Wenn ich ihn freilasse, könnte sie ihn sogar heiraten! Er merkte, wie ein ganz klein wenig Eifersucht in ihm hochkam. Scharf ermahnte er sich, solchen Gedanken keinen Raum zu geben. Es ist schlimm genug, dass man sie hat, sie verderben das Leben aber erst, wenn man sich von ihnen vergiften lässt.

Hannah fuhr fort, als hätte sie geahnt, was in ihm vorgeht: »Erasmus, ich muss dir etwas gestehen. Als ich Tertius so verzweifelt traf, dass er sich das Leben nehmen wollte, habe ich ihn nicht nur mit der Geschichte von Onesimus getröstet. Ich habe etwas gemacht, was man eigentlich nicht tun darf. Ich habe ein Liebesgeständnis abgelegt.«

Erasmus durchzuckte es, als wolle er sagen: »Hannah, wohin soll das führen?«

Doch Hannah schaute ihn mit freundlichen Blicken ruhig an und sagte: »Ich habe ihm gesagt, was ich dir schon immer sagen wollte, dass ich dich liebe. Dass ich dich deshalb liebe, weil du überzeugt bist, dass alle Menschen gleich sind. Es gibt wenige Menschen auf dieser Erde, die das wirklich glauben. Aber bei dir bin ich davon überzeugt. Diese Gewissheit wollte ich Tertius geben. Deshalb habe ich ihm das gesagt, was ich eigentlich nur dir hätte sagen dürfen: Ich liebe dich! Ich habe es zum ersten Mal Tertius – gewissermaßen als deinem Stellvertreter – gesagt. Ich weiß, das ist ungewöhnlich. Es ist nicht schicklich. Es entspricht nicht unseren Sitten, dass eine Frau einem Mann ein Liebesgeständnis macht. Und dann auch noch seinem Sklaven als seinem Stellvertreter! Aber was ist schon gewöhnlich in diesen Tagen?«

Erasmus schaute in ihre Augen. Sie sahen ihn so strahlend an, dass jeder Zweifel in seinen Gedanken sich auflöste. Wieder war es ihm, als müsse er in diesen Augen versinken. Er blickte auf ihre Gestalt, und nichts schien ihm so anmutig wie die Schatten, die das Licht auf ihre Haut zeichnete. Aber am wunderbarsten waren ihre Worte. Er sagte leise:

»Auch ich liebe dich! Ich sage es in Gegenwart von Tertius, obwohl ich es dir schon lange unter vier Augen hätte sagen sollen. Tertius war der Zeuge deiner Liebe, so soll er auch der Zeuge meiner Liebe sein!«

Da ging Hannah einen Schritt auf ihn zu, umarmte ihn, zog seinen Kopf zu sich und legte ihre weichen Lippen sanft auf die seinen. Während dieses langen Kusses war es Erasmus, als ob seine Sinne schwanden. Seine Knie wurden weich. Sein Herz klopfte. Schließlich löste sie sich von ihm und sagte.

»Ich weiß«, sagte sie, »unsere Liebeserklärungen sind jenseits der guten Sitten. Eine Frau besucht keinen Mann, auch wenn sie einen Begleiter hat. Aber ich wusste, du würdest mein Kommen nicht missverstehen. Die Situation ist außergewöhnlich. Wir erleben heute, wie Ungerechtigkeit und Tod zuschlagen. Was können wir dagegen setzen? In dieser Nacht gibt es nur wenig Trost. Mein Trost ist: Je finsterer die Nacht ist, umso mehr Licht kann von einer winzigen Leuchte ausgehen. Dieses kleine Licht ist unsere Liebe. In der Welt ist sie winzig, in unserem Leben aber soll sie groß sein.«

Es wurde still im Raum. In diese Stille hinein meldete sich Tertius, der zum Zeugen dieser ungewöhnlichen Liebe geworden war, zu Wort: »Und was ist mit mir?«

Erasmus wandte sich ihm zu und sagte: »Ich liebe dich wie einen Sohn.«

Hannah fügte hinzu: »Auch ich liebe dich.«

Und Erasmus ergänzte: »Wir werden dich adoptieren, wenn wir verheiratet sind. Dann bist du nicht nur ein Freigelassener. Dann bist du wirklich frei.«

Tertius strahlte: »O, ihr seid gut zu mir. Aber je besser ich es habe, umso mehr bedrückt mich, was anderen Sklaven angetan wird. Quartus, mein Freund muss morgen einen qualvollen Tod erleiden! Versteht ihr nicht, dass ich lieber sterben wollte, als das zu ertragen! Wir Sklaven werden wie Dreck behandelt, wie Tiere, wie Schlachtschafe!«

Hannah ging auf ihn zu, legte ihre Hände auf seine Schultern: »Ich kann dich verstehen. Es muss ganz finster in dir aussehen. Aber wir sind bei dir.«

Und Erasmus sagte: »Du bist nicht allein mit deiner Verzweiflung. Darf ich dir etwas vorlesen aus einer Schrift, die mir Nathan geschenkt hat. Sie enthält die Philosophie des Königs Salomo. Kein Sklave, ein König spricht in ihm. Und was sagt er?

*Und wiederum sah ich all die Unterdrückung,*
*die unter der Sonne geschieht,*
*sah die Tränen der Unterdrückten fließen*
*und niemand tröstete sie;*
*von der Hand ihrer Unterdrücker erlitten sie Gewalt,*
*und niemand tröstete sie.*
*Da pries ich die Toten,*
*die längst Gestorbenen:*
*glücklicher sind sie als die Lebenden,*
*die jetzt noch leben,*
*und glücklicher als beide der Ungeborene,*
*der noch nicht geschaut hat das böse Tun,*
*das unter der Sonne geschah.*
*Und ich sah, dass alles Mühen und alles Gelingen*
*nur Eifersucht des einen gegen den andern ist.*
*Auch das ist nichtig*
*und ein Haschen nach Wind.*[5]

5 Prediger Salomo 4,1-4.

Wenn selbst ein König, der alle Schätze der Welt besitzt, der sich an gutem Essen und schönen Frauen erfreut, so spricht, dann sind wir alle angesichts der Nichtigkeit dieser Welt gleich, ob wir nun oben oder unten stehen, ob wir Herren oder Sklaven sind.«

Hannah ergänzte: »Wir dürfen nicht nur die Stimmung verbreiten: So ist die Welt nun einmal. Sie wird sich nie ändern. Wir dürfen nicht nur klagen. Ich kenne noch einen anderen Spruch von König Salomo, der mir die ganze Zeit durch den Kopf geht:

*Befreie, die zum Tode geschleppt werden,*
*und die zur Schlachtbank wanken, rette sie doch!*
*Wolltest du sagen: ›Wir wussten das nicht!‹ –*
*wird er, der die Herzen prüft, dich nicht durchschauen?*
*Er, der auf deine Seele achtet, er weiß es*
*und vergilt dem Menschen nach seinem Tun.*[6]

Ich wünschte, ich hätte die Macht eines Königs wie Salomo, dann würde ich die Sklaven retten. Aber wir werden nicht von Salomo regiert, sondern von Senatoren wie Cassius Longinus und von Nero.«

Erasmus stimmte zu: »Nero begann mit humanen Versprechungen. Er wollte ein Liebhaber der Griechen, der Freiheit und der Künste sein. Als er den Thron bestieg war er noch sehr jung. Für ihn regierten im Grunde Seneca und der Prätorianerpräfekt Burrus. Doch er entpuppt sich immer mehr als ein egozentrischer Tyrann. Aber was jetzt geschehen ist, kann man ihm nicht einmal vorwerfen. Nicht Nero hat die Hinrichtung der 400 Sklaven betrieben. Es war Cassius Longinus, das ist ein Schock für mich! Ein Rechtsgelehrter missbraucht das Recht. Politisch gehört Cassius Longinus ja eher zu der Fraktion, die gegen Nero die Rechte



6 Sprüche Salomos 24,11-12.

der Senatoren vertritt. Ich könnte mir sogar vorstellen, dass sich Nero bei diesem Streit um das Sklavengesetz gerne als Wohltäter inszeniert hätte, der Milde gegenüber Sklaven ausübt. Möglicherweise hat sich die Senatsfraktion des Cassius Longinus gegen ihn durchgesetzt. Aber das ist nur eine Vermutung von mir.«

Erasmus fragte sich, ob Paulus mit seiner Kritik des Gesetzes nicht doch etwas Richtiges gesehen hatte. Hatte er ihm Unrecht getan, als er seine Kritik des Gesetzes mit dem gekränkten Stolz eines römischen Anwalts zurückgewiesen hatte? Es schien, als hätte Hannah seine Gedanken erraten. Denn sie sagte:

»Paulus fragt einmal in seinen Briefen: ›Wo ist ein Weiser? Wo ein Gelehrter? Hat Gott nicht die Weisheit dieser Welt als Torheit entlarvt?‹[7] Hat nicht auch Seneca geschwiegen?«

Erasmus nickte: »Alles kann in dieser Welt missbraucht werden: Recht, Weisheit, Gelehrsamkeit, die Religion. Menschen verüben die größten Grausamkeiten nicht mit der Absicht, die Welt zu zerstören, sondern um sie angeblich zu retten. Cassius Longinus tat so, als müsse er das römische Recht retten – vor anderen, die aus Humanitätsduselei seine Schärfe mildern wollten.«

Hannah: »Selbst wenn wir jetzt nichts machen können, dürfen wir die Hoffnung nicht aufgeben, dass sich die Gerechtigkeit durchsetzen wird. Tertius, schaue dir bitte nicht diese Massenhinrichtungen morgen an, die Kreuze mit gequälten Menschen. Diese Bilder werden sich in deinen Geist einbrennen. Du wirst sie nie mehr loswerden. Du musst deinen Kopf mit anderen Bildern füllen, mit Gegenbildern gegen diese Grausamkeit! Ich weiß, dass die Christusanhänger sich zur Stunde der Hinrichtung zu einem Gottesdienst versammeln. Komm mit mir dorthin. Ich begleite dich. Dort

7 1Kor 1,20.

wirst du Onesimus treffen. Du wirst dort als Gegenbild die Erinnerung an ein anderes Kreuz finden. Das brauchen wir, um es diesem Unrecht entgegenzusetzen.«

Erasmus blickte die beiden an und sagte dann fest entschlossen: »Ich komme mit! Ich muss diese Christusanhänger kennenlernen.«

Sie brachen auf. Erasmus umarmte Hannah noch einmal. Sie drückten sich fest aneinander und gaben sich einen tiefen Kuss. Dann umarmten sie Tertius, als wären sie eine Familie. Erasmus und Tertius begleiteten Hannah zu ihrem Elternhaus zurück. Es war Abend geworden. Die Stadt war stiller als sonst – als liege das Verbrechen, das morgen geschehen sollte, wie eine schwere Last auf ihr. Alle Häuser schienen sich wegzuducken. Die Pinien ragten wie schwarze Trauerbäume in die Luft. Als sie den Tiber überquerten, rauschte er wie immer, aber diesmal klang sein Rauschen depressiv und klagend. Umso mehr rückten die drei zusammen. Sie hielten sich an ihren Händen, als wollten sie sich aneinander festhalten, um nicht in einen Abgrund von Wut, Ohnmacht und Traurigkeit zu versinken.

Zusammen mit Tertius kehrte Erasmus in sein Haus zurück. Da sagte Tertius zu Erasmus: »Ich danke dir. Du bist wirklich wie ein Bruder zu mir.«

Erasmus aber dachte: Ob er ahnt, dass er vielleicht tatsächlich mein Bruder ist? Aber sind nicht alle Menschen Brüder? Oder sind das nur sozialmoralische Illusionen, derentwegen mich Philodemus manchmal kritisiert? Aber musste nicht auch Philodemus Unrecht wie die Hinrichtung der Sklaven verurteilen? Auf seine Frage dazu, antwortete Philodemus mit folgendem Brief.

## Briefe über sozialmoralische Illusionen

### *Philodemus an Erasmus: Grüße*

Auch wenn ich anderer Meinung bin als Du, lese ich gerne Deine Briefe. Aber ich teile Deinen Optimismus nicht. Du gehörst zu den »Gutmenschen«, die glauben, dass alle Menschen gleich sind und wir im Grunde alle Geschwister sind. Siehst Du nicht, was daraus folgt? Ich habe inzwischen die Rede des Cassius Longinus gelesen. Hier plädiert ein großer Rechtsgelehrter für krasses Unrecht. Aber wie kommt er dazu? Er beschwört im Senat die Angst vor den eigenen Sklaven und macht dabei eine entlarvende Bemerkung: Früher wären die Herren mit den Sklaven im selben Haus zusammen aufgewachsen. Heute seien sie Fremde. Die Angst vor den Fremden ist letztlich die Ursache dafür, dass dieser Senator für ihre Hinrichtung plädiert hat. Es mag human sein, sich für Fremde zu öffnen. Sie strömen von überall nach Rom. Faktisch aber hat es zur Folge, dass im Gegenzug die Inhumanität zunimmt.

Dieser Senatsbeschluss entlarvt humanes Reden als Illusion von »Gutmenschen«. Seneca mag in seinen philosophischen Briefen noch so sehr für einen humanen Umgang mit Sklaven eintreten – seitdem er die politische Herrschaft innehat, hat er kein einziges Gesetz zur Verbesserung ihrer Lage im Senat vorgelegt. Seneca mag die innere Unabhängigkeit vom Reichtum predigen – aber er hat als einer der reichsten Männer des römischen Reichs sein Vermögen auf zweifelhafte Weise erworben.[8] Seneca mag auf seine Gesetzestreue stolz sein. Aber es ist ein offenes Geheimnis, dass er an Neros Muttermord beteiligt

8 In einem Prozess warf ihm Suillius u.a. vor: »Durch welche Weisheit, durch welche philosophischen Lehren habe er binnen vier Jahren kaiserlicher Freundschaft 300 Millionen Sesterzen zusammengebracht?« (Tacitus, Annalen XIII 42,4).

war.[9] Nero hatte ein Schiff so präpariert, dass es hätte untergehen müssen, aber Agrippina hatte sich wider Erwarten retten können – da soll sich Nero bei Seneca und Burrus Rat geholt haben. Beide rieten, Agrippina ermorden zu lassen. Ein Vertrauter Neros führte den Mord aus. Seneca vertuschte in seinem Bericht an den Senat die wahren Begebenheiten: Ein Bote der Agrippina habe Nero ermorden sollen. Nachdem man das verhindern konnte, habe Agrippina Selbstmord begangen.

Lieber Erasmus, verabschiede Dich von sozialmoralischen Illusionen. Glaube nicht, dass humanistische Gelehrsamkeit ein Schutz vor Barbarei ist. Das ist mein Rat: Du hast Recht, dass Christusanhänger nicht den Tod verdient haben. Wenn Du einen von ihnen vor der Hinrichtung bewahrst wie Paulus, hast Du meine Unterstützung. Ich habe da meine Meinung geändert. Denn ich bin strikt dagegen, dass Menschen wegen ihrer philosophischen oder religiösen Meinung umgebracht werden. Ein Verteidiger braucht aber nicht zu glauben, was sein Klient denkt. Glaube ihm nicht. Umso verdienstvoller ist, wenn Du ihm hilfst.

*Mit Grüßen an Erasmus*
*Philodemus*

*Erasmus an Philodemus,*

Gott segne Dich. Als Stoiker glaube ich an die Gleichheit aller Menschen. Die Natur lässt uns die gleiche Luft atmen und unterwirft uns in gleicher Weise Geburt und Tod. Sie lehrt uns nicht, wie manchmal behauptet wird, die einen seien von Natur zum Herrschen geboren und die anderen zum Dienen.[10] Es gibt Gegenmodelle unter uns Menschen.

9 Nach Tacitus, Annalen XV 60-64.
10 Aristoteles, Politik I 2,4f, unterscheidet Menschen mit Vernunft und mit Körperkraft. Die einen seien von Natur Herren, die anderen von Natur Sklaven.

In einer griechischen oder römischen *Polis* sind grundsätzlich alle gleich, nur nicht Frauen, Fremde und Unfreie. Sie haben keinen Sitz in der Volksversammlung, der *ekklesia*. Umso erstaunter war ich, dass die Christusanhänger ihre Versammlungen *ekklesia* nennen und gerade die aufnehmen, die von der *ekklesia* der Stadt ausgeschlossen sind: Juden und Griechen, Sklaven und Freie, Mann und Frau.[11]

Deine Kritik an Seneca ist richtig. Aber widerlegt Deine Kritik, was Seneca über den Umgang mit Sklaven sagt? Er schreibt dort: »Gern erfahre ich von Menschen, die von dir kommen, dass du mit deinen Sklaven freundschaftlich zusammen lebst: Das entspricht deiner Klugheit, deiner Bildung.

›Sklaven sind sie‹ – Nein Menschen.
›Sklaven sind sie‹ – Nein, Hausgenossen.
›Sklaven sind sie‹ – Nein, Freunde von geringem Rang.
›Sklaven sind sie‹ – Nein, Mitsklaven.

Das ist der Kern meiner Lehre: Du sollst so mit einem Menschen niedrigeren Ranges leben, wie du wünschst, dass ein Mensch von höherem Rang mit dir leben soll. Sooft dir in den Sinn kommt, was dir erlaubt ist, deinem Sklaven zu tun, komme dir auch in den Sinn: Genauso viel kann auch dein Herr dir antun.«

Ich hoffe, er praktiziert seine Grundsätze wenigstens im eigenen Haus! Aber selbst das wäre zu wenig. Wenn jemand in seinem Haus Sklaven ungerecht behandelt, kann ihn niemand korrigieren. Wenn unter den Christusanhängern aber jemand unmenschlich zu Sklaven ist, kann er von ihrer *ekklesia* korrigiert werden. Schon deshalb sollten wir diese Inseln der Menschlichkeit erhalten. Sie geben uns Mut. Stoiker spielen gerne das vergangene Goldene Zeitalter gegen die Gegenwart aus. Juden spielen gerne die Zukunft gegen die Gegenwart aus. Einige leben aber schon jetzt in

11 Gal 3,28.

Gemeinschaften ohne Sklaverei.[12] Bei ihnen hat die Zukunft schon jetzt begonnen.

Leute wie Seneca zeigen: Wenn sie ihre Sklaven unterdrücken, tun sie es mit schlechtem Gewissen. Ihr schlechtes Gewissen müssen wir erhalten. Sonst würde sich an der Situation der Sklaven nie etwas ändern.

*Grüße an Philodemus*
*von Erasmus*

12 Philo schreibt über die Essener: »Sklaven gibt es bei ihnen überhaupt nicht, sondern alle sind frei« (Über die Freiheit 79). Die zu den Essenern gehörende Qumrangemeinde nahm nur Juden auf. Diese mussten nach sieben Jahren freigelassen werden. Hier waren alle Sklaven nach einiger Zeit frei. Die Essener sind m.E. die ersten in der Weltgeschichte, denen (von außen) eine grundsätzliche Ablehnung der Sklaverei testiert wird.

# PREDIGT ALS PROTEST

# 8

Es kam der Tag, an dem die Hinrichtung auf dem Circus des Caligula stattfinden sollte.[1] Schon früh waren Soldaten aufmarschiert und kontrollierten alle Straßen, an denen der Zug vorbeikommen sollte. Sie standen in langen Ketten mit gezogenen Schwertern. Sie sollten das Volk einschüchtern. Denn es kursierten Gerüchte, dass einige sich mit Steinen bewaffnet hätten und Brandsätze schleudern wollten, um die Hinrichtung doch noch zu verhindern.[2] Ein normales Leben war unmöglich. Die Gemeinde des Onesimus hatte sich für die Zeit der Massenhinrichtung zu einem Gottesdienst wie zu einer heimlichen Demonstration gegen das Unrecht verabredet.

Erasmus und Tertius holten Hannah ab, um ihre Versammlung zu besuchen. Sie machten Umwege, um Straßen zu meiden, die vom Militär kontrolliert wurden. Endlich kamen sie dort an, wo sich die Christusanhänger versammelten. Es war die Werkstatt eines Schusters. Der Raum war nur wenig größer als ein Wohnraum. Die Geräte hatte man hinausgeschafft. Manche Menschen saßen auf kleinen Hockern, andere lehnten an den Wänden. Alle wurden mit Umarmung begrüßt. Als sich der Raum gefüllt hatte, erhob sich ein junger Mann, noch keine 30 Jahre alt, und begann zu sprechen. Die dunkle Färbung der Haut verriet seine ausländische Herkunft. Er sprach in fehlerfreiem Griechisch. Seine Stimme füllte mit ihrem weichen Klang den Raum. Hannah flüsterte Erasmus zu: »Das ist Onesimus.« Er begann den Gottesdienst mit einem Segen:

1 Wir wissen nicht, wo die 400 Sklaven hingerichtet wurden. Nero hatte im Marsfeld ein Amphitheater aus Holz errichten lassen, das aber für solche Massenhinrichtungen zu klein war.

2 Tacitus, Annalen XIV 45,1, berichtet, dass die Hinrichtung der 400 Sklaven zunächst nicht durchgeführt werden konnte, »da sich eine Menschenmenge zusammengeschart hatte und mit Steinwürfen und Brandstiftung drohte. Da tadelte der Kaiser das Volk in einem Erlass und ließ den ganzen Weg, auf dem die Verurteilten zur Hinrichtung geführt wurden, durch Postenketten von Soldaten absperren«.

*Gnade sei mit euch und Friede*
*von Gott, unserem Vater,*
*und dem Herrn Jesus Christus.*

Danach sprach er ein Gebet. Trotz des traurigen Anlasses für diese Zusammenkunft begann er damit, Gott zu loben:

*Gelobt sei der Gott allen Trostes.*
*Er tröstet uns in aller Not,*
*damit wir Kraft haben,*
*andere zu trösten, die in Not sind,*
*durch diesen Trost,*
*mit dem wir selber von Gott getröstet werden.*
*Obwohl die Leiden Christi reichlich über uns hereinbrechen,*
*wird uns durch Christus noch mehr Trost zuteil.*
*Unsere Hoffnung steht fest,*
*weil wir wissen:*
*Wie wir alle Leiden teilen,*
*so werden wir auch den Trost teilen.*[3]

Danach stimmten alle ein Lied an. Onesimus leitete es mit den Worten ein: »Seid gegeneinander so gesinnt, wie alle, die sich Jesus Christus zum Vorbild nehmen«.[4] Danach folgte das Lied im Wechselgesang. Alle waren mit den Worten des Liedes vertraut. Erasmus, Hannah und Tertius verrieten schon dadurch, dass sie nicht mitsingen konnten, dass sie neu waren. Umso ergriffener hörten sie dem Lied zu:

*Christus, der von göttlicher Gestalt war,*
*hielt es nicht für ein Privileg,*
*Gott gleich zu sein,*

3 Nach 2Kor 1,3-7.
4 Nach Phil 2,5.

*sondern verzichtete auf seinen Rang,*
*nahm Sklavengestalt an,*
*wurde den Menschen gleich*
*und war seiner Erscheinung nach ein Mensch.*
*Er erniedrigte sich selbst*
*und wurde gehorsam bis zum Tod,*
*ja bis zum Tode am Kreuz.*
*Darum hat ihn auch Gott über alles erhöht*
*und hat ihm den Namen verliehen,*
*der über allen Namen ist,*
*damit in dem Namen Jesu sich beuge jedes Knie,*
*all derer, die im Himmel und auf Erden und unter der Erde sind,*
*damit jede Zunge bekenne,*
*dass Jesus Christus der Herr ist,*
*zur Ehre Gottes, des Vaters.*[5]

Danach begann Onesimus mit seiner Predigt:

»Liebe Brüder und Schwestern,
Gott segne euch alle, wer ihr auch seid, unabhängig davon, ob ihr schon lange zu uns gehört oder zum ersten Mal bei uns seid. Bei uns gibt es keinen Unterschied zwischen Juden und Nicht-Juden, Freien und Sklaven, Männern und Frauen. Dafür bin ich Zeuge. Denn ich bin ein Sklave. Mein Herr war Philemon in Rom. Er hat mich freigestellt, Christus zu dienen. Obwohl ich also noch ein Sklave bin, habt ihr mich gewählt, eure Gemeinde zu leiten. Wo ist das sonst in der Welt möglich? Wo übernehmen sonst Menschen, die ganz unten sind, die Führung? Es ist in unserer Gemeinde möglich, weil wir alle Christus als Vorbild vor Augen haben. Er war ganz oben und Gott gleich. Er übernahm die niedrigste Rolle, die es in der Welt gibt, die Rolle eines Skla-

5 Nach dem Philipperhymnus Phil 2,5-11, einem alten urchristlichen Lied.

ven, ja mehr noch, die Rolle eines am Kreuz hingerichteten Sklaven. Er steht auf der Seite all der Sklaven, die in dieser Stunde gekreuzigt werden. Dieser Jesus erhielt nach seinem Tod den gleichen Rang wie Gott. Lernen wir durch ihn: Was erhöht ist, wird erniedrigt. Was niedrig ist, wird erhöht. Oben und Unten gelten vor Gott nicht.

In der Welt geht es anders zu. Heute werden 400 Sklaven hingerichtet, weil einer von ihnen ihren Herrn ermordet hat. Dieser Mord ist schrecklich. Aber noch schrecklicher ist, dass zur Vergeltung unschuldige Menschen getötet werden. So verfährt man in der Welt nur mit Sklaven. Sie werden behandelt wie Schlachtvieh. Für sie gelten andere Gesetze als für Freie. Doch Gott macht keinen Unterschied zwischen Freien und Sklaven. Auch das Volk in Rom denkt wie wir. Alle sind empört über das, was heute geschieht. Doch die Haltung des Volkes ist nicht die der Mächtigen in Rom.

Kennt ihr die Geschichten, die sich um die Geburt unseres Herrn Jesus ranken? Sie machen den Unterschied zwischen dem Volk und den Mächtigen sichtbar. Es gibt zwei Geschichten. Die eine sagt, dass nach seiner Geburt Hirten auf den Feldern zu ihm kamen und ihn als erste anbeteten. Das waren einfache Menschen, die hart arbeiteten, nicht nur am Tag, sondern auch in der Nacht. Ihnen brachten die Engel die Botschaft: Friede auf Erden! Solche Menschen sind berufen, Boten seines Friedens zu werden.[6]

Die andere Geschichte erzählt von Weisen aus dem Orient. Die gehörten zu den Mächtigen der Welt. Sie brachten kostbare Geschenke. Sie suchten Jesus, den neuen König der Juden. Mit ihren Geschenken richteten sie Unheil an. König Herodes erfuhr durch sie, dass in Bethlehem ein neuer König geboren war. Er sah seine Macht bedroht. Daher ließ er alle Kinder in Bethlehem, die unter zwei Jahre



6 Lk 2,1-21.

alt waren, ermorden, unschuldige Kinder – nur auf die Vermutung hin, eins von ihnen könnte das geweissagte Königskind sein. Hier starben viele Unschuldige für einen einzigen, der unschuldig war. [7]

Warum geschehen solche Massaker an Unschuldigen in dieser Welt? Durch den Kindermord in Bethlehem wollte Herodes seine Macht erhalten. Er hatte Angst vor einem neuen König, der ihn ablösen könnte. Durch die Massenhinrichtung von Sklaven in Rom wollen die Sklavenbesitzer ihre Macht erhalten und ihren Sklaven klarmachen: Wir, die Herren, sind zwar in eurer Hand, wenn ihr uns in unseren Häusern dient. Aber wehe, einer von euch nutzt diese Macht aus! Alle werden dafür büßen. Die Mächtigen haben Angst.

Ihr fragt mit Recht: Warum lässt Gott solches Unrecht zu? Darauf habe ich keine Antwort. Denn jede Antwort, die das Leiden unschuldiger Menschen oder kleiner Kinder als etwas Sinnvolles deutet, würde es rechtfertigen! Jede Rechtfertigung müsste etwas finden, was vielleicht daran gut sein könnte. Aber es gibt in der Welt Untaten, die lassen sich mit nichts rechtfertigen. Der Kindermord in Bethlehem lässt sich nicht rechtfertigen. Der Sklavenmord in Rom lässt sich nicht rechtfertigen. Gott will nicht, dass wir uns Gründe ausdenken, warum darin ein Sinn steckt. Sicher ist nur: Gott verurteilt diese Morde. Sie sind gegen seinen Willen. Hier treten Menschen seinen Willen mit Füßen.

Wenn ihr den Brief des Paulus an uns Christusanhänger in Rom lest, dann enthält er zwei Botschaften an alle, die unter Ungerechtigkeiten leiden. Die erste Botschaft ist: Wenn wir leiden, leidet Gott mit uns. Denn es ist Gottes Geist, der in uns und in allen Kreaturen seufzt. Deshalb schreibt Paulus: ›Denn wir wissen, dass die ganze Schöpfung

7 Mt 2,1-23.

bis zu diesem Augenblick mit uns seufzt und in Geburtswehen liegt.‹[8] Wenn wir stöhnen und schreien und es nicht mehr aushalten in dieser Welt, dann ist es Gottes Geist, der in uns schreit und Widerstand leistet. Wenn wir stöhnen und uns winden, dann sind das die Geburtswehen einer neuen Welt. Denn die Welt wird nicht so bleiben, wie sie ist. Sie wird sich verändern. Alles Neue wird unter Schmerzen geboren. Aber auch diese Schmerzen werden nicht durch das gerechtfertigt, was ihnen folgt.

Vielleicht fragt ihr: Kannst du uns nicht sagen, wie diese neue Welt aussieht? Ich sage euch offen: Auch das weiß ich nicht. Ich weiß nicht, worum ich Gott bitten soll – abgesehen davon, dass ich darum bitte, er möge uns die Kraft geben, dieses Leid zu überleben, weiterhin gütig zu unseren Nächsten und fair gegenüber unseren Feinden zu sein und nie die Hoffnung aufzugeben, dass sich die Welt ändern kann. Auch Paulus weiß nicht, worum er bitten soll. Deswegen hat er geschrieben: ›Wir *wissen* nicht, was wir beten sollen, wie sich's gebührt; sondern der Geist selbst vertritt uns mit unaussprechlichem Seufzen.‹[9] Das ist ein Trost für alle, die nicht wissen, ob sie beten sollen und ob es überhaupt einen Sinn in ihrem Leben und in ihrem Leiden gibt. Gott ist mit ihnen. Er ist die Sehnsucht nach Sinn in einer sinnlosen Welt. Unser Leiden ist sein Leiden.

Aber nun werdet ihr fragen: Wie kann man dessen gewiss werden, dass Gott in und mit uns leidet? Das ist die zweite Botschaft des Paulus an uns: Diese Gewissheit gewinnen wir, wenn wir auf Jesus schauen. Jesus war am Kreuz von allen verlassen, Gott aber war mit ihm. Gott ist nicht mit den Mächtigen, er ist mit den Unterdrückten. Deswegen hielt er nicht an seinem Rang wie an einem Pri-

8 Röm 8,22.
9 Röm 8,26.

vileg fest, sondern verzichtete darauf, wurde ein Mensch wie wir, wurde ein Sklave wie viele unter uns. Gott zeigt uns so: Ich stehe auf der Seite der Niedrigen, der Entrechteten, derer, die heute unschuldig ermordet werden. Das sagt auch Paulus, wenn er schreibt:

*Seht doch auf eure Berufung, Brüder und Schwestern!*
*Da sind nicht viele Weise im irdischen Sinn,*
*nicht viele Mächtige,*
*nicht viele Vornehme.*
*Gott hat vielmehr das Törichte in der Welt erwählt,*
*um die Weisen zuschanden zu machen,*
*Gott hat das Schwache in der Welt erwählt,*
*um das Starke zuschanden zu machen.*
*Gott hat das Niedrige in der Welt*
*und das Verachtete erwählt,*
*das, was nichts ist,*
*um das, was etwas ist, zu vernichten,*
*damit kein Mensch sich rühmen kann vor Gott.*[10]

Warum predigen wir einen Gekreuzigten? Weil wir durch ihn lernen können, dass Gott auf der Seite der Leidenden steht. Wenn Jesus am Kreuz schreit: ›Mein Gott, mein Gott, warum hast du mich verlassen?‹[11], dann dürfen wir glauben: Gott verlässt uns auch in unserer Gottverlassenheit nicht. Das ist das Wichtigste in seiner Botschaft. Heute werden 400 Unschuldige für einen Schuldigen sterben, verurteilt aufgrund eines unmenschlichen Gesetzes der Römer. Sie werden geschlachtet, als seien sie Vieh und nicht Menschen. Fast prophetisch hat Paulus in seinem Brief davon gesprochen, als er aus den Psalmen zitierte:

10 1Kor 1,26-29.
11 Mk 15,34.

> *Um deinetwillen werden wir getötet den ganzen Tag;*
> *Wie sind geachtet wie Schlachtschafe.*[12]

Aber Gott stellt uns das eine Kreuz Jesu als Gegenbild zu vielen Kreuzen vor Augen. Heute sterben 400 Unschuldige gegen ihren Willen für *einen* Schuldigen. Gott handelt anders: Ein Unschuldiger gibt freiwillig sein Leben dahin, um *alle* zu retten, die schuldig sind – und das sind wir alle. Wir sind alle nicht so, wie wir sein sollen. Warum aber rettet er uns damit? Er öffnet uns zunächst einmal die Augen dafür, dass überall andere Menschen für uns sterben, dass viele Lebewesen für uns sterben. Er öffnet uns die Augen für unser Elend. Aber noch wichtiger ist: Er überwindet dieses Elend, indem er Jesus nicht im Tod lässt. Damit sendet er die Botschaft: Das Sterben für andere soll aufhören. Anstatt andere für uns sterben zu lassen, sollen wir für andere leben.

> *Denn keiner von uns lebt sich selber,*
> *und keiner stirbt sich selber.*
> *Leben wir, so leben wir dem Herrn,*
> *sterben wir, so sterben wir dem Herrn.*
> *Ob wir nun leben oder ob wir sterben,*
> *so gehören wir dem Herrn.*[13]
> *Jeder von uns soll daher so leben,*
> *dass er seinem Nächsten zum Guten gefalle.*
> *Denn auch Christus hat nicht für sich selbst gelebt.*[14]

Macht euch klar, was wir heute erleben, geschieht in anderer Form immer und überall. In der Welt herrscht ein grausamer Kampf. Die großen Fische fressen die kleinen Fische. Die kleinen Fische konkurrieren darum, wer den großen schneller

12 Röm 8,36 = Ps 43,23 Lxx.
13 Nach Röm 14,7f.
14 Nach Röm 15,2f.

entrinnen kann. Wir Menschen setzen diesen Lebenskampf unter uns fort. Sind nicht auch heute die 400 Sklaven ein Opfer dieses Lebensgesetzes: Leben lebt immer auf Kosten anderen Lebens? Paulus aber sagt: Gottes Wille ist Liebe. Er will den Kampf aller gegen alle beenden. Paulus sagt: Alles Fleisch, alles Leben ist Feindschaft gegen Gott.[15] Alles Leben will sich mit Härte durchsetzen. Der Senat meint: Es ist besser ein paar hundert Sklaven kommen um, als dass wir uns gefährden. Paulus würde sagen: Er verhält sich wie alles Leben auf unserer Erde nach dem harten Gesetz des Lebens. Er verhält sich wie alles ›Fleisch‹.

Gibt es eine Alternative? Ja, es gibt sie. Leben vermehrt sich nicht nur dadurch, dass es andere Lebewesen bekämpft und verdrängt. Es vermehrt sich durch Liebe. Durch Liebe ziehen Menschen einander an. Auch dann noch bleibt das Grundgesetz des Lebens: Attraktives Leben vermehrt sich auf Kosten dessen, was weniger attraktiv ist. Dennoch ist es wichtig zu wissen, Liebe ist der Gegensatz zur Zerstörung. In der Liebe leuchtet schon in der Natur eine andere Möglichkeit auf. An der sollten wir uns orientieren. Sie soll uns Phantasie dafür geben, dass es anders zugehen könnte in der Welt, und dass es nicht weltfremd ist, so zu denken.

Die entscheidende Frage ist: Können wir diese Liebe so stark machen, dass sie stärker wird als alle Konkurrenz? Können wir sie über die hinaus ausweiten, die attraktiv sind und für die wir gerne etwas opfern? Können wir sie ausweiten auf die Nicht-Attraktiven, die Fremden, die Feinde, die Hinkenden und Humpelnden? Dann erst sind wir dem harten Gesetz des Lebens entronnen, wie Israel der Sklaverei Ägyptens entronnen ist. Genau das sagt Paulus: Gott liebt diejenigen, die nicht attraktiv sind. Er liebt diejenigen, die Sünder sind! Gott steht auf der Seite derer, die im Lebenskampf keine Chancen haben: auf der Seite der Schwachen

15 Röm 8,7.

und Armen! Er will uns dazu bringen, sich auch auf ihre Seite zu schlagen!

Wie aber will er uns davon überzeugen? Christus ist ein Gegenbild zu dem, was wir heute in Rom erleben. Auch die Römer kennen solche Gegenbilder. Sie kennen den ›edlen Opfertod‹ für andere. Sie erzählen, wie früher Könige und Generäle ihr Leben freiwillig für das Heil der Stadt hingaben.[16] Wenn ein Orakel sagte, dass die Stadt gerettet würde, wenn den Göttern ein Menschenopfer dargebracht würde, dann waren sie bereit, sich freiwillig als Opfer töten zu lassen. Diese Opfer glaubten, dass sie unwiederbringlich das Leben verlieren, ohne es je neu zu gewinnen. Sie unterwarfen sich dem harten Grundgesetz des Lebens, dass Leben auf Kosten anderen Lebens lebt. Aber sie opferten nicht fremdes Leben, um das eigene Leben zu vermehren, sondern opferten ihr eigenes Leben, um andere zu retten. Auch Jesus hat sich für andere geopfert. Sein Tod erinnert an diesen ›edlen Opfertod‹, ist aber mehr als das.

Die sich selbst opfernden Römer starben für das Vaterland, für die Freunde oder für die Gesetze – immer für etwas Gutes und Wertvolles, für gute und mit ihnen verbundene Menschen. Jesus aber starb für Sünder, für Verlorene, für Versager und Schwache, für die, die nichts wert sind. Er starb für unsere Sünden und wurde dadurch zu einem Sündenbock für alle Spannungen und Konflikte unter uns.

Entscheidend ist: Jesus ist nicht nur gestorben, er wurde auch auferweckt. Deshalb schreibt Paulus: ›Christus Jesus ist hier, der gestorben ist, ja vielmehr, der auch auferweckt ist, der zur Rechten Gottes ist und uns vertritt.‹[17] Jesus überwand das Gesetz, nach dem Leben auf Kosten anderen Lebens lebt. Seine Auferweckung ist ein Protest gegen dieses Gesetz. Als Gott sich auf die Seite des hinge-

16 Auch im Urchristentum war das bekannt, vgl. 1Klem 55,1.
17 Röm 8,34.

richteten und gekreuzigten Jesus schlug, schlug er sich auf die Seite aller Opfer von Unterdrückung und Gewalt, auch auf die Seite der Sklaven, die heute gekreuzigt werden.

Ich weiß, der Tod Jesu für andere ist für viele ein Ärgernis und eine Torheit. Ihr fragt vielleicht: Brauchte Gott seinen Tod, um Menschen zu vergeben? Musste er erst seinen Zorn demonstrieren, um danach gütig zu sein? Der Sühnetod passt nicht zu unseren Vorstellungen von Gott. Er widerspricht auch dem Bild, das wir von uns Menschen haben. Denn wir wissen: Jeder muss für seine Taten selbst einstehen. Schulden kann ein Mensch für andere bezahlen, Schuld ist unübertragbar. Aber merkt ihr nicht: Gott will uns nicht durch den Tod Jesu retten, sondern dadurch, dass er diesen Tod durch das Leben überwindet? Sein Sterben hat eine besondere Bedeutung:

Jesus rückt in die Rolle eines Sündenbocks. Wenn etwas in einer Stadt oder einem Volk schief gelaufen ist, wenn Konflikte die Gemeinschaft zu zerreißen drohen, dann werden einige zu Sündenböcken gemacht. Dann sagen alle: Die sind an allem schuld. Wenn sie nur weg sind, wird alles wieder gut. Ihr könnte in unseren Schriften lesen, wie die alten Priester einmal im Jahr alle Sünden auf einen Sündenbock luden. Dann jagten sie ihn in die Wüste.[18] Dort sollte er verenden und alle ungelösten Konflikte mit in seinen Tod nehmen. Heute erleben wir, dass viele Menschen zu Sündenböcken werden, all diese unschuldigen Sklaven, die heute ermordet werden. Warum sind sie Sündenböcke? Weil es immer wieder Streit zwischen Herrn und Sklaven gibt. Herren demütigen ihre Sklaven, indem sie sie beschimpfen, prügeln, einsperren und strafen. Deswegen haben sie Angst vor ihren Sklaven. Sie haben Angst davor, dass sie sich einmal rächen könnten – dann wenn sie selbst hilflos sind, wenn sie schlafen oder krank oder schwach sind. Spannungen wird es immer

18 3Mose 16,20-22.

zwischen Herren und Sklaven geben. Sie gibt es überall, wo die einen so viel Macht haben, dass sie auf die anderen keine Rücksicht nehmen müssen. Die Sklaven des Pedanius Secundus – sie sind die Sündenböcke für alle Spannungen in Rom zwischen Herren und Sklaven, zwischen Mächtigen und Machtlosen. Es wird weiterhin Konflikte geben. Dann werden neue Sündenböcke gebraucht.

Jesus hat freiwillig die Rolle des Sündenbocks übernommen. Wenn er die Rolle des Außenseiters, des Verfolgten und des Sündenbocks übernimmt, macht er sichtbar, wie Sündenböcke gemacht werden. Denn er ist anders als andere Sündenböcke. Bei ihm muss jeder anerkennen: Er ist unschuldig. Er hat nichts Böses getan. Der Sündenbock soll die Spannungen der Gemeinschaft mit sich nehmen und nie mehr zurückkehren. Aber Jesus durchbricht diese Rolle. Jesus kehrt zurück:

*Der Außenseiter wird die Mitte der Gemeinschaft,*
*das Opfer zum Priester,*
*der Verurteilte zum Richter,*
*der Ohnmächtige zum Weltenherrn,*
*der Gekreuzigte bleibt nicht im Tod.*
*Er lebt für immer in den Herzen der Glaubenden.*
*Mit ihm werden die Opfer gerettet,*
*die Verurteilten begnadigt,*
*die vom Leben Gekreuzigten erhalten neues Leben.*
*Niemand soll mehr Sündenbock sein.*[19]

Heute sterben viele unschuldige Menschen. Unsere Botschaft ist ein Protest dagegen. Gott ist auf der Seite aller Opfer, er öffnet unsere Augen für das grausame Gesetz des Lebens, das wir so oft verdrängen: Leben lebt auf Kosten anderen Lebens. Aber er gibt uns den Mut dazu, dieses Gesetz



19 G. Theißen, Glaubenssätze. Ein kritischer Katechismus, Gütersloh 2012, Nr. 112, S. 192.

zu überwinden. Er verpflichtet uns, einen Schritt über all das hinaus zu tun, was bisher die Geschichte bestimmt hat. Die Liebe Gottes gibt neues Leben einem Gekreuzigten, einem verachteten, geschundenen, unattraktiven Menschen. Deshalb können wir sagen: Wenn irgendeiner leidet und seufzt, weil das Leben unerträglich hart ist, so ist es Gott selbst, der in ihm leidet. Es ist Gottes Geist, der in seinem Herzen seufzt, selbst wenn er es nicht weiß. Es ist Gott selbst, der in ihm Widerstand leistet gegen die Ungerechtigkeit der Welt. Gott ist die Macht, das Gesetz des Lebens zu überwinden. Deswegen kann Paulus sagen:

*Aber in dem allen überwinden wir weit durch den,*
*der uns geliebt hat.*
*Denn ich bin gewiss,*
*dass weder Tod noch Leben,*
*weder Engel noch Mächte noch Gewalten,*
*weder Gegenwärtiges noch Zukünftiges,*
*weder Hohes noch Tiefes*
*noch eine andere Kreatur*
*uns scheiden kann von der Liebe Gottes,*
*die in Christus Jesus ist, unserem Herrn.*[20]

Hört ihr, was das bedeutet? Wir überwinden durch diese Liebe das grausame Gesetz des Lebens. Gott lebt in uns und will uns daran beteiligen, anders zu sein und anders zu handeln und anders zu werden als diese Welt. Es ist sein Geist in uns, der in uns seufzt und leidet, der uns antreibt, das Leid zu überwinden und nicht zu resignieren. Unser Mut zum Leben wird immer wieder mit Christus gekreuzigt. Aber er wird immer wieder mit ihm auferstehen. Heute wird er mit vielen Sklaven gekreuzigt und begraben. Aber mit Christus wird er auferstehen. Dieser Mut zum Leben – das

20 Röm 8, 37-39.

ist Gottes Geist in uns. Durch ihn sind wir mit Gott für immer verbunden.

Und der Friede Gottes, welcher höher ist als alle unsere Vernunft, bewahre eure Herzen und Sinne in Christus Jesus. Amen.«

Onesimus machte eine Pause. Dann sprach er: »Warten wir in Ruhe, ob Gottes Geist einem von uns etwas offenbaren will!« Es herrschte eine angespannte Stille. Erasmus hatte mit zwiespältigen Gefühlen zugehört. Der Protest gegen das Unrecht sprach ihn an. Wenn man aber ernst nahm, was Onesimus sagte, dann war das eine Aufforderung zur Revolution, nur dass nicht Menschen, sondern Gott der Revolutionär sein sollte. Onesimus war durch Paulus inspiriert. Immer wieder zitierte er Paulus. Erasmus fiel ins Grübeln. Wie konnte er solch einen Menschen wie Paulus verteidigen? Zerstörte er nicht auf Dauer jede Ordnung? Stellte er nicht jede Über- und Unterordnung in Frage? Und dann traten diese Christusanhänger auch noch so auf, als redeten sie an der Stelle Gottes. Woher hatten sie diese übertriebene Vorstellung, dass ihre Gedanken die Gedanken Gottes seien? Oder dass ihr Protest der Protest Gottes sei? Während er so grübelte, trat ein Mann, der an der Wand gelehnt hatte, in die Mitte und sagte:

*Hört, was der Geist mir eingegeben hat:*
*»Ich der Herr, der allmächtige Gott,*
*verweile im Menschen.«*[21]
*»Der Mensch schläft,*
*und ich wache.*
*Siehe, der Herr ist es,*
*der die Herzen der Menschen in Ekstase versetzt*
*und den Menschen ein neues Herz gibt.«*[22]

21 Die Sprüche des Montanus aus der Mitte des 2. Jahrhunderts gehören zu den wenigen erhaltenen urchristlichen Prophetensprüchen. Zur Selbstvorstellung des Propheten: »Ich bin der Herr...« vgl. Epiphanius, Panarion 48,11,1.

22 Epiphanius, Panarion 48,4,1.

Und die ganze Gruppe sagte: »Amen.«

Erasmus hatte verwundert zugehört. Diese Menschen meinten tatsächlich, dass Gott durch sie spricht. Dass Dichter inspiriert sind, glaubte auch er. Auch bei Philosophen konnte er mit Inspiration rechnen, mit plötzlichen Erkenntnissen, die alles in ein neues Licht tauchen. Aber dass Menschen ohne Bildung Inspiration für sich in Anspruch nahmen, das wollte ihm nicht einleuchten. Wo kommen wir hin, wenn alle Menschen ihren Eingebungen blindlings vertrauen? Der Prophet aber war noch nicht fertig. Er fuhr fort:

*Heute erfüllt Gott mein Herz mit Zorn,*
*Zorn über den Tod so vieler unschuldiger Menschen.*
*Verloren ist die Stadt,*
*die voll Verbrechen ist:*
*»Weh, o weh, du große Stadt Babylon.*
*du starke Stadt,*
*in einer einzigen Stunde kommt dein Gericht über dich.«*[23]

Da aber meldete sich schon ein anderer zu Wort. Er trat in die Mitte und brachte seine Botschaft vor:

*Hört, was der Geist durch mich sagt:*
*»Siehe da, die Wohnung Gottes*
*wird bei den Menschen sein!*
*Er wird bei ihnen wohnen,*
*und sie werden sein Volk sein.*
*Und Gott wird abwischen alle Tränen von ihren Augen*
*und der Tod wird nicht mehr sein,*
*noch Leid, noch Geschrei noch Schmerz wird mehr sein;*
*denn was früher war, ist vergangen.«*[24]

23 Die Weherufe über Babylon in der Apokalypse des Johannes sind Weherufe über Rom. Der erste findet sich in Apk 18,10.
24 Nach Apk 21,3f.

Erasmus dachte: Sie diskutieren fast wie im Senat. Nur dass sie sich nicht auf Argumente berufen, sondern auf Eingebungen. Der eine brütet Rachephantasien aus, der andere widerspricht mit Bildern ewigen Glücks. Der eine beschwört den Zorn Gottes, der andere den Frieden Gottes. Aber vielleicht haben ungebildete Menschen nur Mut einander zu widersprechen, wenn sie Eingebung gegen Eingebung setzen? In der Zwischenzeit ging die Diskussion unter den Propheten weiter. Es meldete sich der Nächste und trat in die Mitte:

*Hört, was der Geist Gottes zu euch sagt:*
*Selig sind, die reinen Herzens sind.*
*denn sie werden Gott schauen.*
*Selig sind, die ihr Fleisch rein bewahrt haben,*
*denn sie werden ein Tempel Gottes werden.*
*Selig sind die Enthaltsamen,*
*denn Gott wird zu ihnen reden.*
*Selig sind, die Frauen haben, als hätten sie nicht,*
*denn sie werden Gott beerben.*[25]

Und wieder bestätigte die Gemeinde seine Worte mit »Amen«. Erasmus aber sagte unhörbar in seinem Inneren: »Nein!« Er schaute auf Hannah und dachte: Diese Heiligen könnten einen Strich durch unsere Liebe machen. Sie sind Asketen. Entweder meinen sie, man solle überhaupt keine Frauen haben oder sie haben, als hätte man sie nicht.[26] Soll man also mit seiner Frau nicht schlafen? Hoffentlich wird Hannah nicht von solchen Gedanken infiziert! Doch da stand schon eine Frau auf und sagte:

*Auch ich habe den Geist.*
*Hört, was der Geist durch mich sagt:*

25 Aus Taten des Paulus und der Thekla 3,5.
26 1Kor 7,29.

> *»Gott hat von Anfang der Schöpfung die Menschen*
> *männlich und weiblich geschaffen.*
> *Darum wird ein Mann seinen Vater*
> *und seine Mutter verlassen*
> *und wird an seiner Frau hängen,*
> *und die zwei werden ein Fleisch sein.*
> *So sind sie nicht mehr zwei, sondern ein Fleisch.*
> *Was nun Gott zusammengefügt hat,*
> *soll der Mensch nicht scheiden.«*[27]

Das war wieder ein direkter Widerspruch zum Vorredner. Wieder war es so, als würde eine Diskussion geführt, nicht wie unter Philosophen mit Argumenten, sondern mit Eingebungen einfacher Menschen. Diese Frau trat für die Ehe ein und verstand sie als Vereinigung zweier Körper. Doch da schaltete sich Onesimus ein und sagte: »Denkt daran, was Paulus sagt: Alle dürfen mitteilen, was ihnen eingegeben wird. Jeder darf sprechen. Aber wir müssen mit unserem Verstand beurteilen, was gut und was nicht gut ist.«

Das klang fast wie ein Schlusswort. Doch die Diskussion war noch nicht zu Ende. In einer Ecke hörte man eine Stimme, die wie ein Wimmern klang, dann anschwoll. Unverständliche Laute reihten sich aneinander. Sie hatten keinen Sinn. Es war, als handle es sich um eine fremde Sprache. Aber Erasmus konnte sie mit keiner der ihm bekannten Sprachen identifizieren. Trotzdem hörten alle gebannt zu. Keiner schien Anstoß an diesem Sprachsalat zu nehmen. Alle waren offensichtlich solche Töne gewohnt.

Nachdem der Mann eine Zeit lang unverständlich vor sich hin gewimmert hatte, sagte Onesimus: »Kann jemand deuten, was die Zungenrede unseres Bruders sagt? Glossolalie ist eine gute Sache, aber sie dient der Gemeinde nur, wenn einer übersetzt, was der Geist durch sie sagt.«

27 Mk 10,6-9.

Lange meldete sich niemand. Endlich meinte einer: »Ich glaube, der Geist klagt und trauert über den heutigen Tod so vieler unschuldiger Menschen. Er spricht Gedanken aus, die wir besser nicht öffentlich aussprechen sollten, weil sie viel zu gefährlich wären.«

Ein anderer schien ihn unterstützen zu wollen. Er sagte: »Seien wir zufrieden damit, dass einer von uns vom Geist erfüllt ist. Es hat einen Wert in sich selbst, auch wenn wir es nicht verstehen.«

Onesimus gab ein Zeichen, dass er nun im Ablauf des Gottesdienstes fortfahren wollte und sagte:

*Lasst uns nun zusammen das Abendmahl feiern!*
*Grüßt euch zuvor mit dem Heiligen Kuss.*
*Denn »Gott ist Liebe,*
*und wer in der Liebe bleibt,*
*der bleibt in ihm*
*und Gott in ihm.«*[28]
*Wenn einer den Herrn liebt,*
*der komme und nehme an unserem Mahl teil.*
*Wenn er ihn nicht liebt,*
*der kehre um!*
*Maranatha.*[29]
*Herr, komm zu uns.*

Erasmus winkte Hannah und Tertius und flüsterte: »Jetzt sollten wir uns zurückziehen. Sie wollen offensichtlich keine Zuschauer bei ihrem Mahl haben.« Nur sehr wenige verließen mit ihnen den Raum. Sie registrierten noch, wie sich alle Versammelten in die Arme fielen und einen Kuss gaben. Dann waren sie draußen. Wieder auf der Straße stehend sagte Hannah: »Ist dieser Onesimus nicht gut? Ein

28 1Joh 4,16.
29 Nach 1Kor 16, 22 und Didache 10,6: Maranatha ist aramäisch und bedeutet: Herr komm!

faszinierender Redner! In seiner Gemeinde versuchen sie tatsächlich, Gleichberechtigung zu verwirklichen.«

Tertius stimmte zu: »Dass ein Sklave Gemeindeleiter wird, finde ich das großartig!«

Erasmus war zurückhaltender: »Es hat mich bewegt, wie diese einfachen Menschen gegen das Unrecht an den Sklaven protestieren. Einige haben ihn wohl in ihrer unverständlichen Glossolalie versteckt, damit keiner diesen Protest in seiner vollen Schärfe kennenlernt.« Aber er äußerte auch Vorbehalte: »Sind das nicht alles ungebildete Menschen, wollen überall mitreden und beanspruchen sogar, von Gott dazu inspiriert zu sein. Sogar Frauen erheben ihre Stimme und beanspruchen im Geist Gottes zu reden.«

Hannah widersprach: »Ich finde es gut, dass Frauen sich zu Wort melden. Vielleicht gibt ihnen erst dieses Bewusstsein, vom Geist getrieben zu sein, den nötigen Ruck, um sich gegen die Sitte zu Wort zu melden.«

Erasmus nickte: »Frauen sind nach meiner Überzeugung genauso zu Philosophie und Weisheit bestimmt wie Männer. Warum nicht auch zur Prophetie? Aber wenn sie sich in prophetischer Ekstase öffentlich hinstellen, schreckt das nicht manche ab? Mir ist das etwas zu schrill.«

Hannah warf ein: »Auch das, was die Frau zur Verteidigung der Ehe sagte?«

»Nein«, gab Erasmus zu, »das fand ich sehr gut. Damit hat sie ihrem asketischen Vorredner widersprochen. Vielleicht hast du Recht. So viel Mut zum Widerspruch hat man vielleicht nur, wenn man von einer übermenschlichen Kraft getrieben wird. Aber ich meine trotzdem, diese Christusanhänger wollen zu viel auf einmal. Sie spüren in sich den Geist Gottes und meinen, in ihrem kleinen Leben soll die Weltgeschichte neu beginnen.«

»Was wollen sie denn anderes«, wandte Hannah ein, »als etwas von dem realisieren, was Philosophen in kleinen Kreisen diskutieren? Sie nehmen beim Wort, was wir philosophisch nur postulieren: Alle Menschen sind gleich.«

»Aber sie werden sich blutige Nasen holen, wenn ihre Ideen mit der Realität zusammenprallen«, entgegnete Erasmus. »Ich bin Anwalt. Meine Aufgabe ist es, die Welt am Laufen zu halten, Konflikte zu begrenzen, Kompromisse einzufädeln. Natürlich finde ich sympathisch, was diese Leute wollen. Aber wenn sie zu kompromisslos sind, werden sie keinen Erfolg haben, sondern sich nur verhasst machen. Vor allem, wenn sie so tun, als sei die ganze Welt im Irrtum und nur sie lebten im Lichte der Wahrheit.«

Sie waren inzwischen bei Nathans und Salomes Haus angekommen. Bevor sie sich verabschiedeten, fragte Hannah: »Darf ich meinen Eltern die gute Nachricht überbringen, dass du der Anwalt des Paulus sein willst?«

Erasmus war etwas verlegen. Im Grunde seines Herzens war er fest entschlossen, Paulus zu verteidigen. Aber er hatte sich gegenüber Hannah und Nathan noch nicht festgelegt. Zu viele Fragen schwirrten noch immer unbeantwortet in seinem Kopf herum. Aber jetzt musste er sich festlegen, sonst könnte Hannah sein Zögern falsch deuten. Sie schaute ihn mit ihren wunderbaren Augen tief an und sagte: »Nicht wahr, du verteidigst ihn?«

»Ja«, sprach Erasmus mit leiser Stimme. Und dachte, als er sich sprechen hörte: Habe ich das wirklich gesagt?

Hannah strahlte vor Freude, umarmte und küsste ihn. Ihre Berührung durchfuhr ihn wie ein Blitz und versetzte jeden Nerv in ihm in Aufregung. Noch einmal wiederholte er seine Worte, diesmal mit fester Stimme:

»Ja, ich werde Paulus verteidigen, auch wenn viele seiner Gedanken problematisch sind!«

»Aber doch nicht alle Gedanken«, warf Hannah ein. »Würdest du nicht zustimmen: Wenn sich die Gedanken des

Paulus verbreiten, wäre es undenkbar, unschuldige Sklaven für die Vergehen eines einzigen hinzurichten.«

»Darin hast du gewiss Recht!«, antwortete Erasmus.

»Ein Gedanke ließ mich aufhorchen«, fügte Hannah hinzu. »Tod und Leben können uns nicht scheiden von der Liebe Gottes. Dass der Tod scheidet – das wissen wir. Dass das Leben von Gott scheidet – das soll nicht sein!«

Da antwortete Erasmus spontan: »Das erinnert mich an Salomos Lied: ›Liebe ist stark wie der Tod. Ihre Glut ist ewig‹. Ist Liebe nicht ein Funke Ewigkeit?«

Sie verabschiedeten sich voneinander. Erasmus und Tertius gingen nach Hause. Auf dem Weg sagte ihm Tertius: »Ich muss dir noch etwas sagen: Ich hatte schlimme Gerüchte über diese Christusanhänger gehört, sie seien lichtscheues Gesindel, verachteten andere Menschen und verehrten einen Kriminellen. Richtig ist: Sie verehren einen Gekreuzigten und schreien in alle Welt hinaus, dass er zu Unrecht gekreuzigt wurde.«

Erasmus horchte auf und antwortete: »Kannst du versuchen, genauer herauszubekommen, was man im Volk über sie sagt? Das könnte für meine Verteidigung des Paulus wichtig sein.«

»Kein Problem«, sagte Tertius, »das interessiert auch mich. Ich habe den Eindruck, als rede man ohne Grund schlecht von ihnen.«

In dieser Nacht fand Erasmus keinen Schlaf. Seine Überzeugungen sagten ihm eindeutig, was Recht und Unrecht war. Aber bei Juden und Christusanhängern spürte er, sie gaben sich nicht damit zufrieden, dass die Welt nun einmal so ist, wie sie ist. Sie lebten, als seien sie dazu auserwählt, erste Schritte in eine neue Welt zu tun. Deshalb erfüllte sie dieses stolze Bewusstsein, vom Geist Gottes erfüllt zu sein – als wären sie nicht kleine Handwerker und Sklaven, sondern Söhne und Töchter Gottes. Flüchteten sie sich damit nicht in eine Parallelwelt von Illusionen? Obwohl diese Illusionen voll Liebe und Güte waren. Die Realität war anders. König Salomos Recht war da realistischer, wenn er schrieb:

*Ich betrachtete alles Geschehen,*
*alles, was unter der Sonne geschieht;*
*siehe, alles ist nichtig*
*und ein Haschen nach Wind.*[30]

Doch einen Rat gibt Salomo:

*Genieße das Leben mit der geliebten Frau*
*alle die Tage des flüchtigen Daseins,*
*das dir verliehen ist unter der Sonne;*
*denn das ist dein Teil am Leben und für die Mühe,*
*womit du dich abmühst unter der Sonne.*[31]

Erasmus seufzte: Könnte er doch mit Hannah zusammen so eine kleine Nische finden, in der sie die Weisheit Salomos leben könnten! Dafür wollte er kämpfen, dafür wollte er Paulus verteidigen. Wenn sich dessen Ansichten im Judentum durchsetzen würden, gäbe es keine Ehehindernisse mehr für ihn. Nur von seiner Askese durfte sich Hannah nicht anstecken lassen. Noch gefährlicher schienen ihm aber andere radikale Ideen des Paulus: Der wollte Oben und Unten austauschen, brandmarkte Weisheit als Torheit, hielt für eine Schande alles, was in dieser Welt angesehen ist. Er wollte zwar keine Revolution machen. Das überließ er Gott. Aber wenn er heute Gott zum Revolutionär machte, würde er dann nicht morgen selbst rebellieren, wenn er sich als Ebenbild dieses Gottes versteht? Hatten seine Ideen nicht bei Hannah schon allzu stark gezündet? Würde sie solche

30 Prediger Salomo 1,14.
31 Prediger Salomo 9,9.

radikalen Ideen seiner realistischen Philosophie vorziehen? Diese radikalen Ideen passten nicht zum Traum, mit einer geliebten Frau in einer kleinen Nische ungestört das Leben zu genießen. Erasmus wälzte sich unruhig hin und her auf seinem Bett. An Schlaf war nicht zu denken.

Wie sehr hatte sie ihn beim Abschied umarmt! Wie tief war dieser letzte Kuss! Alles in ihm war in Schwingungen geraten. Er hatte ihr Echo in seinem Körper gespürt. Er war sich sicher, sie gehört ihm; sie will ihm gehören. Wer so küsst, will mehr Küsse. Aber Hannah war eine selbständige Frau. Sie folgte ihren eigenen Gedanken. Sie konnte widersprechen. Sie war die einzige ihm bekannte Frau, die philosophisch dachte und lebte. Waren ihr am Ende einige Ideen wichtiger als ein römischer Anwalt, der von einem privaten Glück in seinem Haus träumte? Aber dann sagte er sich: Hannah liebt mich! Sie hat es mir unabhängig von Sitte und Brauch gesagt! Sie war mit Tertius bei ihm erschienen – mit einer Liebeserklärung, um die ihn alle Männer der Welt beneiden würden.

Aber es blieb eine kleine Eifersucht gegen die Ideen, die er heute gehört hatte. Waren das nicht Ideen, mit denen man die Welt anzünden konnte? Die einen Flächenbrand verursachen konnten? Dagegen musste er Vernunft, Realismus und Pflichtbewusstsein aktivieren! Diese Christusanhänger werden früher oder später merken: Die Realität kapituliert nicht vor ihrer Gesinnung. Es wäre schon viel erreicht, wenn ihre Gesinnung nicht vor der Realität kapituliert. Als Anwalt dachte er: Es wäre schon sehr viel, wenn ein wenig davon in Kompromissen verwirklicht werden könnte und nie in Vergessenheit geriete. Seufzend setzte sich Erasmus auf. An Schlaf war noch immer nicht zu denken. Der Morgen dämmerte. Er beschloss, Philodemus einen Brief zu schreiben. Er wollte dieses Thema mit ihm diskutieren. Zwei Tage später erhielt er die Antwort.

## Briefe über Sklavenaufstand in der Moral

*Philodemus an Erasmus,*

die Götter mögen Dich beschützen! Wenn die Christusanhänger gegen die Massenhinrichtung der Sklaven protestieren, so protestieren sie zu Recht. Sie verkennen, dass in der Geschichte schon immer galt: Wer die Macht hat, definiert, was Recht ist. Schon Kallikles hat erkannt:[32] Starke Herrscher handeln nicht nach Gesetzen, sondern nach der Natur. Die Schwachen behaupten, es sei hässlich und ungerecht, was die Starken tun. Sie schaffen Gesetze, die den Starken schaden und sie durch Moral zähmen. Auch die Propaganda dieses Onesimus, von der Du mir geschrieben hast, ist die Rache der Schwachen an den Starken. Die »Wut der kleinen Leute« auf die Mächtigen ist angesichts der Abschlachtung von 400 Sklaven verständlich. Weil sie wie Dreck behandelt werden, drehen sie den Spieß um und erklären zu Dreck, was die Herrschenden für gut halten.

Mögen diese Christusanhänger auch von Liebe und Güte schwärmen, von Unterstützung und Hilfe – sie betreiben einen Sklavenaufstand in der Moral.[33] Wenn sie damit Erfolg haben, wird keiner mehr mit gutem Gewissen bejahen können, was das Leben lebenswert macht: Luxus und Genuss, Reichtum und Erfolg, Machtentfaltung und Machterweiterung, Siege und Unterwerfung der Feinde. In ihrer Phantasie lassen diese Weltverächter all das in den Flammen des Jüngsten Gerichts untergehen.

Lieber Erasmus, bleibe der Erde treu! Bleib diesem Leben treu! Wir sind uns einig darin, dass die Massenhin-

32 In Plato, Gorgias 482c-484c, formuliert Kallikles seine These.

33 F. Nietzsche prägte diesen Begriff für das jüdische und christliche Ethos (z.B. in: Zur Genealogie der Moral Nr. 7, in: F. Nietzsche. Sämtliche Werke, KSA 5, 268). Vor allem Paulus sei ein »Apostel der Rache« gewesen, der alles abgewertet habe, was in der Welt gut und stark sei.

richtung der Sklaven nicht nur Unrecht, sondern eine Torheit war. Mit solchen Grausamkeiten stabilisiert man nicht unsere Herrschaft. Aber wir müssen uns dagegen wehren, dass das zum Anlass genommen wird, unsere ganze Kultur schlechtzumachen.

*Grüße an Erasmus*
*Philodemus*

*Erasmus an Philodemus,*

Du hast Recht: Diese Christusanhänger wünschen, dass diese Welt zugrunde geht. Sie werten ab, was in ihr für uns reiche Menschen das Leben lebenswert macht: Luxus und Besitz, Macht und Prestige. Sie sind Brandstifter. Sie sehnen den Untergang der alten Welt in Flammen herbei, damit eine neue Welt kommt. Natürlich legen sie nicht selbst das Feuer dazu. Das soll der Messias für sie tun. Deine Frage ist: Machen die Christusanhänger unsere aristokratischen Werte schlecht, weil sie nichts von ihnen in ihrem Leben verwirklichen können? Oder kann man darüber auch anders denken?

Aristokratisch ist der Stolz auf einen hohen Status. Die Christusanhänger schreiben sich den Status von Königen zu. So wie sich unsere Könige oft »Söhne Gottes« nennen, behaupten sie: Wir sind Söhne Gottes.[34]

Könige schreiben sich eine übernatürliche Kraft zu. Ihr Genius leitet sie. Die Christusanhänger sind überzeugt, dass sie der Geist Gottes erfüllt und ihnen Kraft gibt, ihr Leben zu führen.

Aristokratisch ist es, aus dem Überfluss zu spenden. Geben ist seliger als nehmen.[35] Das ist eine Devise von Königen und Mächtigen. Die Christusanhänger haben sie sich als kleine Leute zu Eigen gemacht.

34 Gal 4,5f; Röm 8,14.
35 Apg 20,35.

Könige nennen sich Friedensstifter. Sie haben die Macht, Frieden durchzusetzen. Die Christusanhänger aber rufen auch kleinen Leuten zu: Selig sind die Friedensstifter![36]

Die Christusanhänger werten Macht, Reichtum und Weisheit nicht ab, sondern ahmen die Reichen und Herrschenden nach. Sie wollen deren Werte nicht schlechtmachen, sondern verwirklichen. Und umgekehrt gilt: Auch die herrschenden Gruppen werten die Unterschicht aus Neid ab. Sie wollen sich nicht eingestehen, dass sie durch deren Unterdrückung schuldig werden. Deshalb geben sie den Unterdrückten selbst die Schuld dafür. Sie behaupten, sie seien schwer zu disziplinieren, aufsässig, unzuverlässig. Deshalb sei es verantwortliche Staatskunst, 400 Sklaven hinzurichten. Allen Sklaven seien heimtückische Morde zuzutrauen. Die Opfer werden selbst für ihr Leid verantwortlich gemacht. Ist das nicht auch eine Abwertung dessen, was man eigentlich für sich erstrebt? Sie beneiden die Unterschichten wegen ihrer Unschuld, weil die kleinen Leute sich nicht schuldig machen wie sie.

Die kleinen Leute werten die Ideale der Oberschicht um, die Oberschicht die »Unschuld« der kleinen Leute. Aber immer wieder übernehmen kleine Leute die Tugenden von Königen und sagen: Uns gehört die Königsherrschaft Gottes. Immer wieder übernehmen Mächtige die Demut der Kleinen und sagen wie ein makedonischer König zu seinem Sohn: »Weißt Du nicht, dass die Königsherrschaft eine ehrenvolle Sklaverei ist?«[37]

***Grüße an Philodemus von Erasmus***

36 Mt 5,9.



37 Bezeugt vom makedonischen König Antigonos Gonatas (Aelian var hist II 20).

# LIEBESBRIEFE 9

Nach der Massenexekution war nichts mehr normal in der Stadt. Ihre Atemzüge stockten. Ihre Mimik erstarrte. Und doch sah alles so aus wie sonst. Erasmus staunte, warum der Himmel nicht finster wurde, der Tiber nicht zornig anschwoll, die Blätter der Bäume nicht verdorrten. Wie sonst überwölbte der Himmel blau die Stadt. Wie sonst strömte der Tiber nachlässig dahin. Wie gewohnt ragten die Pinienbäume stumm in die Höhe. Aber diesmal wirkten sie so, als weigerten sie sich, Zeugen des Geschehens zu sein. Die Häuser vermauerten sich in Schweigen. Harmlose Gespräche über das Wetter schienen Ablenkungsmanöver zu sein, um nicht in einen Abgrund schauen zu müssen. Wenn Menschen wie Vieh im Schlachthaus vernichtet werden, gibt es keine Reaktion, die richtig ist, und kein Wort, das heilen kann.

In Erasmus verbreitete sich ein Gefühl von Schuld und Scham. Ihm war klar geworden, diese Massenexekution offenbarte die Feindschaft zwischen herrschenden und beherrschten Schichten. Sein eigener Lehrer der Rechtswissenschaft hatte sich dazu hergegeben, ihr den Anschein des Rechts zu geben. Erasmus stand als Oberschichtangehöriger auf seiner Seite, Hannah als Mitglied der jüdischen Minderheit auf der anderen Seite. Was ihn und Hannah verband, waren ihre Philosophie, ihr Glaube, ihre Liebe. Es gab viele Brücken. Er wollte Hannah auf keinen Fall verlieren. Er wollte unbedingt auf ihrer Seite stehen. Er verabscheute wie Hannah, was der Senat den Sklaven angetan hatte. Aber er konnte nicht leugnen, dass die Erhaltung der Ordnung seinen Interessen entsprach und er als Anwalt ständig aus Überzeugung daran arbeitete, diese Ordnung zu erhalten. Wollte nicht auch die Senatsmehrheit genau das? War Erasmus nicht ein typisches Mitglied dieser Oberschicht? War auch er verwickelt in das Unrecht, das sie verübte? Aber dann sagte er sich: Sollte er sich allein deswegen schuldig fühlen, weil er zur Oberschicht gehörte? Er lehnte den Beschluss des Senats zur Hinrichtung der Sklaven strikt ab! Nicht nur aus moralischen Gründen. Er war überzeugt: Solche Beschlüsse gefährden auf lange Sicht Rechtsordnung und Stabilität des Staates.

Erasmus musste zugeben: Ohne die Rede des Cassius Longinus und die Predigt des Onesimus hätte er nicht an der Moral seines Standes gezweifelt. Weil er tief verunsichert war, suchte er nach einer inneren Nähe zu diesen Christusanhängern, denn er spürte, dass Hannah ihnen nahe stand. Auch Hannah fühlte sich nicht an die bestehende Ordnung dieser Welt gebunden. Die Welt, wie sie heute ist, war für sie der Übergang zu einer Welt, wie sie sein könnte. Juden und Christusanhänger waren für sie Vorboten dieser Welt. Die Christusanhänger zeigten nur ein wenig provokativer, was Juden sonst gegenüber ihren nicht-jüdischen Nachbarn verbargen, dass sie diese Welt für eine Welt des Unrechts hielten.

Hannah besuchte immer häufiger ihre Gottesdienste. Manchmal traf sie dort Tertius. Ein Gott, der Sklave geworden war, und erhöht wurde, war ein Gott, der ihm nahe stand. Erasmus blieb ihren Gottesdiensten fern, ließ sich aber durch Hannah und Tertius von ihnen berichten, offiziell als Anwalt des Paulus, eigentlich ging es ihm jedoch um seine innere Nähe zu Hannah. Er wollte an ihrer Welt teilhaben, auch wenn er sich dabei von seiner Herkunft entfernte. In einem Punkt waren sie ohnehin einander ganz nah: Sie liebten sich.

Es waren erfüllte Wochen. Erasmus und Hannah trafen sich hin und wieder bei ihren Eltern, verabredeten sich heimlich bei Erasmus, umarmten und küssten sich und taten alles, was Liebende tun, um sich ihre Liebe gegenseitig zu bezeugen. Täglich schrieben sie einander Briefe, die Tertius überbringen musste. Es waren Liebesbriefe der besonderen Art. Beiden war bewusst, dass sie aus verschiedenen Welten stammten. Beide waren von der Welt des anderen fasziniert. Hannah bewunderte die Philosophie des Erasmus. Sein Vertrauen in die gegenwärtige Welt berührte sich mit ihrem Glauben an die Schöpfung. Erasmus aber war von einer inneren Unruhe bei Hannah angezogen, die über die gegenwärtige Welt hinaus wies. Die Massenexekution der Sklaven hatte in ihm etwas zerbrochen. Seitdem brannte diese Unruhe in ihm wie Feuer. Er hätte es gern gelöscht. Aber jeder Kontakt mit Hannah ließ es erneut aufflammen. Er versuchte, seine Gedanken in Worte zu fassen, und schrieb ihr einen Brief:

***Erasmus grüßt seine geliebte Hannah,***

*Gott segne dich. Ich könnte Dir immer wieder dasselbe schreiben, dass ich Dich liebe. Es könnte Dich langweilen. Aber jedes Mal, wenn ich es schreibe, ist mir, als sagte ich etwas ungeheuer Wichtiges, das ich Dir vorher nie so gesagt habe. Wenn ich dann auf eine Antwort von Dir warte, höre ich manchmal Deine Stimme in mir, auch wenn Du fern bist. Die Welt wäre öde, wenn ich sie nicht hören könnte.*

*Ganz anders ist es in der Stadt. Sie schweigt. Niemand spricht über die Hinrichtungen. Vielleicht kann man nur so nach einem Verbrechen weiterleben. Man konzentriert sich auf die alltäglichen Dinge, kümmert sich um die Kinder, schickt sie zur Schule. Zwei und zwei sind nach wie vor vier. Man müsste am Leben verzweifeln, wenn man sich offen eingestehen müsste: Wir leben in einer Stadt, in der Unmenschlichkeit regiert und jeden willkürlich in den Tod reißen kann, auch wenn er unschuldig ist. Ist es nicht so, dass das Leben oft nur weitergehen kann, wenn wir vergessen und verdrängen?*

*Aber in mir höre ich verzweifelte Schreie. Unter den Hingerichteten waren Frauen und Kinder. Wie soll ich je vergessen, was man ihnen angetan hat? Es ist einfach grauenvoll. Es ist deshalb so gut, dass ich an Dich denken und in mir Deine Stimme hören kann. Ich halte mich an Deiner Liebe fest. Sie ist eine Insel in einer grausamen Welt. Und deswegen darf ich Dir am Ende noch einmal sagen und schreiben, was ich Dir schon so oft geschrieben habe: Ich liebe Dich.*

***Liebe Grüße***
***Erasmus***

***Hannah grüßt ihren geliebten Erasmus,***

*Gott segne Dich. Ich denke jede Stunde an Dich. Das Schönste daran ist, dass ich weiß, dass auch Du an mich denkst und wir uns in unseren Gedanken begegnen. Umarmungen sind wunderbar. Sie sind es selbst dann, wenn sie nur in Gedanken geschehen und Erinnerungen an vergangene Umarmungen sind. Die Stunden der Liebe zu vergessen, wäre Verrat an der Liebe.*

*Das gilt auch für Unrecht und Leid. Vergessen wäre Verrat an denen, die gelitten haben. Vergessen ist keine Lösung, Verdrängung erst recht nicht. Denn sie stärkt das Verdrängte, so dass es uns beeinflusst, ohne dass wir es bemerken. Nur die Erinnerung macht für die Zukunft frei.*

*Wenn wir einmal heiraten, heiratest Du mit mir die Erinnerungen unseres Volkes. In ihrem Zentrum steht der Auszug aus Ägypten. Unsere Vorfahren waren dort Sklaven gewesen. Weil sie sich schneller als die Ägypter vermehrten, bekamen die Ägypter Angst vor ihnen. Ihr König ließ alle israelitischen Kinder ermorden. Es war ein Massaker wie die Hinrichtung der Sklaven in unserer Stadt.*[1] *Diese Erinnerung verpflichtet uns für alle Zeiten, Sklaven gut zu behandeln, denn auch wir waren Sklaven in Ägypten. Diese Erinnerung gebietet uns, Fremde zu achten, denn auch wir waren Fremde in Ägypten. Vor allem aber verbietet sie uns, Menschen umzubringen. Denn unsere Kinder wurden in Ägypten ermordet. Die Erinnerung an unser vergangenes Leid wurde so zur Grundlage unserer Moral.*

*Auch unser GLAUBE hängt von dieser Erinnerung ab. Gott sagt im Prolog zu seinen zehn Geboten: »Ich bin der Herr, dein Gott, der ich dich aus Ägypten aus dem Sklavenhaus geführt habe.«*[2] *Sein erstes Gebot lautet: »Du sollst keine anderen Götter neben mir haben.« Damit sagt er: Jeder Gott, der nicht in die Freiheit führt, ist kein Gott, sondern ein Götze. Ihr sollt keinen Gott verehren, der nicht in die Freiheit führt.*

*Auch unsere HOFFNUNG hängt von Erinnerungen ab. Wie ließe sich diese Welt aushalten, wenn wir nicht die Hoffnung hätten, dass es immer wieder einen Exodus aus Unfreiheit und Unterdrückung geben könnte?*[3] *Wie ließe sich die Massenexekution so vieler unschuldiger Menschen überleben ohne die Hoffnung auf eine Welt, in der dies unmöglich ist? Deswegen müssen wir das Schweigen durchbrechen.*

*Du hast Recht, unsere Liebe ist eine kleine Insel in einer Welt voll Leid. Aber sie gibt uns Kraft, über Verbrechen zu sprechen, über die andere schweigen. Deshalb ist unsere Liebe keine Flucht auf eine Insel. Ich denke jede Stunde an dich. Ich weiß, dass auch Du an mich denkst.*

1 2Mose 1,1-22.
2 2Mose 20,2.
3 Schon die Rückkehr aus dem babylonischen Exil erlebten die Juden als einen neuen Exodus, vgl. Jesaja 40-55.

*Unsere Gedanken sind eins; sie sind ein JA zu unserer Liebe und ein NEIN zum Unrecht. Deswegen liebe ich Dich so sehr.*

***Liebe Grüße***
***Hannah***

***Erasmus an seine geliebte Hannah,***

*wenn ich an Gott denke, denke ich immer an Dich. In letzter Zeit betrachte ich jeden Morgen die Sonne, wie sie über unserer Stadt aufgeht – über Herren und Sklaven, Reichen und Armen, Gerechten und Ungerechten. So geht auch in meinem Leben jeden Tag Deine Liebe neu in meinem Herzen auf und leuchtet über allen Konflikten in mir. Der Herkunft nach bin ich ein Römer, dem Glauben nach ein Jude. Sozial gehöre ich zur Oberschicht, mein Gewissen steht auf Seiten der Sklaven. Als Stoiker liebe ich die Pflicht, als Epikureer die Freude. Deine Liebe aber umfasst alles. Du hast einmal gesagt, Gott zeige seine Güte darin, dass er seine Sonne auf Gerechte und Ungerechte scheinen lässt. Ihn sollen wir nachahmen.*[4] *Ähnlich sagt Seneca: »Wenn du die Götter nachahmst, dann erweise auch undankbaren Menschen Wohltaten; denn auch Verbrechern geht die Sonne auf, auch Seeräubern stehen die Meere offen.«*[5] *Heute Morgen dachte ich: Wenn die Sonne über den Villenvierteln in Rom aufgeht, geht sie auch über Verbrechern auf. Aber sie scheint auch auf die anderen.*

*Seitdem mich die Liebe zu Dir ergriffen hat, bin ich überzeugt: Euer und unser Gott ist derselbe Gott. Euer Gott hat jedoch eine Besonderheit: Er will die Welt verändern und beteiligt uns Menschen daran. Wie gerne würde*

4 Mt 5,43-48.
5 Seneca, Über die Wohltaten IV 26,1.

*ich diesen Glauben teilen! Aber spricht nicht alles dafür, dass Gott die Welt so geschaffen hat, wie sie ist, und wir sie deshalb mit ihren Ungerechtigkeiten so akzeptieren müssen? Wenn die Welt anders werden könnte, hätte ich ständig ein schlechtes Gewissen, weil ich wenig tue, um sie zu verändern. Ich bin zufrieden, wenn ich dazu beitrage, dass sie nicht an ihren Konflikten zugrunde geht. Dass in unserer Stadt ein Massenmord unter dem Deckmantel des Rechts geschehen konnte, quält mich. Manchmal fühle ich mich sogar mitschuldig. Aber etwas in mir sträubt sich gegen dieses Gefühl. Lähme ich mich nicht mit solchen Schuldgefühlen, ohne dass dadurch auch nur das Geringste in der Welt besser wird? Wäre es nicht besser, wenn wir uns von solchen Schuldgefühlen frei machen? Dass wir die Welt so akzeptieren, wie sie nun einmal ist? Und könnte Befreiung nicht auch darin bestehen, dass wir vergessen?*

*Dich aber werde ich nie vergessen. Keine Stunde, in der wir zusammen waren. Keinen Weg, den wir zusammen gingen. Keinen Gedanken, den ich Dir verdanke. In Deiner Gegenwart ist alles fern, was mich quält. Ich brauche Dich. Ich brauche Deine Liebe. Sie durchdringt wie ein warmes Licht alles, was mich quält und zerreißt. Sie scheint wie eine Sonne auf alles, was gut und böse ist in mir.*

***Mit lieben Grüßen***
***Erasmus***

***Hannah an ihren geliebten Erasmus,***

*mit vielen guten Gedanken denke ich an Dich. Auch ich brauche Dich. Auch mir geht es so: In Deiner Gegenwart verstummen die Fragen, die mich quälen. In Deiner Abwesenheit werden sie wach. Wenn ich an Dich denke,*

*denke ich zugleich an Gott, nicht weil Du ein Gott wärest. Das wäre Blasphemie. Gott ist uns unendlich überlegen. Aber in jedem endlichen Menschen ist eine Spur Gottes. Sie ist oft verschüttet, viele Menschen ahnen nichts von ihr. Aber wenn wir uns lieben, leuchtet sie auf. Dann erkennen wir in uns sein Ebenbild wieder.*

*Woran merken wir, dass wir Gottes Ebenbild sind?*[6] *Wir erkennen es daran: Gott hat mit seiner Schöpfung etwas Neues geschaffen. Wir sind sein Ebenbild, weil auch wir etwas Neues beginnen können. Das kann kein Stern, kein Stein, keine Pflanze, kein Baum, kein Tier. Darin besteht unsere einzigartige Stellung unter allen Kreaturen. Für Eure Philosophen ist dagegen die gleichbleibende Ordnung der Welt der Beweis für ihren göttlichen Ursprung. Diese Ordnung ist für euch notwendig, so, wie sie ist; sie bleibt dieselbe. Wir aber glauben, dass sie prinzipiell anders sein könnte. Gott hätte sie auch anders schaffen können. Es gibt weder einen Grund dafür, dass die Welt existiert, noch dafür, dass sie für immer so ist, wie sie ist, oder dass sie so sein muss, wie sie jetzt ist.*[7] *Wir sind Gottes Ebenbild, weil Gott uns daran beteiligt, diese Welt zu verändern.*

*Wenn wir etwas Neues schaffen können, sind wir dafür verantwortlich. Früher glaubten die Menschen, dass sie für Verfehlungen ihrer Vorfahren die Strafe tragen müssten. Aber unsere Propheten haben uns gelehrt: Jeder ist für seine eigenen Verfehlungen verantwortlich.*[8] *Menschen hinzurichten, weil andere schuldig wurden, ist Unrecht. Es gibt keine Kollektivschuld, es gibt sie weder bei Freien noch bei Sklaven. Schuldig war nur der eine Sklave, der Pedanius Secundus ermordet hat. Schuld an*

6 1Mose 1,26f.

7 Der Arzt Galenus hat diesen Unterschied der griechischen Philosophie zum jüdischen Gottesglauben in seiner Schrift »Über die Nützlichkeit der Körperteile« (ca. 170 n.Chr.) erkannt.

8 Jeremia 31,29f; Hesekiel 18,1-32.

*der Hinrichtung so vieler unschuldiger Sklaven haben nur die Senatoren, die für ihre Hinrichtung gestimmt haben. Schuldig ist Cassius Longinus. Du aber bist an diesem Verbrechen unschuldig, auch wenn der Senat es im Namen aller Römer beschlossen hat. Dass jeder nur für sein eigenes Handeln verantwortlich ist, das ist eine Spur der Ebenbildlichkeit in allen Menschen, unabhängig davon, zu welchem Volk sie gehören.*

*Ich liebe Dich, weil Du frei von Vorurteilen gegen unser Volk und unseren Glauben bist. Man findet so wenige Menschen wie Dich, die uns fair beurteilen. Auch ich spüre immer mehr: Dein Gott ist auch mein Gott. Dein Gott will alles mit Vernunft und Sinn durchdringen, mein Gott alles durch Güte verwandeln. Wenn Liebe mich durchdringt und verwandelt, werden Dein und mein Gott eins.*

***Mit lieben Grüßen***
***Hannah***

***Erasmus an seine geliebte Hannah!***

*Ich lobe euren Glauben. Ich liebe Dich, weil Du zu Deinem Volk gehörst. Aber ich liebe Dich noch mehr, weil Dein Volk jedem Menschen einen unendlichen Wert gibt, unabhängig davon, zu welchem Volk er gehört. Alle Menschen spiegeln das Licht des unsichtbaren Gottes wieder. Liebe macht dieses Licht sichtbar. Jeder Mensch ist Gottes Ebenbild.*

*Allmählich verändert sich die Stimmung in der Stadt. Nach und nach wagen einige, über das Unrecht an den Sklaven zu sprechen. Viele im einfachen Volk haben für sie demonstriert, einige haben sogar versucht, die Hinrichtung zu verhindern. Immer deutlicher wird, auch das einfache Volk in Rom denkt, die Welt könnte anders sein. Es muss nicht sein, dass unschuldige Menschen wie Vieh abgeschlachtet werden. Aber gerade diejenigen, die darüber empört waren, quälen weit mehr Schuldgefühle als die anderen. Sie fragen sich, haben wir uns zu wenig gewehrt? In früheren Zeiten sind die Plebejer beim Konflikt mit den Patriziern aus Rom ausgezogen. Erst nach ihrem Auszug lenkte der Senat ein.*[9] *Manche fragen sich heute, hätten wir das nicht auch jetzt machen sollen? Aber wären genug hinausgezogen? Unsre Vorfahren stritten für ihre eigenen Interessen, aber jetzt ging es »nur« um die Interessen von Sklaven, dazu von Sklaven fremder Herkunft. Wären heute genügend Leute bereit gewesen, für sie einen Konflikt mit den Mächtigen zu wagen? Dazu sickerte noch eine Nachricht durch: Einer der Senatoren, die dem Beschluss zugestimmt haben, habe sich das Leben genommen. Angeblich sei ihm bewusst geworden, dass sich der Senat schuldig gemacht hat. Natürlich kursieren auch andere Gerüchte über seinen Suizid. Aber es spricht Bände, dass solch ein Gerücht aufkommen kann. Die Stadt hat ein schlechtes Gewissen. Eine Wunde ist geblieben, lässt sie sich jemals wieder heilen?*

*Umso mehr danke ich für Deine Worte. Es hat mich getröstet, dass Du sagst: Nur einzelne Menschen sind verantwortlich. Es gibt keine Kollektivschuld. Was Du schreibst, leuchtet mir ein: Alle Menschen sind Ebenbilder Gottes. Auch die Sklaven, die man aus fernen Ländern als Kriegsbeute nach Rom gebracht hat und die kein Wort Griechisch oder Latein sprachen. Auch Deine*

9 Im Jahr 494 v.Chr. leisteten die Plebejer Kriegsdienst nur gegen das Versprechen eines Schuldenerlasses. Als dieses Versprechen gebrochen wurde, verließen sie Rom und verweigerten die Rückkehr. Menenius Agrippa gewann die Plebejer durch die Fabel vom Magen und den Gliedern für Verhandlungen. Fortan sollten Volkstribunen im Senat ihre Anliegen vertreten (Livius, ab urbe condita II,32).

*Vorfahren sind so nach Rom gekommen. Jetzt bist Du da. Und ich bin glücklich darüber, dass es Dich gibt und dass wir uns hier gefunden haben.*

***Mit lieben Grüßen***
***Erasmus***

**Hannah an ihren geliebten Erasmus,**

*jeder Brief von Dir weckt in mir die Sehnsucht, Dich zu sehen. Ich weiß sehr wohl, dass wir aus sehr verschiedenen Völkern kommen. Umso größer ist das Wunder, dass wir zusammengehören. Wenn wir einmal heiraten, werde ich in die Erinnerungen Deines Volkes »einheiraten« wie Du in die Erinnerungen meines Volkes. Dadurch wird unser Leben reicher an Traditionen. Oft passen sie gut zusammen. Das römische Recht und das jüdische Gesetz ergänzen einander. Unser Gesetz ist ein Gesetz der Barmherzigkeit.*

*Daran musste ich denken, als ich in Deinem Brief von dem Senator las, der sich aus Verzweiflung über einen Senatsbeschluss das Leben nahm. Unser Gott sagt durch einen unserer Propheten: »Ich will nicht den Tod des Sünders, sondern dass der Sünder umkehrt und lebt.«*[10] *Es wäre besser, der Senator wäre als Zeuge seiner Umkehr am Leben geblieben. Das wäre im Sinne unseres Gottes. Sein Gesetz ist nicht für Menschen da, denen es leicht fällt, gut zu sein, sondern für Sünder, denen dies schwer fällt. Das wird in einer Erzählung unseres Volkes anschaulich begründet.*

*Als das Volk unter Anführung des Moses aus der Sklaverei in Ägypten geflohen war, führte Gott es durch die Wüste zu einem Berg. Hier wollte Gott dem Volk*

10 Hesekiel 18,32

*Gesetze geben, die ihm die Freiheit sichern sollten, die ihm durch den Auszug aus Ägypten geschenkt worden war. Mose stieg auf den Berg, um die Tafeln des Gesetzes zu empfangen. Nachdem er verschwunden war und längere Zeit nicht wiederkehrte, wurde das Volk ungeduldig und fiel von Gott ab.*[11] *Aaron, der Bruder des Moses, fertigte aus Gold, das er von den Israeliten eingesammelt hatte, Statuen von zwei Kälbern an und sagte: Das sind die Götter, die euch aus Ägypten befreit haben. Die sollt ihr verehren. Es war, als wollte er sagen: Ihr verdankt eure Freiheit nicht eurer Berufung durch Gott, sondern dem Geld, mit dem ihr die Ägypter bestochen habt, damit sie euch ziehen lassen. Als Mose endlich vom Berge herabstieg und den Abfall des Volkes sah, zertrümmerte er im Zorn die Gesetzestafeln. Alles schien umsonst gewesen zu sein. Da erschien ihm Gott und offenbarte ihm, dass sein Wesen Barmherzigkeit ist. Mose sah ihn nicht, aber er hörte seine Stimme rufen: »Ich bin barmherzig, wem ich barmherzig bin, und gnädig, wem ich gnädig bin.«*[12] *Diese Barmherzigkeit zeigte Gott darin, dass Mose die zerbrochenen Tafeln des Gesetzes erneuern durfte. Er durfte sie für das Volk erneuern, das sich gerade von Gott abgewandt hatte. Diese Geschichte macht klar: Unser Gesetz ist für sündige Menschen bestimmt. Schon dass es existiert, nachdem der Bund mit Gott gebrochen war, ist ein Zeichen seiner Gnade.*

*War Mose schuld, als das Volk in seiner Abwesenheit von Gott abfiel? Nein! Dennoch war er verzweifelt und wollte Gott sein Leben als Sühne für den Abfall des Volkes anbieten. Doch Gott lehnte das ab. Von Mose kann man lernen, es gibt keine Kollektivschuld. Mose*

11 2Mose 32.



12 2Mose 33,19.

*schämte sich zwar für das, was sein Volk getan hatte, aber er hatte keine Schuld daran. Auch die Römer schämen sich für das, was in ihrer Stadt geschehen ist. Viele sind darüber verzweifelt. Aber schuldig sind nur diejenigen, die den Beschluss im Senat gefasst haben. Wenn Du traurig bist über all das Geschehene, so sollst Du wissen: Diese Traurigkeit ist keine Schuld, sondern Scham. Die sollten wir uns bewahren. Sie macht Dich mir lieb.*

*Noch einmal schreibe ich: Du heiratest die Erinnerungen meines Volkes, ich die Erinnerungen Deines Volkes. Aber passen sie nicht gut zusammen? Wenn sich das römische Recht der Gerechtigkeit mit dem jüdischen Gesetz der Barmherzigkeit verbände, kämen wir einer Welt näher, die Heimat für alle wäre! Wenn wir beide uns lieben, sind wir schon in dieser Heimat angelangt. Wenigstens erlebe ich das so. Und deshalb sage ich Dir noch einmal: Ich liebe Dich. Wenn ich bei Dir bin, bin ich zu Hause.*

***Mit lieben Grüßen***
***Hannah***

***Erasmus an seine geliebte Hannah,***

*jeder Brief von Dir vergrößert die Liebe zu Dir und weckt Sehnsucht nach mehr Liebe, so dass ich es kaum aushalte, bis ich wieder bei Dir bin. Du hast Recht, Schuld ist begrenzt. Wenn wir die Bestrafung unschuldiger Sklaven ablehnen, müssen wir auch die Beschuldigung unschuldiger Senatsmitglieder ablehnen. Alle Mitglieder der herrschenden Schicht sind jedoch verantwortlich dafür, dass sich so etwas nicht wiederholt. Dazu ist ihre Kollektivscham gut. Wenn ich stolz auf alles bin, was wir Römer gut gemacht haben, vor allem auf unser Recht, dann muss mich auch alles belasten, was wir an Unrecht getan haben.*

*Aber wenn wir die Schuld auf die Schuldigen konzentrieren, werden wir ihnen dann wirklich gerecht? Handelten sie frei? Oder waren nicht auch sie nur Getriebene? Sie waren die Täter, aber waren sie gleichzeitig auch Opfer unheilvoller Konstellationen? Stellt sich dann nicht erst recht das Problem: Wie kann Gott das zulassen? Wäre es nicht besser, an ein neutrales Schicksal zu glauben, dem wir alle unterworfen sind? Leben die Götter gar, wie Philodemus meint, getrennt von dieser Welt in ewiger Seligkeit und kümmern sich nicht um diese Welt? Denn es würde ihr Glück nur stören, wenn sie sich mit all den Katastrophen, Hungersnöten, Epidemien, Überschwemmungen und Zerstörungen durch Krieg und Gewalt beschäftigen müssten.*

*Es ist wunderbar, wenn wir hin und wieder zusammen sind und wie die seligen Götter in der epikureischen Philosophie die Übel der Welt vergessen dürfen. Wenn wir aus diesen Augenblicken der Freude Kraft schöpfen, um uns gegen das Unrecht zu wehren, dann sind wir diesen Göttern sogar überlegen. Diese wehren sich nicht gegen das Unrecht. Aber Dein Gott ist anders. Er leidet unter der Ungerechtigkeit der Welt. Er widerspricht. Und Du bist sein Ebenbild. In allem was Du sagst, höre ich seinen Widerspruch. Eben deswegen liebe ich Dich. In meiner Liebe steckt viel Sehnsucht, die hinausgeht über alles, was ich kenne. In meiner Liebe steckt Verlangen nach Deinem Gott.*

***Mit lieben Grüßen***
***Erasmus***

***Hannah an ihren geliebten Erasmus,***

*ich danke Gott jeden Tag dafür, dass es Dich gibt. Jeden Tag möchte ich Dich noch mehr lieben als am vorherigen Tag. Aber vollkommen lieben werden wir uns nie. Mir ist wichtig, dass wir keine Götter sind. Wenn wir uns der Illusion hingeben, einer von uns sei vollkommen, würde sich dieser Irrtum früher oder später in Nichts auflösen. Zusammenleben ist nur erträglich, wenn wir wissen, dass wir unvollkommene Menschen sind, keine Götter. Wir sollten uns auch nicht der Illusion hingeben, die Welt sei vollkommen. Sie ist es nicht. Auch die Welt ist nicht Gott. Aber sie ist seine Schöpfung. Keiner kann die Frage beantworten, warum es in ihr das Böse gibt. Es gibt nur Teilantworten, keine endgültige Lösung.*

*Meine erste Teilantwort ist: Wir Menschen sind an vielen Übeln selbst schuld. Wir dürfen Gott nicht für das beschuldigen, was wir verantworten. Die Massenhinrichtung der Sklaven war ein Verstoß gegen sein Gebot: Du sollst nicht töten! Menschen sind schuld daran und müssen die Verantwortung dafür übernehmen. Davor aber drücken wir uns. Schon der Anfang der Bibel zeigt, wie unaufrichtig wir mit Schuld umgehen. In der Geschichte von Adam und Eva*[13] *übertreten beide Gottes Gebot: Sie essen die Frucht vom verbotenen Baum. Dafür werden sie von Gott zur Rechenschaft gezogen. Adam beschuldigt Eva, sie habe ihm die Frucht gegeben, und wirft Gott zwischen den Zeilen vor: Warum hast Du mir diese verführerische Frau gegeben? Eva ahmt Adam nach, indem sie die Schlange beschuldigt, die sie aufgefordert hat, das Gebot zu übertreten. Und auch sie beschuldigt indirekt Gott: Warum hast du diese Schlange geschaffen, die uns ins Unglück stürzt? Oft*

13 1 Mose 3,1-24.

*klagen Menschen Gott an: Warum lässt Du das zu? Und wälzen damit Verantwortung von sich ab. Diese erste Geschichte in der Bibel soll uns lehren, zu unserer Verantwortung stehen.*

*Gott ist der, der mit seiner Schöpfung aus dem Nichts etwas Neues begonnen hat. Unsre Ebenbildlichkeit besteht darin, dass auch wir etwas Neues beginnen. Das Neue ist manchmal etwas Schreckliches. Schlimmer als alles, was Adam und Eva getan haben, war der Brudermord Kains.*[14] *Aus nichtigem Anlass brachte er Abel um. Aber auch Kain ist Gottes Ebenbild. Deswegen schützt Gott ihn vor Rache. Er gibt ihm ein Zeichen, das ihn schützt und bewahrt. Wegen dieses Zeichens darf ihn niemand erschlagen. Daraus sollen wir lernen, auch der größte Sünder darf nicht angetastet werden. Auch sein Leben ist geschützt. Der Glaube an diesen Gott bedeutet, an einen Gott zu glauben, der vergeben kann. Die erste Teilantwort auf die Frage nach dem Bösen in der Welt besteht daher im GLAUBEN an einen Gott, der Sündern vergibt und ihnen zutraut, dass sie sich verändern können.*

*Die zweite Teilantwort können wir einer anderen Geschichte in der Bibel entnehmen: Gott bereute, dass er die Welt so geschaffen hatte, weil es in ihr zu viel Mord und Gewalt gab. Daher beschloss er, die Erde neu zu schaffen und die alte in einer gewaltigen Sintflut untergehen zu lassen.*[15] *Alles Leben auf der Erde sollte getötet werden. Auch hier gab es ein Zeichen der Hoffnung. Er ließ Noah eine Arche bauen, ein großes Schiff. Von jeder Art Lebewesen sollte ein Paar auf diesem Schiff gerettet werden, damit das Leben nach der Sintflut neu beginnen konnte. Nach dieser Sintflut*

14 1Mose 4,1-26.
15 1Mose 6.

*schuf Gott den Regenbogen als Zeichen der Hoffnung. Fortan soll die Erde weiter bestehen, Sommer und Winter, Regen und Sonne sollen einander zuverlässig ablösen. Die Geschichte zeigt: Gott selbst ist mit der von ihm geschaffenen Welt nicht einverstanden. Gott will sie weiterentwickeln, auch durch Katstrophen hindurch. Er hat sie einst aus Nichts geschaffen. Sie könnte auch anders sein. Die HOFFNUNG darauf, dass sie anders sein könnte und nicht notwendigerweise so ist, wie sie ist, das ist meine zweite Teilantwort auf die Frage nach dem Bösen in der Welt.*

*So viel zu meinen Teilantworten: Wo Menschen durch Schuld die Welt verunstalten, hilft der Glaube, dass Sünder sich ändern können. Wo die Welt durch Katastrophen unbewohnbar wird, hilft die Hoffnung, dass auch die Welt anders werden kann. Aber größer als Glaube und Hoffnung ist die LIEBE. Solange sich Menschen wie wir lieben können, ist es gut, dass die Welt weiter besteht. Solange ist es gut, dass es Dich gibt. So lange ist es gut, dass ich lebe. So lange ist es gut, dass sich in dieser Welt Menschen lieben, wie wir es tun.*

***Liebe Grüße***
***Hannah***

***Erasmus an seine geliebte Hannah,***

*gelobt sei Gott. Er hat Welt und Mensch so geschaffen, dass sie nicht so bleiben müssen, wie sie im Augenblick sind. Euer Glaube sagt: Der Sünder kann umkehren. Eure Hoffnung sagt, die Welt kann sich verändern. Solche Gedanken habe ich bei keinem unserer Philosophen gelesen. Ich frage mich, warum sind diese Philosophen nicht darauf gekommen, dass sich Welt und Mensch verändern können? Spricht nicht der Augenschein ge-*

*gen euren Glauben an die Veränderbarkeit von Mensch und Welt? Erleben wir nicht jeden Tag, dass die Menschen weiter sündigen und die Welt dieselbe bleibt. Ungerechtigkeit und Elend bleiben. Haben ferner unsere Philosophen nicht Recht, wenn sie sagen: Alles, was wir zur Grundlage unseres Lebens machen, muss eine in sich einleuchtende Grundlage haben, in Erfahrungen, die uns überzeugen, und in Gedanken, die in sich einleuchten? Glauben und Hoffen aber widersprechen unseren Erfahrungen. Glauben und Hoffen übersteigen weit alle in sich einleuchtenden Gedanken. Im Augenblick kenne ich nur eine Erfahrung, die mich über jede Dunkelheit hinweg hebt: Deine Liebe. Ich kenne nur einen Gedanken, der stärker ist als alle Traurigkeit. Das ist der Gedanke an Dich.*

***Liebe Grüße***
***Erasmus***

***Hannah an ihren geliebten Erasmus,***

*ich danke Gott täglich dafür, dass wir uns lieben. Der Gedanke an Dich gibt mir Gewissheit, dass das Leben gut ist. Er gibt mir Kraft zum Glauben und zur Hoffnung. Bei den Christusanhängern habe ich gelernt: Glaube, Hoffnung und Liebe sind die höchsten Gaben im Leben. Aber die Liebe ist die größte. Die Liebe gibt keine Antwort auf die Frage, warum es so viel Übel in der Welt gibt, aber sie lässt diese Frage für einen Augenblick verstummen, ohne dass wir fürchten müssen, dass wir dabei etwas verdrängen. Wenn ich in Deiner Gegenwart bin, ist alles gut. Das ist das Wichtigste, das ich Dir sagen kann. Das ist meine dritte Antwort. Und weil ich mit ihr alles gesagt habe, was ich zu sagen habe, bleibt es bei diesem kurzen Brief. Denn mehr habe ich Dir dazu nicht zu sagen als immer wieder diesen einen Satz: Ich liebe Dich von Herzen,*

***Deine***

***Hannah***

***Erasmus an seine geliebte Hannah,***

*Du sagst mit Recht, kein Mensch ist Gott. Trotzdem spricht Dein Brief zu mir, als hörte ich Gottes Stimme in ihm. Wenn ich noch ein Heide wäre, würde ich sagen, Du bist eine Göttin. Doch das wäre Blasphemie. Aber ist unsere Liebe nicht ein Echo des Göttlichen in uns, bei dem zwei Wunder in eins fließen? Es ist wunderbar, dass wir beide existieren. Wenn wir uns lieben, spüren wir beide denselben Ursprung, der uns jeden Augenblick umgibt. Unsere Existenz ist ein Wunder. Denn es ist nicht notwendig, dass ich existiere; genauso wenig ist es notwendig, dass Du existierst. Das zweite Wunder ist, dass unsere Liebe alle Fragen nach dem Sinn des Lebens für einen Augenblick verstummen lässt, als wären wir nach langer Fahrt am Ziel angekommen. Unsere Liebe ist deshalb mehr als eine Nische, in der wir uns gegen die böse Welt verbarrikadieren. Sie verbindet uns mit allen Dingen, mit unserem Ursprung und unserem Ziel. Beide sind in einem einzigen Augenblick gegenwärtig, als würde ein Tropfen Ewigkeit in die Zeit fallen.*

***Liebe Grüße***
***Erasmus***

***Hannah an ihren geliebten Erasmus!***

*Gestern habe ich vor Freude geweint, als ich Deinen Brief las. Was soll ich darauf antworten? Meine Worte wiederholen sich. Ich könnte Dir noch tausendmal sagen: Ich liebe dich. Du hörst nichts Neues. Deshalb darf ich Dir aus einem Brief des Paulus ein Lied auf die Liebe aufschreiben. Vielleicht war es einmal ein Liebesgedicht an eine Frau, die er kannte. Wenigstens kam mir dieser Gedanke, als ich es las. Jetzt aber soll es ein Liebesgedicht für Dich sein:*

*Wenn ich mit Menschen- und Engelzungen redete,*
*hätte aber keine Liebe,*
*so tönte ich wie dumpfes Erz oder schrilles Blech.*
*Und wenn ich prophetische Eingebungen hätte*
*und wüsste alle Geheimnisse und alle Erkenntnis*
*und hätte allen Glauben,*
*so dass ich Berge versetzen könnte,*
*hätte aber keine Liebe,*
*so wäre ich nichts.*
*Und wenn ich meinen ganzen Besitz verschenkte*
*und ließe meinen Leib verbrennen,*
*hätte aber keine Liebe,*
*so nützte es nichts.*
*Die Liebe ist langmütig und freundlich,*
*die Liebe eifert nicht,*
*die Liebe prahlt nicht,*
*sie bläht sich nicht auf,*
*sie verletzt nicht den Anstand,*
*sie sucht nicht den eigenen Vorteil,*
*sie lässt sich nicht zum Zorn reizen,*
*sie trägt das Böse nicht nach,*
*sie freut sich nicht über das Unrecht,*
*freut sich aber an der Wahrheit;*
*sie erträgt alles, sie glaubt alles,*
*sie hofft alles, sie hält alles aus.*
*Die Liebe geht niemals zugrunde,*
*Doch Prophetien werden vergehen,*

*Zungenrede wird verstummen,*
*Erkenntnis wird vergehen.*
*Denn unser Erkennen ist Stückwerk,*
*und unsere Prophetien sind Stückwerk.*
*Wenn aber das Vollkommene kommt,*
*wird das Stückwerk vergehen.*
*Als ich ein Kind war, redete ich wie ein Kind,*
*dachte wie ein Kind*
*und urteilte wie ein Kind;*
*als ich aber erwachsen war,*
*überwand ich, was kindlich war.*
*Wir sehen jetzt durch einen Spiegel*
*ein rätselhaftes Bild;*
*dann aber von Angesicht zu Angesicht.*
*Jetzt erkenne ich stückweise;*
*dann aber werde ich erkennen, wie ich erkannt bin.*
*Nun aber bleiben*
*Glaube, Hoffnung, Liebe,*
*diese drei;*
*doch die größte von ihnen ist*
*die Liebe.*[16]

*Paulus sagt: Die Liebe bleibt. Was wir in ihr schon jetzt erleben, gilt noch in alle Ewigkeit. Liebe ist mehr als Glaube und Hoffnung. Denn der Glaube muss sich gegen den Augenschein durchsetzen. Die Hoffnung richtet sich auf etwas, das unsichtbar ist. Die Liebe aber ist die größte unter ihnen. Denn in ihr ist alles gegenwärtig. Sie ist Erfüllung. In alle Ewigkeit kann es nichts Größeres geben.*

***Deine Dich liebende***
***Hannah***

16 1Kor 13. Übersetzung nach G. Theißen, Die Weisheit des Urchristentums, München 2008,16f.

Viele solche Briefe wurden [illegible] Da brachte
eines Tages ein Bote die [illegible]-
burtstages seiner Eltern [illegible]ei
dieser Gelegenheit sei[illegible]ne
jüdische Frau heiraten [illegible]ts-
pläne volle Zustimmu[illegible]ern
zum Musoniuskreis [illegible]ung
konnte es für sie nicht geben. [illegible]Liebe
seiner Eltern schrieb er Hannah einen langen [illegible]brief.

***Erasmus an seine geliebte Hannah,***

*Gott segne Dich und unsere Eltern. Meine Eltern feiern bald einen Doppelgeburtstag. Mein Vater wird 45 Jahre und meine Mutter 40 Jahre. Sie sind in derselben Woche geboren. Daher haben wir ihre Geburtstage immer zusammen gefeiert. Tertius und ich werden sie besuchen. Deine Briefe werden mir fehlen, aber Deine Worte begleiten mich überallhin, auch wenn ich fern von Dir bin. Vor allem aber wird der Anblick meiner Eltern mich stets an Dich erinnern. Was wünschte ich mehr, als dass auch wir uns so gut verstehen wie Cornelius und Cornelia. Sie sind wie Deine Eltern Anhänger des Musonius. Nach seiner Philosophie zu leben war für sie wichtiger, als philosophische Gedanken brillant zu formulieren.*

*Der Kern ihrer Lebensphilosophie ist die Unterscheidung zwischen dem, worüber wir verfügen können, und dem, worüber wir nicht verfügen. Sie brachten mir bei: Der Bereich, in dem wir frei sind, umfasst nicht die äußeren Ereignisse, sondern unser Inneres, in dem wir alles bewerten und deuten. Nur hier sind wir frei. Sie sind überzeugt, dass in ihrer inneren Einstellung die Ursache dafür liegt, dass sie bis heute zusammengeblieben sind und sich nicht wie so viele Paare getrennt haben.*

*Sie brachten mir schon früh diese Ehephilosophie bei. Ich dachte nämlich im Alter von zehn Jahren, dass sich Menschen ineinander verlieben, weil sie sich schön fänden. Deswegen war es für mich ein Rätsel, warum sich meine Großeltern noch immer liebten. Ihre Gesichter waren schrumpelig und voller Falten, Arbeit und Alter hatten sich darin eingegraben. Schön sahen sie nicht aus. Da sich aber die beiden liebten, suchte ich nach einer Erklärung dafür. Dazu hatte ich eine Idee, die ich meinen Eltern stolz vortrug. Ich hatte beobachtet, von einem Tag auf den anderen verändert sich das Aussehen von Menschen so wenig, dass keiner es merkt. Daraus schloss ich, wenn sich die Großeltern jeden Tag mit Liebe anschauen, können sie bis zu ihrem Lebensende ineinander verliebt bleiben. Denn sie müssen von einem Tag auf den anderen den unwiderlegbaren Eindruck haben, dass sich nichts im Gesicht des anderen verändert hat. Sie bleiben füreinander immer schön und attraktiv.*

*Meine Eltern korrigierten meinen kindlichen Einfall, indem sie mir die grundlegende stoische Erkenntnis beibrachten: Entscheidend ist nicht, was Menschen sehen, sondern wie sie es bewerten. Nicht das, was passiert, macht traurig oder froh, sondern unsere Meinung dazu.*[17] *Sie sagten, wir haben keinen Einfluss darauf, dass wir alt werden. Keiner kann den Strom der Zeit aufhalten, keiner das Leben noch einmal von vorne beginnen. Aber wir sind frei darin, wie wir das Alter einschätzen. Dabei geht es nicht um äußere Schönheit. Wenn sich die Großeltern jeden Tag anschauen, ist entscheidend, dass der Großvater beim Anblick seiner Frau denkt: ›Sie ist eine gute Frau‹, und die Großmutter denkt: ›Er ist ein guter Mann‹. Aus diesen Gedanken*

17 Vgl. Epiktet, Handbüchlein der Moral, 5: »Nicht die Dinge selbst beunruhigen die Menschen, sondern ihre Urteile und Meinungen über sie.« Vgl. auch ebd. 16.

*entsteht eine Geschichte, in der wir selbst die Autoren unseres Lebens sind. Was das Äußere angeht, sind wir unfrei. In unserem inneren Denken führen wir selbstbestimmt unser Leben.*

*Das ist also ihre Ehephilosophie. Heute würde ich sie noch einmal korrigieren, ausgehend von derselben stoischen Grunderkenntnis: Die Freiheit des Menschen besteht darin, dass er im Inneren frei bewertet, worüber er nicht verfügen kann. Es stimmt, keiner kann sich seine Eltern aussuchen, keiner kann den Ort und die Zeit seiner Geburt bestimmen. Jeder muss seinen Körper so akzeptieren, wie er geworden ist. Frei aber sind wir darin, ob wir dem zustimmen oder nicht zustimmen. Nur wenn wir uns für uns selbst entscheiden, werden wir zu Autoren unseres Lebens. Aber hier gibt es eine unüberwindbare Grenze: Keiner kann sich gegen einen anderen austauschen. Jeder bleibt an sich gebunden. Viele wären gern ein anderer Mensch. Viele wären gern schöner, intelligenter, attraktiver, erfolgreicher. Es bleibt uns aber nichts anderes übrig, als uns so zu akzeptieren, wie wir sind. Das fällt oft schwer. Aber das wird durch die Liebe anders. Der Mensch, der einem Liebe entgegenbringt, ist ja frei, einen anderen zu wählen. Aber er hat uns gewählt. Und das gibt uns ein überzeugendes Motiv, uns selbst zu wählen. Unser Ja zu uns selbst antwortet auf das Ja eines anderen Menschen, der sich mit uns verbunden hat, aber nicht notwendig an uns gebunden bleibt. Darin liegen Größe und Tragik der Liebe. Sie erhält ihre Leuchtkraft dadurch, dass sie den anderen frei wählt. Sie zerbricht, wenn sie die Freiheit nutzt, sich von ihm abzuwenden. Wir werden durch sie frei und gleichzeitig in neuer Weise abhängig.*

*Jeder Liebende ist so vom anderen abhängig. Das passt nicht in die stoische Philosophie. Danach darf man sich auf keinen Fall von etwas abhängig machen, worauf wir keinen Einfluss haben. Aber die Zuwendung eines anderen liegt nicht in unserer Macht. Liebende sind daher voneinander abhängig. Keiner hat die Macht, Liebe zu schaffen. Sie existiert als ein Wunder so grundlos wie unsere eigene Existenz. Wohl aber haben wir die Macht, sie zu zerstören. Dazu genügen wenige Worte. Dazu reichen wenige Minuten. Was folgt daraus? Wir können die Liebe nicht schaffen, aber wir sind verantwortlich dafür, sie zu erhalten. Es liegt an uns, sie nicht zu zerstören.*

*Das ist auch sonst so. Wir können uns das Leben nicht geben, können es aber zerstören. Es kostet so viel Mühe, es zu erhalten, so dass es sich entfalten kann. Aber es ist in einer Sekunde vernichtet. Deswegen sind so viele Menschen von Gewalt fasziniert. Sie bewirkt in kurzer Zeit mehr als jedes gewaltfreie Handeln. Gewalt weckt Aufmerksamkeit. Dadurch kann sie jede Botschaft verstärken. Als der Senat die Massenexekution beschloss, hat er sich von der Schnellwirkung der Gewalt berauschen lassen. Er wollte ein für alle Mal alle Sklaven verwarnen, nur ja nichts ihren Herren anzutun.*

*Wie unsere Liebe und solche Grausamkeit nebeneinander existieren können, wird mir immer rätselhafter. Aber Du hast Recht, wir dürfen angesichts der Übel in der Welt die Hoffnung nicht aufgeben, dass die Welt sich ändern kann. Wir dürfen angesichts des Unrechts den Glauben nicht aufgeben, dass Menschen sich ändern können. Doch können wir von dieser Erwartung auf Änderung allein nicht leben. Wir brauchen mehr als Glauben und Hoffnung. Wir brauchen etwas, das in sich gut und gegenwärtig ist. Das ist die Liebe. Durch das Leben meiner Eltern ist mir aufgegangen, dass solch eine Liebe nicht nur in den schönen Augenblicken besteht, in denen die Zeit den Atem anhält und ein Funke Ewigkeit in unser Leben fällt, dann, wenn wir uns umarmen und küssen. Liebe besteht im gemeinsamen Weg durch ein langes Leben, wie ihn meine Eltern 25 Jahre lang zurückgelegt haben. In der Erzählung von Ruth fand ich in der Bibel Worte, die zum Ausdruck bringen, was ich bei ihnen als ihr gegenseitiges Versprechen spüre und was ich auch Dir sagen möchte. Da sagt Ruth zu Noemi: »Wo du hingehst, da will ich auch hingehen; wo du bleibst, da bleibe ich auch. Dein Volk ist mein Volk, und dein Gott ist mein Gott. Wo du stirbst, da sterbe ich auch, da will ich auch begraben werden. Nur der Tod wird mich und dich scheiden.«*[18]

***Liebe Grüße***
***Erasmus***

Erasmus benachrichtigte Philodemus durch Tertius von seiner vorübergehenden Abwesenheit in Rom. Diesmal gab Philodemus Tertius als Antwort gleich einen kurzen Brief mit auf den Weg.

## Briefe über Willensfreiheit und Gelassenheit

***Philodemus an Erasmus,***

die Götter mögen Deinen Weg begleiten. Du weißt, wir Epikureer glauben nicht daran, dass die Götter in das alltägliche Geschehen eingreifen. Sie leben in ewiger Seligkeit für sich selbst. Sie kümmern sich nicht um uns. Wir können ihnen manchmal nahe sein, wenn uns die Liebe ganz erfüllt. Und in diesem Sinne wünsche ich Dir, dass unsere Götter Dich und Hannah begleiten. Wenn ihr entschieden habt, einander zu heiraten, so ist das in Ordnung. Du gerätst da zwar in eine

18 Ruth 1,16f.

Welt, die mir fern ist. Denn alle Juden und Christusanhänger würden meine Beziehung zu meinem Freund Philandros ablehnen. Sie halten sie für Sünde. Für mich aber bedeutet sie Erfüllung. Für mich ist sie eine Erfahrung der Götter – in Stunden, in denen wir beide zusammen glücklich sind.
Geh Deinen Weg. Ich wünsche Dir dazu viel Glück.

*Grüße an Erasmus*
*von Philodemus*

### *Erasmus an Philodemus: Grüße*

Gott segne auch Deinen Weg – zusammen mit Deinem Partner. Ich bejahe Eure Liebesbeziehung anders als Musonius. Der dachte bei Beziehungen unter Männern an Beziehungen zwischen Herrn und Sklaven. Er dachte nicht an freie Partner.

Wenn ich Paulus recht verstanden habe, verurteilt er bei gleichgeschlechtlichen Beziehungen, dass in ihnen der Sexualpartner an die Stelle Gottes tritt, so dass Gott und Geschöpf vertauscht werden.[19] Das ist nach meiner Meinung für alle sexuellen Beziehungen zerstörend. Keiner darf in einer Ehe an die Stelle Gottes rücken, keiner an die Stelle des unterlegenen Geschöpfes. Paulus will nicht wahrhaben, dass er etwas kritisiert, das für alle sexuellen Partnerschaften zerstörerisch ist. Ich lehne seine Verurteilung homosexueller Partnerschaften ab. Ich schreibe das so klar, damit Du nicht befürchtest, mein Verhältnis zu Dir würde beeinträchtigt, wenn ich Paulus im Prozess verteidige.

Du schreibst ferner, dass Epikureer ihren persönlichen Lebensweg nicht mit den Göttern in Verbindung bringen wollen. Ihr sagt, die Götter kümmern sich nicht um uns. Ich aber glaube, dass wir es in jeder Situation mit Gott zu tun haben. Ich frage in jeder Situation nach dem, was er mir sagt:

19 Vgl. Röm 1,24-29.

*Wofür darf ich dankbar sein?*
*Was wird von mir gefordert?*
*Was muss ich ertragen, weil es nicht zu ändern ist?*

Diese Unterscheidung hat mich die stoische Philosophie gelehrt, zunächst die Unterscheidung zwischen dem, was in unserer Hand liegt, und dem, was nicht bei uns liegt. Bei dem, was nicht bei uns liegt, unterscheide ich noch einmal zwischen dem, was ich ertragen muss, und dem, wofür ich dankbar sein darf. Das beste Gebet, das ich kenne, basiert auf diesen Unterscheidungen:

*Herr, gibt mir Gelassenheit,*
*Dinge hinzunehmen,*
*die ich nicht verändern kann.*
*Gib mir Mut,*
*Dinge zu ändern,*
*die ich verändern kann.*
*Und gib mir die Weisheit,*
*das eine vom andern zu unterscheiden.*[20]

Bei der Frage: Was kann ich ändern? – neige ich oft zu epikureischen Gedanken. Denn ihr Epikureer seid überzeugt, dass ihr mit eurem Willen in den Lauf der Dinge eingreifen könnt. Stoiker beschränken die Freiheit auf ihre innere Einstellung zu den Dingen. Trotzdem fühlen sie sich paradoxerweise mehr verpflichtet, in Staat und Stadt Verantwortung zu übernehmen als ihr Epikureer. Ihr übernehmt zwar Verantwortung, aber nur, wo ihr erfolgreich sein könnt. Ansonsten empfehlt ihr, persönliches Glück im Rückzug vom öffentlichen Leben zu suchen. Müsstet ihr Epikureer

20 Dieses Gelassenheits-Gebet geht wahrscheinlich auf den Theologen Reinhold Niebuhr (1892–1971) zurück. Vgl. E. Goldberg, Geschichte des Gelassenheits-Gebetes, Goch 2010. Es ist von der stoischen Tradition bestimmt. Epiktet beginnt sein Handbüchlein der Moral in § 1 mit der Unterscheidung: »Was in unserer Macht steht und was nicht«.

nicht sehr viel mehr motiviert sein, in den Lauf der Dinge einzugreifen, als wir Stoiker? Denn ihr seid vom freien Willen des Menschen überzeugt! Woran liegt das wohl? Um in der Welt aktiv zu werden, muss man offensichtlich nicht nur damit rechnen, dass nicht alles vorherbestimmt ist und ein Spielraum für Eingriffe vorhanden ist. Genauso wichtig ist die Überzeugung, dass diese Welt nicht sinnlos ist. Erst dann investiert man in sie. Wir Stoiker meinen in der Tat, die Welt sei von Vernunft durchdrungen, so dass es sich lohnt, in ihr tätig zu sein. Wir haben ein größeres Zutrauen zur Welt als ihr.

Aber es gibt noch einen dritten Weg neben Stoizismus und Epikureismus: Die Bilder vom allgegenwärtigen persönlichen Gott, der uns in jedem Augenblick begegnet, sind Suchprogramme, die jede Situation nach Möglichkeiten sinnvollen Handelns abtasten nach dem, was wir dankbar empfangen dürfen, nach dem, was wir ertragen müssen. Vor allem aber nach dem, was unsere Aufgabe ist – besonders was nur wir und kein anderer an unserer Stelle bewältigen kann. Wenn wir auf das stoßen, wofür wir dankbar sein können, erleben wir wie Epikureer Gottes Gegenwart als Glück. Wenn wir auf das stoßen, was uns herausfordert, erleben wir wie Stoiker Gottes Ruf zur Verantwortung. Wenn wir zwischen beidem richtig entscheiden, dann haben wir die Bilder vom jüdischen Gott verstanden: Dann sind wir sogar für harte Herausforderungen dankbar und erleben unsere Pflicht als Glück. Bilder vom persönlichen Gott sind Suchprogramme, die uns die Augen für das öffnen, was in jeder Situation verborgen ist.

*Grüße an Philodemus*
*von Erasmus*

# 10 ABSCHIEDSMAHL

Erasmus plante, in etwa einer Woche zu seinen Eltern nach Latium zu reisen. Eine stille Vorfreude durchleuchtete seine Tage. Nach wie vor war er in einem paradoxen Zustand: Er war glücklich, wusste aber nicht, wie er dieses Glück mit dem Unglück zusammendenken konnte, das durch die Massenhinrichtung der Sklaven über die Stadt und in sein Leben hereingebrochen war. Wie konnte man mit diesem Gegensatz leben – mit persönlichem Liebesglück auf der einen, unvorstellbarem Leid von Menschen auf der anderen Seite. Wie ist in dieser Welt Liebe ohne Verlogenheit möglich?

Das beschäftigte ihn auch bei der Vorbereitung seiner kleinen Rede, mit der er die Eltern auf ihrem Doppelgeburtstag ehren wollte. Nach der Rede wollte er sagen, dass er Hannah heiraten wolle und dass die Eltern seine zukünftige Frau durch seine Rede kennengelernt hätten, da von ihr die wichtigsten Gedanken stammten. So würde er sie in die Familie einführen.

Aber dann fand er eine andere Idee noch attraktiver: Wäre es nicht besser, Hannah gleich mit auf die Reise zu nehmen? Nur müsste dann alles sehr schnell gehen. Er müsste in den nächsten zwei Tagen um ihre Hand bei Nathan anhalten. Vielleicht würden Nathan und Salome dann sogar zusammen mit Hannah mit zu seinen Eltern fahren.

Warum schob er auf, was für ihn beschlossene Sache war? Sie wollten heiraten. Nathan und Salome würden sich darüber freuen. Wenn er ehrlich war, war es noch immer diese Unsicherheit wegen der Beschneidung. Das war ihm peinlich. Würde ihn Nathans Familie akzeptieren, wenn er ohne Beschneidung heiratete? Sie waren zwar liberale Juden und sympathisierten mit Paulus. Aber würde Nathan als Synagogenvorsteher nicht Schwierigkeiten in seiner Gemeinde bekommen, wenn sein Schwiegersohn von jüdischen Traditionen abwich? Würde er nicht Streit mit Baruch bekommen, der strikt für deren Beibehaltung war? Oder würde sich diese Frage in Luft auflösen, wenn Paulus nach einem Freispruch vor Gericht in den jüdischen Gemeinden Roms Einfluss gewinnen könnte?

Erasmus wurde aus dieser Stimmung jäh durch einen Boten herausgerissen. Er brachte einen Brief direkt an ihn adressiert.

***Die Anhänger des Pinchas an Erasmus***

*Wir haben gehört, dass Du Paulus vor Gericht verteidigen willst. Wir warnen Dich davor. Es ist schweres Unrecht, jemanden zu verteidigen, der selbst Unrecht getan hat. Paulus ist ein notorischer Unruhestifter. Er zerstört den Frieden im Staat. Alle Menschen im römischen Reich bilden einen Leib, der sich seinem Haupt, dem Kaiser, unterordnen muss. Paulus untergräbt diese Ordnung mit seiner destruktiven Lehre. Er stört den Gottesdienst in unserem Tempel. Er verrät unsere Riten und väterlichen Traditionen. Er reißt den Zaun nieder, der Juden und Heiden trennt. Er schafft Unfrieden zwischen Juden und Römern. Er hetzt Sklaven gegen ihre Herren auf, macht Frauen aufsässig, so dass sie sich ihren Männern verweigern, und flüstert ihnen ein, Ehelosigkeit sei besser als die Ehe. In ihm steckt noch immer ein Fanatiker, der von einem heiligen Krieg gegen alle träumt, die nicht den einen und einzigen Gott verehren. Es wird allen schrecklich ergehen, die diesen Verführer und Aufrührer unterstützen.*
*Fluch den Verfluchten, Tod unseren Feinden!*

***Die Verschwörer***

Fassungslos ließ Erasmus den Brief sinken. Damit hatte er nicht gerechnet. Sein Herz klopfte wild. Sein Körper schlug Alarm. Er schwankte zwischen Wut und Schrecken. Er beruhigte sich nur langsam. Jetzt musste er unbedingt einen kühlen Kopf behalten. Er kombinierte, dass der Brief kaum aus Jerusalem oder Judäa stammen konnte. Denn seit er für die Verteidigung des Paulus angefragt worden war, war zu wenig Zeit vergangen, um eine Nachricht von Rom nach Jerusalem zu übermitteln und von dort zu antworten. Die Absender dieses Drohbriefes mussten in Rom sitzen. Jemand in Rom musste sie informiert haben, der von seinem Engagement für Paulus wusste. So viele waren es nicht, die davon Kenntnis hatten.

Hatte der Synagogenvorsteher Baruch seine Hände im Spiel? Der war alles andere als von Paulus begeistert! Aber konnte man einem Freund von Nathan so eine hässliche Intrige zutrauen? Erasmus verwarf diesen Gedanken. Schließlich hatte Baruch ihn nachdrücklich um Übernahme des Falles »Paulus« gebeten.

Steckten Ismael und Helkias hinter dem Drohbrief? Oder nur der Tempelschatzmeister Helkias? Der wollte sein Informationsnetz aktivieren, um ihn zu schützen. Er musste dazu seinen Namen weitergegeben haben – angeblich, um Erasmus zu beschützen. Hatte er ein Doppelspiel getrieben? Der Tempelreformer Paulus widersprach den Interessen der beiden Priester. Seine Beseitigung könnte ihnen nur recht sein. Andererseits hatte das Gespräch mit ihnen Erasmus überzeugt, dass sie vor allem an der Aufrechterhaltung des Friedens für die jüdischen Gemeinden in Rom interessiert waren. Sie waren ihm als Anwalt verpflichtet. Paulus hatte wenig Anlass daran zu zweifeln, dass ihr Schutzangebot ehrlich gemeint war. Aber ausschließen konnte er nichts.

Denn es gab noch die Möglichkeit, dass einige aus dem Netzwerk der Priester Informationen über ihn weitergegeben hatten, vielleicht an eben jene Kreise in Rom, die schon hinter dem ersten Drohbrief an alle Synagogenvorsteher steckten. Auffällig war, dass der neue Drohbrief Themen ansprach, die bei seiner Verteidigung eine Rolle spielen mussten – etwa der frühere Fanatismus des Paulus. Es mussten Leute sein, die über seine Gespräche mit Paulus und Simeon informiert waren. Es war daher eindeutig: Der Brief musste eine Fälschung sein. Er tat so, als sei er in Judäa geschrieben, stammte aber aus Rom. Erasmus musste ihn ernst nehmen. Die Parole »Tod unseren Feinden!« war eine Morddrohung. Sie verlor auch in einem gefälschten Brief nichts an Schärfe.

Während er darüber grübelte, kam erneut ein Bote und überreichte ihm einen weiteren Brief, diesmal von Simeon, dem alten jüdischen Gelehrten, der einst mit Paulus in Jerusalem studiert hatte. Der schickte ihm einen bisher unbekannten Brief von Paulus mit einem kurzen Begleitschreiben.

***Simeon an Erasmus: Grüße!***

*Gott segne Dich und Dein Tun. Ich denke gerne an unser Gespräch über Paulus und über meine Erinnerungen an die Studientage in Jerusalem zurück. Deine Frage war, ob Paulus sich von seinem Fanatismus abgewandt habe. Einer seiner Anhänger zeigte mir vor kurzem einen Brief von ihm, den Du nicht kennen kannst. Denn Paulus schrieb ihn erst in den letzten Wochen als Gefangener in Rom an die Gemeinde in Ephesus. Ich habe das Wichtigste für Dich zusammengefasst. Der Paulus, der einem dort begegnet, ist ganz und gar nicht fanatisch. Vieles erinnert an unsere Weisheitstheologie – an den Glauben, dass die Welt von Gottes Weisheit durchdrungen ist und alles zur Einheit bestimmt ist: alle Dinge in der Welt, alle Menschen, alle Völker und*

*alle Gruppen. Lies Dir meine Zusammenfassung durch.*
*Ich wünsche Dir von Herzen, dass es Dir gelingt, diesen Paulus mit Erfolg zu verteidigen.*
*Grüße alle Deine jüdischen Freunde, auch Helkias und Ismael,*
*und rechne mich zu Deinen Freunden.*

***Simeon***

Erasmus war verwirrt. Kann es ein Zufall sein, dass er am selben Tag kurz hintereinander zwei so gegensätzliche Briefe erhielt, einen Brief, der sich vehement gegen Paulus richtet, und einen anderen, der für ihn Partei ergreift. Dieser Paulus spaltete die jüdische Gemeinschaft. Es schienen in ihr zwei Parteien PRO und CONTRA Paulus zu streiten. Was sagte aber Paulus selbst in seinem Brief an die Epheser? Falls dieser Brief überhaupt von Paulus stammte! Das war nicht sicher. Wenn nämlich der Brief gegen Paulus eine Fälschung war, warum sollte der Brief von Paulus nicht auch gefälscht sein, um Paulus zu entlasten? Die Zusammenfassung war auf jeden Fall von Simeon selbst geschrieben. Seine Handschrift war klar erkennbar. Aber es war nicht das Original und auch nur eine Zusammenfassung des Briefes.[1]

***Paulus an die Christusanhänger in Ephesus!***

*Gnade sei mit euch und Friede!*
*Gelobt sei Gott, dass er uns vom Ursprung der Welt an zu seinen Kindern bestimmt hat und am Ende der Zeit in Christus vereinen will. Ich danke Gott, der die Augen eures Herzens für ihn geöffnet hat. Durch Christus wird alles eins werden, durch den Gott, der ihn von den Toten*

1 Der folgende Brief ist eine Zusammenfassung wichtiger Gedanken des Epheserbriefs, der in der Forschung nicht Paulus selbst, sondern einem Schüler zugeschrieben wird. Aus dem Störenfried Paulus wird hier ein Friedensstifter.

*auferweckt und ihn über alle Mächte und Herrschaften gesetzt hat. Er vereint in der Gemeinde alle in seinem Leib und will die ganze Welt mit seinem Geist erfüllen. Früher wart ihr tot, jetzt seid ihr durch seinen Geist wiedergeboren. Früher lebtet ihr in Sünde. Jetzt seid ihr von den Toten auferweckt. Früher wart ihr niedrig in der Welt, jetzt seid ihr mit Christus in den Himmel erhöht, allein durch Gnade, nicht durch euer Tun, aber um Gutes zu tun.*

*Früher wart ihr Heiden, hattet kein Bürgerrecht, wart Migranten und Fremde ohne Gott. Jetzt aber seid ihr unsere Nachbarn und Nächsten geworden. Christus hat Frieden unter uns gestiftet, hat die trennende Wand beseitigt, die uns früher zu Feinden gemacht hatte. Durch seinen Tod hat er abgrenzende Gesetze beseitigt. Er hat aus verfeindeten Menschen einen neuen Menschen geschaffen. Er hat uns versöhnt. Sein Evangelium richtet sich an Nahe und Ferne, an Fremde und Einheimische. Alle bilden zusammen einen lebendigen Tempel. In ihm wohnt Gott selbst.*

*Auch als Gefangener ist es meine Aufgabe, dieses früher verborgene Geheimnis allen Menschen zu verkündigen. Was lange verborgen war, wurde jetzt offenbar: Alle Menschen sind Bürger, Mitglieder, Hausgenossen des Volkes Gottes. Dafür danke ich Gott. Er gebe euch Kraft, dass euer innerer Mensch stark wird, damit ihr die Liebe Christi erkennt.*

*Als Gefangener mahne ich euch zur Einheit und zum Frieden: Seid ein Leib, ein Geist, eine Hoffnung und Berufung, durch einen Herrn, einen Glauben, eine Taufe, damit der eine Gott zum Vater aller Menschen wird, der eine Gott, der über allem ist, durch alles wirkt und in allem ist. Wachst alle in einem Leib zum Haupt hin. Das Haupt ist Christus. Führt ein Leben im Licht, ein Leben in Liebe. Ordnet euch in Liebe einander unter.*

*Die Frauen sollen sich ihren Ehemännern unterordnen. Aber die Männer sollen sie lieben wie ihren eigenen Leib und ihnen dienen, damit sie sich wohl fühlen. Wenn sich Mann und Frau vereinen, ahmt ihre Vereinigung die Vereinigung Christi mit seiner Kirche nach. Auch das ist ein göttliches Geheimnis. Sie werden ein Leib. So wie alles in der Welt am Ende eins werden soll.*

*Die Kinder sollen die Eltern ehren, aber die Väter die Kinder nicht hart behandeln, so dass sie nicht zornig und verbittert werden.*

*Die Sklaven sollen ihren Herrn gehorchen, aber die Herren sollen sie nicht durch Drohungen demütigen, sondern bedenken, dass auch sie einen Herrn haben.*

*Kämpft mit den Waffen Gottes, aber nur mit Waffen des Friedens. Braucht zur Verteidigung Wahrheit, Gerechtigkeit und Glauben. Benutzt als Angriffswaffen allein das Wort Gottes. Und betet für mich, der ich in Ketten gefangen bin.*

*Friede sei mit allen Brüdern und Schwestern.*
*Und Gnade mit allen, die Christus lieben.*

***Gruß von Paulus,***
***dem gefangenen Apostel***

Erasmus merkte beim Lesen sofort: Der Paulus, der hier spricht, widersprach allen Vorwürfen, die gegen ihn kursierten. Seine Gegner behaupteten, er würde Streit in die Welt bringen. Dieser Paulus betont, er sei ein Friedensapostel. Seine Gegner beschuldigten ihn, er würde Unruhe im Tempel schaffen, weil er Absperrungen einreißt. Dieser Paulus predigt die Beseitigung von Barrieren, um Menschen zu versöhnen und ihre Feindschaft zu überwinden. Seine Gegner sagen, er verführe die Frauen zu einem asketischen Leben, so dass sie sich der Ehe entzögen. Dieser Paulus spricht positiv von der Ehe: In der sexuellen Vereinigung vollziehe sich das Geheimnis der Vereinigung aller Dinge. Seine Gegner sagen ferner, er mache Sklaven aufsässig und ergreife ihre Partei. Dieser Paulus mahnt sie zur Unterordnung, aber spricht sich auch gegen die Despotie der Herren aus. Seine Gegner sagen, Paulus sei ein fanatischer Gotteskrieger. Dieser Paulus will dagegen für Gott nur mit friedlichen Waffen streiten, nicht mit Gewalt, sondern allein mit dem Wort. Dieser Paulus war zweifellos viel leichter zu verteidigen als der Paulus, den er im Gefängnis gesprochen hatte und dessen Gedanken in der Predigt des Onesimus ihren Widerhall gefunden hatten. Wie konnte ein und derselbe Mensch so unterschiedliche Seiten haben? Erasmus hatte den Verdacht: Dieser Brief könnte eine gutgemeinte Fälschung sein, um Paulus zu helfen – genauso wie der verleumderische Brief der Verschwörer eine böswillige Fälschung war, um Paulus zu schaden.

Natürlich war nicht auszuschließen, dass ein Paulus nahestehender Christusanhänger diesen Brief an die Epheser geschrieben und Paulus ihn nachträglich mit seinem Namen versehen hatte. Zur Verteidigung konnte er ihn auf jeden Fall brauchen. Es gab nur einen heiklen Punkt in diesem Schreiben. Die römische Staatsideologie sagt, dass die ganze Gesellschaft einen Leib bildet und der Kaiser ihr Haupt ist, dem sich alle Glieder unterordnen müssen. Dieser Brief aber setzt ein anderes Bild dagegen. Nicht der Kaiser, sondern Christus ist das Haupt der Gemeinde, die für alle Menschen offen ist, und dieser Christus ist gleichzeitig das Haupt aller Dinge im Kosmos. Die römische Staatsideologie sagte, dass der Kaiser als Friedensstifter wirkt. Dieser Brief an die Gemeinde in Ephesus aber kennt nur einen Friedensstifter: Christus. Auch in diesem Brief war noch etwas von dem provokativen Paulus enthalten, der sich der bestehenden Ordnung entgegenstellt. Aber vielleicht konnte Paulus gerade solch einen Brief als seinen eigenen akzeptieren, auch wenn er ursprünglich nicht aus seiner Feder stammte. Es könnte ja sein, dass Paulus zwar überall Streit und Konflikt hervorgerufen hatte, aber im Grunde seines Herzens viel lieber ein Apostel des Friedens und der Versöhnung sein wollte. Dann würde er in diesem Brief sein Wunschbild von sich selbst zeichnen. Eins aber war gewiss Realität: Es tobte eine Auseinandersetzung um Paulus, bei der mit Fälschungen und Morddrohungen gearbeitet wurde. Erasmus war zwischen zwei Fronten geraten.

Da war es Erasmus recht, dass er zum Doppelgeburtstag seiner Eltern Rom ohnehin bald verlassen wollte. Er überlegte, ob er seine Abreise nicht ein paar Tage vorziehen sollte? Oder sollte er demonstrativ so lange wie möglich in Rom bleiben? Das hing davon ab, wie ernst die Morddrohung zu nehmen war. Einerseits wollte er sich von solchen Drohungen nicht beeindrucken lassen. Jedes Nachgeben könnten diese kriminellen Kreise als Erfolg verbuchen. Andererseits gab es keine Pflicht, in Fallen hineinzulaufen, denen man leicht ausweichen konnte. Vor allem aber musste er sich vorher mit Hannah darüber beraten. Deshalb schickte er Tertius zu ihr mit der Frage, ob er sie noch heute besuchen könnte. Er müsse eine dringende Frage mit ihr besprechen. Ein Drohbrief von Paulusgegnern sei soeben bei ihm eingetroffen.

Zu Hause wartete er angespannt auf die Antwort. Doch Tertius kam nicht mit Hannahs Antwort, sondern mit Hannah selbst. Der Drohbrief hatte sie aufgeschreckt. Nachdem sie ihn gelesen hatte, sagte sie sehr bestimmt:

»Dieser Brief ist ernst zu nehmen! Es gibt in Rom Fanatiker, die Paulus hassen. Es sind ganz wenige. Aber gerade weil sie von den anderen Juden nicht unterstützt werden, greifen sie zu kriminellen Methoden, um sich durchzusetzen. Erasmus, Du musst auf dich aufpassen. Auch mir zuliebe. Es ist das Beste, du verlässt möglichst bald die Stadt.«

Erasmus setzte dagegen: »Ein römischer Anwalt darf sich nicht durch Drohungen beeindrucken lassen.«

»Unterschätze das Risiko nicht. Alle haben erst vor wenigen Wochen erlebt, wie unschuldige Menschen in Rom ermordet wurden, um alle Sklaven einzuschüchtern. Alle haben verstanden: Ein Menschenleben ist nicht viel wert, man kann durch Mord seine Ziele verfolgen. Der schnelle ›Erfolg‹ des Senats verführt zur Nachahmung! Die Stadt ist wie verändert seitdem. Du solltest deine Reise so früh wie möglich antreten. Geh mir zuliebe! Sicher ist sicher.«

In Erasmus überschlugen sich die Gedanken. Wenn er morgen sofort abreiste, dann könnte er Hannah nicht mitnehmen und als seine Braut vorstellen. Aber Hannah drängte ihn ja geradezu abzureisen. Sie hatte Angst um ihn.

Während sie redete, hörte man plötzlich laut polternde Geräusche an der Hauswand. Tertius stürzte hinaus. Er kehrte atemlos zurück und meldete: »Da hat jemand Steine auf unser Haus geworfen!«

Erasmus und Hannah folgten ihm nach draußen. Ein paar faustgroße Kieselsteine lagen im Staub. Sie suchten die Hauswand auf Schäden ab. Dabei entdeckten sie ein Graffito. Jemand hatte das Bild eines gekreuzigten Menschen mit Eselskopf auf die Wand gemalt und daneben geschmiert: »Hier wohnt ein Judenfreund. Er betet seinen Gott an.«[2]

Erasmus wurde erst blass, dann stieß er wütend hervor: »Das ist eine unverschämte antijüdische Pöbelei! Das ist das alte Gerücht, im Jerusalemer Tempel würde ein Gott mit Eselskopf verehrt. Manche Leute können sich nicht vorstellen, dass man einen Gott ohne Bild verehrt. Daher meinen sie, die Juden verehrten in Wirklichkeit ein peinliches Bild, einen Esel. Hinter dieser Pöbelei können keine Juden stecken.«

2 Um 200 hat in Rom jemand einen Christen durch ein Graffitto verspottet, in dem er zeigt, wie er einen Gekreuzigten mit Eselskopf anbetet. Darunter steht: »Alexamenos betet Gott an«. Vgl. M. Küchler, Jerusalem, Göttingen 2007, 424 Abb. 226.

Tertius vermutete: »Ich glaube, die haben die Steine nur geworfen, um uns auf ihre Schmiererei aufmerksam zu machen.«

Hannah warf ein: »Und was ist mit der Morddrohung?«

Tertius meinte: »Wenn uns jemand wirklich umbringen will, wird er uns vorher nicht warnen. Die Steine und die Schmiererei sollen einschüchtern.«

Erasmus überlegte: »Zwischen dem Drohbrief und diesen Schmierereien muss ein Zusammenhang bestehen. Haben etwa Judenfeinde den Drohbrief gefälscht? Erstaunlich ist, wie staatstragend dieser Drohbrief klingt. In ihm ist der Kaiser das Haupt der Welt. Das würde doch kein Jude behaupten.«

»Man muss mit allem rechnen«, meinte Hannah, »auch fanatisierte Juden könnten die Drohbriefe verfasst und diese Schmierereien gemalt haben. Vielleicht wollen sie bewusst den Eindruck erwecken, nicht nur Juden seien gegen dich, sondern auch Heiden! Wir Juden kennen die Vorurteile gegen uns sehr gut und können sie leicht nachahmen. Das Bild mit dem Eselskopf ist allen bekannt.« Und dann fügte sie hinzu: »Eins ist auf jeden Fall klar: Du musst schon morgen nach Tarracina reisen. Wenn du zurückkommst, sollten wir meine Eltern in unsere Hochzeitspläne einweihen. Sie werden davon nicht überrascht sein. Sie wissen, dass wir verliebt sind.«

»Meinst du nicht, ich könnte noch heute deine Eltern sprechen? Dann könntest du in ein paar Tagen mit uns nach Terracina ziehen.«

»Aber wenn ich da erscheine – ohne vorherige Ankündigung. Würde das nicht merkwürdig sein? Vor allem aber sollten wir dich erst einmal in Sicherheit bringen.«

Erasmus gab nach: »Wenn du es willst, reisen Tertius und ich morgen ab! Aber du weißt: Ich würde dich lieber heute als morgen heiraten.«

Tertius hatte inzwischen die Wandschmiererei noch einmal studiert: »Die Schmiererei richtet sich nicht gegen alle Juden, sondern vor allem gegen Christusanhänger. Der Gekreuzigte mit Eselskopf kann nur Christus sein. Für Römer ist es Aberglaube, einen Gekreuzigten als Gott zu verehren. Doch im einfachen Volk sagt man den Christusanhängern viel schlimmere Dinge nach. Sie würden bei ihren Versammlungen nach Ausschluss der Öffentlichkeit Gruppensex machen. Die Lampen würden umgestoßen und alle miteinander schlafen.«

»Wie bitte?«, entfuhr es Erasmus. »Wer sagt das?«

»Ich habe es auf dem Markt gehört«, antwortete Tertius.

»Bist du sicher, dass an diesen Gerüchten nichts dran ist?«, fragte Erastus.

Da antwortete Hannah an Stelle von Tertius: »Mir ist klar, wie solche Gerüchte entstanden sind. Erinnert ihr euch an ihren Gottesdienst, den wir zusammen besucht haben. Nach der Predigt forderte Onesimus alle auf, einander einen Kuss zu geben. Danach wurden alle aus dem Raum geschickt, die nicht zu ihnen gehören. Das kann man leicht als Auftakt zu einer Sexorgie deuten. Da will man keine Zuschauer. Aber die Küsse sind nur das Zeichen ihrer geschwisterlichen Liebe. Keiner denkt dabei an Sex. Sie nennen sich Brüder und Schwestern.«

Tertius bestätigte: »Ich bin später bis zum Ende ihrer Gottesdienste geblieben. Wenn man überlegt, ob man sich ihnen anschließt, kann man bis zum Schluss bleiben. Ich kann bezeugen: Das, was sie tun, ist ganz harmlos. Es gibt ein Essen mit Brot und Wein, mehr nicht. Jedoch ist das, was sie dazu sagen, anstößig. Es klingt so, als würden sie den Leib eines Menschen essen und sein Blut trinken. Der Leiter des Gottesdienstes erinnert dabei an ein Abschiedsmahl, bei dem Jesus vor seinem Tod Brot und Wein verteilt und gesagt haben soll: »Das ist mein Leib für euch« und

»Das ist der neue Bund in meinem Blute, das für euch vergossen wurde«. [3]

Erasmus hakte nach: »Das wirkt ja so, als würden sie Blutsbrüderschaft schließen wie Verschwörer. Bei der Verschwörung des Catilina sollen sie einen Sklaven getötet, sein Fleisch gegessen und von seinem Blut getrunken haben.[4] Jeder weiß: Gemeinsam verübte Verbrechen schweißen zusammen. Machen die Christusanhänger so etwas Ähnliches? Und sei es nur in Andeutungen?«

»Es ist eher eine Verschwörung für die Liebe«, erwiderte Tertius, »das ganze Mahl wirkt so, als verpflichten sie sich, alle Lebensmittel gleich zu verteilen. Alle erhalten vom selben Brot. Alle trinken aus demselben Kelch. Im Volk kursiert dagegen das Gerücht, sie würden bei ihrem Mahl einen Menschen essen.[5] Ich habe genau hingeschaut. Ich kann schwören, das war normaler Wein, normales Brot. Von Blut und Fleisch keine Spur!«

Da sagte Hannah: »Auch ich habe einmal die ganze Zeremonie mitgemacht. Es ist wirklich so. Ihr Ritus ist ein Gegenbild zu allen Opfern – sei es von Heiden oder Juden. Er ist unblutig und will bewusst unblutig sein. Manchmal trinken sie Wasser statt Rotwein, um jeden Gedanken im Keim zu ersticken, sie würden Blut trinken.«[6]

Erasmus zuckte innerlich zusammen, als er nebenbei erfuhr, dass Hannah an den geheimen Riten der Christusanhänger teilgenommen hatte, versuchte aber, sich nichts anmerken zu lassen. Er hatte bereits seit einiger Zeit geahnt, Hannah war für die Christusanhänger gewonnen worden! Dass sie sogar an ihren Ritualen teilgenommen hat, hatte

3 1Kor 11,24.25. Zur Deutung der Sakramente vgl. G. Theißen, Veränderungspräsenz und Tabubruch. Die Ritualdynamik urchristlicher Sakramente, Münster 2017.

4 Vgl. Dio Cassius, Römische Geschichte XXXVII 30,3.

5 Wir kennen den Vorwurf des Kannibalismus aus Tertullian, Apologie 7-8; Athenagoras, Legatio 3 und 35; Justin, Apologie I 26.

6 Wassereucharistien sind in vielen Strömungen des Frühen Christentums gut belegt, vor allem in den Apostelakten.

sie ihm aber bisher nicht gesagt. Sie musste Anwärterin für die Aufnahme in ihre Gemeinde sein. Er war überrascht, dass er in sich keinen Widerwillen dagegen spürte, im Gegenteil, er wollte umso mehr verstehen, was diese Christusanhänger bei ihrem Ritual feierten. Wenn Hannah davon angezogen war, war das für ihn eine Empfehlung. Was sie liebte, musste auch er lieben. Deshalb fragte er:

»Tertius sagt, das gemeinsame Mahl sei eine Verschwörung für die Liebe. Aber gleichzeitig erinnern sie an den Tod dieses Christus. Wie können sie beides zusammenbringen: Leben und Liebe auf der einen, Kreuz und Tod auf der anderen Seite. Wie können sie ihre Liebe feiern – mitten in einer Welt voll Grausamkeit?«

Hannah versuchte eine Erklärung: »Sie feiern«, sagte sie, »dass ihr Christus für die Sünden aller Menschen gestorben, aber nicht im Tod geblieben ist. Das bedeutet für sie: Er hat diese Welt der Grausamkeit überwunden.«

»Aber du hast mir doch beigebracht«, entgegnete Erasmus, »dass keiner für die Sünden anderer sterben soll, sondern jeder nur für seine eigene Schuld bestraft wird. Eure Propheten haben gelehrt: Es gibt keine Kollektivschuld. Diese Christusanhänger aber sagen, dass ihr Christus für die Sünden aller Menschen gestorben ist. Widerspricht das nicht den Überzeugungen des Judentums?«

Hannah holte tief Luft, ehe sie antwortete: »Unsere Propheten haben Recht. Es ist ein Verbrechen, Menschen für andere Menschen sterben zu lassen. Wenn die Christusanhänger sagen: ›Christus ist für uns gestorben‹, so sagen sie damit: Christus öffnet uns die Augen dafür, dass es ein Verbrechen ist, andere für sich sterben zu lassen. Denn Christus war eindeutig unschuldig. Es war ein Verbrechen, ihn hinzurichten. Das Gute liegt allein darin, dass Gott ihn von den Toten auferweckt hat. Er hat diesen Tod überwunden. Gott hat dadurch allen Menschen zugesichert: Keiner soll fortan für einen anderen sterben. Keiner soll fortan andere für sich sterben lassen, wie es der römische Senat mit 400 Sklaven getan hat. Im Gegenteil: Wir sollen für andere *leben*.«

»Und warum feiern sie dann diesen Ritus, der auf Außenstehende so wirkt, als würden sie den Leib ihres Christus essen und sein Blut trinken?«

Hannah antwortete darauf: »Das ist ein Bekenntnis. Alle gestehen damit öffentlich ein: Wir leben vom Tod eines anderen Lebens. Wir leben davon, dass ein anderer für uns gestorben ist. Eigentlich ist das eine allgemeine Wahrheit, die uns das ganze Leben begleitet, die wir nur nicht wahrhaben wollen: Wir leben von Pflanzen, die wir verzehren. Wir leben von Tieren, deren Fleisch wir essen. Wir leben von Sklaven, die in Bergwerken für uns schuften, bis sie tot sind. Wir sind bereit, vom Sterben anderer zu profitieren. Wir sind nicht viel besser als Kannibalen und Barbaren. Wir leben auf Kosten anderen Lebens. Daher ist das Ritual der Christusanhänger ein Sündenbekenntnis.«

»Und doch soll es eine Verschwörung für die Liebe sein?«

Da sagte Tertius: »Die Liebe zeigt sich darin, dass alle Lebensmittel so gerecht verteilt werden wie sonst nirgends. Als Sklave bekomme ich genauso viel Brot wie jeder Freie. Jeder Arme erhält so viel wie der Reiche. Jeder Ausländer so viel wie jemand, der schon immer in Rom wohnte. Diese Offenheit für alle gibt es nur bei den Christusanhängern. Ihre Botschaft ist: So soll es eigentlich überall sein, auch außerhalb ihrer Gemeinden.«

Hannah pflichtete ihm bei: »Dieses Ritual ist eine Art Theaterstück. Das Drama, das gespielt wird, heißt: Die Verwandlung von Kannibalen in soziale Menschen. Es wird als Verschwörungsritual inszeniert. Die Teilnehmer verschwören sich dazu, eine Gemeinschaft zu sein, in der Lebenschancen und Lebensmittel gleich verteilt werden und kein Unschuldiger für die Interessen anderer geopfert wird. Solch ein Theaterstück ist ein Protest gegen die Abschlachtung unschuldiger Sklaven für die Interessen der Mächtigen.«

Erasmus fragte skeptisch nach: »Ist das alles nur ein Spiel? Ist alles nur bildlich gemeint? Wie in einer Dichtung?«

»Natürlich ist es ein Spiel, aber sein Gegenstand ist todernst: Er geht um die Verwandlung von Kannibalen zu Menschen.«

»Verstehen das wirklich alle Teilnehmer als ein Spiel?«

Hannah lachte: »Einfache Menschen nehmen alles wörtlich. Sie denken, Brot verwandelt sich in Fleisch, Wein in Blut. Christus sei verborgen gegenwärtig. Sie denken magisch. Aber auch sie haben eins richtig verstanden: Dieses Ritual ist ein Bild für eine Verwandlung. Wo Gott gegenwärtig ist, verwandelt sich etwas. Wo sich etwas zum Guten verwandelt, ist Gott präsent. Er ist in diesem Ritual als Kraft der Veränderung gegenwärtig.«

Dann wurde sie ernst: »Dieses Ritual wird als Abschiedsmahl gefeiert, als Erinnerung an ein letztes Mahl vor Jesu Tod – in der Nacht, da er verraten wurde. Auch wir müssen heute für kurze Zeit Abschied nehmen. Ich habe ein Abschiedsgeschenk mitgebracht. Das soll euch begleiten. Auch das ist ein Spiel, auch das ein Spiel mit ernstem Inhalt.« Sie holte zwei Tefillin heraus, kleine Kästchen mit Gebetsriemen. Sie gab eins an Erasmus, ein anderes an Tertius und erklärte:

»Wir Juden legen in diese Kästchen Worte, die uns überallhin begleiten sollen und die wir beim Gebet wie Amulette anlegen. Für einfache Menschen ist das Magie. Deshalb ertrage ich es mit Fassung, dass man uns Frauen diese Tefillin vorenthält. Magisches überlasse ich gern den Männern. Aber im Kern geht es nur um die Worte. Die kennen wir genauso wie die Männer. Nehmt also diese beiden Kästchen. Sie sollen ein Andenken an mich sein. Ich habe Worte hineingelegt, die mir wichtig sind, Worte unserer Bibel, die ich ein wenig verändert habe, nämlich so, wie sie bei den Christusanhängern zitiert werden. Den ersten Text kennt ihr alle:

*›Ich bin der Herr, dein Gott,*
*der ich dich aus Ägyptenland,*
*aus der Sklaverei geführt habe.*
*Du sollst keine anderen Götter haben neben mir.‹*[7]

Ich habe hinzugefügt, was Paulus sagt:

*›Zur Freiheit seid ihr berufen,*
*so lasst euch nicht wieder*
*das Joch der Sklaverei auflegen.‹*[8]

Der zweite Text ist das Doppelgebot der Liebe:

*›Das höchste Gebot ist:*
*Du sollst den Herrn, deinen Gott lieben*
*von ganzem Herzen,*
*von ganzer Seele,*
*und mit allen deinen Kräften.‹*

Ich habe hinzugefügt, was Jesus hinzugefügt hat:

*›Du sollst Gott lieben mit deinem ganzen Verstand.‹*

Dazu das Gebot der Nächstenliebe:

*›Du sollst deinen Nächsten lieben wie dich selbst.‹*[9]

7 2Mos 20,1f.
8 Nach Gal 5,1.13.
9 Nach Mk 12,29-31.

Diese Worte sprechen von dem, was für mich das Wichtigste ist: Freiheit und Liebe. Ein Gott, der nicht in die Freiheit führt, ist kein Gott. Wir Juden sind fest davon überzeugt, wir sollen keinen anderen Gott verehren als den, der uns aus Ägypten befreit hat. Ein Gott, der in Unfreiheit führt, ist kein Gott, sondern ein Götze. Die Christusanhänger glauben, dass dieser Gott nicht nur der Gott Israels ist, sondern der Gott aller Menschen. Sie glauben: Durch Christus sind alle zur Freiheit berufen.

Zum Wichtigsten gehört die Liebe als Gottes- und Nächstenliebe. Wir Juden sagen, dass wir Gott mit ganzem Herzen, ganzer Seele und allen Kräften lieben sollen. Christusanhänger haben hinzugefügt, dass wir Gott auch mit unserem Verstand lieben sollen. Sie sind überzeugt, dass Jesus selbst diesen Zusatz gemacht hat. Was das konkret bedeutet, erkennen sie daran, dass Jesus die Liebe zu Gott mit der Nächstenliebe eng verbunden hat. Nur wenn Menschen einander lieben, wird Gott auf vernünftige Weise geliebt. Ein Gott, der Hass und Fanatismus fordert, ist ein Gott, der in die Irre führt.

Ich habe noch einen dritten Text in die Kästchen getan, der das Wichtigste zusammenfasst. Den fand ich bei Paulus in seinem ersten Brief an die Korinther und in einem anderen kleinen Brief, der unter den Christusanhängern kursiert:

*So bleiben Glaube, Hoffnung, Liebe,*
*die Liebe aber ist die Größte.*[10]
*Denn Gott ist Liebe,*
*und wer in der Liebe bleibt,*
*der bleibt in Gott*
*und Gott bleibt in ihm.*[11]

10 1Kor 13,13.
11 1Joh 4,16.

Diese Texte über Freiheit und Liebe habe ich auf Papyrus geschrieben und sie in diese Kapseln gelegt. Die Christusanhänger teilen Brot und Wein aus. Ich verteile Worte. Brot oder Wein sind wie diese Kapseln nur äußere Zeichen für die Worte. Die Worte allein sind entscheidend. Nehmt sie mit auf eure Reise, als sei es ein Stück von mir.«[12]

Danach ging sie auf Erasmus und Tertius zu und umarmte sie. Tertius sagte: »Deine Worte sollen mich von nun an begleiten.«

Und Erasmus fügte hinzu: »Und deine Liebe auch.«

Danach bereitete Tertius ein bescheidenes Essen vor. Er mischte Wein und Wasser in einem Becher und reichte ihn allen. Dazu gab es Brotfladen und Früchte. Sie bildeten eine kleine Familie. In ihr sollten alle gleich sein. Auch unter ihnen galt:

*Hier ist nicht Jude und Grieche;*
*Hannah war Jüdin, Erasmus Römer.*
*Hier ist nicht Sklave noch Freier;*
*Tertius war Sklave, Erasmus ein Freier.*
*Hier ist nicht Mann noch Frau;*
*Hannah und Erasmus waren eins.*

Sie sprachen noch einmal über die Massenhinrichtung der Sklaven. Hannah sagte: »Mit diesen Sklaven wurde auch das Recht hingerichtet. Aber lasst uns an dem Glauben festhalten, dass es immer wieder auferstehen wird. So ist es auch sonst in der Welt.

*Die Sehnsucht nach Glück wird erstickt,*
*aber sie wird immer wieder wach.*

12 Anregungen zu dieser Abschiedsszene erhielt ich im Brief von J.W. Goethe an Charlotte von Stein, Nr. 240, vom 12. März 1781: Goethe wünscht, dass es ein Sakrament gäbe, das ihn mit ihr verbindet: »Die Juden haben Schnüre, mit denen sie die Arme beim Gebet umwickeln, so wickle ich dein holdes Band um den Arm, wenn ich an dich mein Gebet richte.«

*Die Wahrheit wird getötet,*
*aber sie wird immer wieder lebendig.*
*Die Liebe wird gekreuzigt,*
*aber sie wird immer wieder auferstehen.*

Dann unterhielten sie sich über die Texte, die Hannah verteilt hatte. Zu Erasmus gewandt sagte sie: »Als ich die Texte zusammenstellte, habe ich eine merkwürdige Entdeckung gemacht. Ich habe das Doppelgebot der Liebe zu Gott und zum Nächsten nirgendwo in den Briefen des Paulus gefunden, obwohl Paulus alle Gebote im Liebesgebot zusammenfassen will. Aber er zitiert nur das Gebot der Nächstenliebe. Es fehlt das Gebot der Gottesliebe.«

»Vielleicht«, vermutete Erasmus, »hat die Nächstenliebe für ihn Vorrang vor der Liebe zu Gott. Er sagt ja selbst, am wichtigsten seien Glaube, Hoffnung und Liebe, die Liebe aber übertreffe alles.«

Hannah meinte dazu: »Ich habe noch eine andere Erklärung. Sicher ist: Paulus kennt das Gebot der Gottesliebe. Wir Juden sprechen es zweimal am Tag. Ich bin auch sicher, dass er den Missbrauch dieses Gebotes kennt. Denn die Fanatiker berufen sich darauf, dass es nur den einen und einzigen Gott gibt. Sie verstehen als Gottesliebe, dass sie für diesen einen Gott eifern. Sie stellen ihre Gottesliebe über die Nächstenliebe, rechtfertigen mit ihr sogar Gewalt gegen Menschen. Davon hat sich Paulus abgewandt. Davon will er nichts mehr wissen.«

»Du meinst, er habe die Gefahr gesehen, die eine ausschließliche Verehrung des einen Gottes mit sich bringt? Und daher trete das erste Gebot bei ihm in den Hintergrund?«

Hannah nickte: »Es ist problematisch, wenn ein Volk oder eine Gruppe die wahre Gottesverehrung ausschließlich für sich beansprucht. Für Paulus ist Gott nicht nur der Gott der Juden, sondern der Gott aller Menschen. Wir

Juden bekennen täglich: ›Höre, *Israel,* der Herr, unser Gott ist der Herr allein und du sollst den Herrn, *deinen* Gott lieben von ganzem Herzen, von ganzer Seele und allen *deinen* Kräften.‹ Dieses Gebot richtet sich nur an Juden; daher beruft sich Paulus nur selten darauf. Einmal jedoch spielt er darauf an. Da fragt er: ›Ist er denn *allein* ein Gott der Juden? Nicht auch der Heiden? Denn er ist der *eine* Gott, der beide durch Glauben rechtfertigt‹.[13] Paulus möchte hier einprägen, dass dieser eine und einzige Gott, der Gott aller Menschen ist.«

Da schaltete sich Tertius noch einmal ein: »Auch die Christusanhänger bekennen sich zu dem einen und einzigen Gott. Ich habe folgendes Bekenntnis bei ihnen gehört:

*Wir haben nur einen Gott, den Vater,*
*von dem alle Dinge sind und wir zu ihm;*
*und einen Herrn, Jesus Christus,*
*durch den alle Dinge sind und wir durch ihn.«*[14]

Hannah fügte hinzu: »Das ist interessant. Sie bekennen sich zu dem einen und einzigen Gott – stellen aber Christus daneben. Das wirkt wie eine Korrektur. Auch wenn ich es nicht beweisen kann, verstehe ich das so: Christus ist hier die Korrektur einer fanatischen Gottesverehrung. Christus lehrt sie, für andere zu leben. Christus lehrt, dass wir nicht andere für uns sterben lassen dürfen. Dazu aber sind die Fanatiker bereit.«

Erasmus antwortete: »An deiner Idee könnte etwas dran sein. Im Drohbrief heute steht, Paulus sei noch immer ›der alte Fanatiker, der von einem heiligen Krieg gegen alle träumt, die nicht den einen und einzigen Gott verehren‹. Helkias und Ismael haben mir von der Steuerverweige-

13 Röm 3,29f.
14 1Kor 8,6.

rungskampagne in Judäa erzählt. Diese Kampagne berief sich darauf, dass allein Gott das Land gehört, dass allein ihm die Steuern zu zahlen seien, weil er allein der eine und einzige Gott sei.«

»Wir haben ja lange darüber nachgedacht«, sagte Hannah, »ob Paulus der Fanatiker geblieben ist, der er vor seiner Hinwendung zu den Christusanhängern war. Heute glaube ich: Seine Bekehrung war so gründlich, dass er selbst das Bekenntnis zu einem einzigen Gott kaum aufgreift, als wisse er um die Gefahr, dass es zum Fanatismus verleiten kann. Darin stimme ich den Christusanhängern zu.«

Erasmus sagte: »Ihr dürft gerne Christusanhänger werden. Ich bin nicht so weit. Aber eins erkenne ich an: Wenn diese Christusanhänger ihre Liebe mitten in einer lieblosen Welt feiern, verdrängen sie nicht die Grausamkeit der Welt. Sie denken an den Einen, der am Kreuz hingerichtet wurde. Sie setzen dagegen ihre Liebe als Hoffnung auf eine bessere Welt. Wir denken heute an die Sklaven, die bei uns ihr Leben lassen mussten. Das eine Kreuz soll für immer eine Erinnerung an die Kreuze sein, an denen sie ihr Leben lassen mussten. Und auch wir sollten unsere Liebe zu einem Zeichen gegen die Grausamkeit dieser Welt machen.« Mit diesen Worten trat er auf seine beiden Gefährten zu und nahm sie in seine Arme.

Dann saßen sie noch einige Zeit beisammen und freuten sich einfach darüber, dass sie zusammen sein durften. Nachdem sie ihr Mahl beendet hatten, begleiteten Erasmus und Tertius Hannah nach Hause. Sie kehrten zurück, um ihre Abreise vorzubereiten. Der Weg zu ihrem Haus führte sie durch Gassen und Straßen, die in der Dämmerung noch einmal neu zum Leben erwachten. Überall waren Menschen, die geschäftig durch die Straßen eilten. Man konnte sie nicht genau erkennen. Aber manchmal dachten die beiden, ob uns einer beobachtet hat, als wir das Haus mit Hannah verlassen haben? Die Steinewerfer mussten ja irgendwo in der Nähe gewesen sein. Ob sie uns in der Dämmerung folgen? Als Erasmus und Tertius zu ihrem Haus zurückgekehrt waren, vergewisserten sie sich, dass nicht noch weitere Schmierereien die Wände verzierten. Bevor sie durch die Tür eintraten, machten sie sich laut bemerkbar. Falls jemand eingebrochen war, sollte er Gelegenheit haben, rechtzeitig zu verschwinden. Ein aufgeschreckter Einbrecher konnte schnell gewalttätig werden. Aber alles blieb still. Jedoch musste in der Zwischenzeit jemand da gewesen sein. Ein Bote von Philodemus hatte einen Brief unter die Tür geschoben.

## Briefe über Gemeinschaftsmahl und Opfer

*Philodemus an Erasmus,*

die Götter segnen Dich. Ich bin Dir dankbar für Deinen letzten Brief. Freundschaft ist leicht, wenn man übereinstimmt. Freundschaft ist noch schöner, wenn sie Menschen mit verschiedener Meinung verbindet. Wir Epikureer leben von der Freundschaft. Durch unsere Freunde bestärken wir uns in unserem Hauptanliegen. Das besteht darin, unnötige Furcht und Angst zu überwinden, Furcht vor den Göttern und Angst vor dem Tod. Vor dem Tod haben wir keine Angst, weil wir uns sagen, dass er uns eigentlich nichts angeht. Das ist ein Hauptsatz unserer Philosophie:

»Der Tod hat keine Bedeutung für uns; denn was aufgelöst ist, ist ohne Empfinden; was aber ohne Empfindung ist, das hat keine Bedeutung für uns.«[15]

Die Furcht vor den Göttern überwinden wir, indem wir uns klarmachen, dass sie nicht in unser Leben eingreifen.

15 Epikur, 2. Hauptsatz, bei: Diogenes Laertius, Leben und Meinungen berühmter Philosophen, Bd. X, 139.

Sie leben selig in sich selbst. Nur das Volk dichtet ihnen Mythen an und fürchtet sich vor Blitz und Donner, als ob die Götter grollen. Wir aber sagen:

»Halte Gott für ein unvergängliches und glückseliges Wesen ... und dichte ihm nichts an, was entweder mit seiner Unvergänglichkeit unverträglich ist oder mit seiner Glückseligkeit nicht in Einklang steht.«[16]

Darin bestärken wir uns gegenseitig, speisen zusammen und feiern ein Gastmahl zum Gedenken an unseren Schulgründer Epikur.

Du wirst erstaunt sein, was ich daraus schließe. Weil Du an Deinem Plan festhältst, einen von diesen Christusanhängern zu verteidigen, habe ich mich über sie informiert, um zu verstehen, was Dich an ihnen so anzieht. Ihr Leben erinnert mich, so merkwürdig das klingen mag, an unser Leben als Epikureer. Auch sie ziehen sich in ihre Gemeinschaften zurück. Auch sie feiern ein Gemeinschaftsmahl zum Gedenken an ihren Gründer. Auch sie wollen die Furcht vor dem Tod überwinden. Auch sie haben keine Angst vor Gott. Für sie ist Gott lauter Liebe. Die Überwindung der Furcht durch Liebe ist bei ihnen ein Hauptanliegen. Sie sagen:

*Furcht ist nicht in der Liebe,*
*sondern die vollkommene Liebe treibt die Furcht aus;*
*denn die Furcht rechnet mit Strafe.*
*Wer sich aber fürchtet,*
*der ist nicht vollkommen in der Liebe.*[17]

Das könnte ich unterschreiben. Vor allem lehnen es die Christusanhänger ab, die Götter durch Opfer günstig stimmen zu wollen. Wenn die Angst vor einem strafenden Gott

16 Epikur, Brief an Menoikeus, bei: Diogenes Laertius, Leben und Meinungen berühmter Philosophen, Bd. X, 123.
17 1 Joh 4,18.

unsinnig ist, machen Opfer keinen Sinn mehr. An die Stelle der Opfer setzen sie wie wir ein einfaches Mahl.

Wenn Du also einen ihrer Vertreter verteidigen willst, von mir aus tu das. Sie sind keine Epikureer. Aber sie sind uns in manchem paradoxerweise ähnlich. Du weißt, ich habe immer wieder Argumente gebracht, um Dich davon abzuhalten, ihre Verteidigung zu übernehmen. Wir sollten ihre Lehren nicht übernehmen, aber sie sollen in unserem Staat leben dürfen.

*Grüße an Erasmus*
*Philodemus*

### *Erasmus an Philodemus*

Gott segne Dich. Ich habe mich über Deinen Brief sehr gefreut. Diese Christusanhänger sind gewiss keine aufgeklärten Epikureer. Sie sind überhaupt keine Philosophen. Die meisten von ihnen gehören zu wenig gebildeten Kreisen. Aber wenn man ihre Erzählungen und Bilder philosophisch weiterdenkt, kommt man der Wahrheit näher. Die Bilder von Gott lassen nach dem suchen, was das Ganze der Wirklichkeit ist, was ihr Grund, ihr Sinn und ihre Ordnung ist. Wir müssen diese Bilder daraufhin testen, ob wir mit ihrer Hilfe etwas entdecken, das ihnen in der Wirklichkeit entspricht. Paulus selbst sagt fast wie Sokrates: »Prüfet alles, und das Gute behaltet! Meidet das Böse in jeder Gestalt.«[18]

Du sprichst einen Punkt an, an dem die Christusanhänger tatsächlich »fortschrittlich« sind. Sie opfern nicht. Für die meisten Menschen bedeutet Gottesverehrung, Tieropfer darzubringen. Töten von Tieren ist für sie Gottesdienst. Nur die Pythagoreer und Epikureer meinen, Opfer seien verfehlt. Dafür erzählen die Christusanhänger die Geschichte von



18 1Thess 5,21f.

dem einen großen Opfer: Gott hat seinen Sohn geopfert. Aber durch dieses eine Opfer demonstriert nach ihrer Ansicht Gott, dass er alle Opfer überwinden will. Er gibt dem Sohn neues Leben. Er schafft Heil, indem er Leben schafft, und setzt alle ins Unrecht, die durch Töten Heil schaffen wollen.

Nun gibt es viele Menschen, die empören sich trotzdem: Wie kann Gott so unmoralisch sein, den eigenen Sohn dem Tod auszuliefern? Aber dieses Bild eines Gottes, der seinen Sohn opfert, soll uns die Augen für unsere Unmoral öffnen, dafür, dass wir bereit sind, andere Menschen in den Tod zu geben, wenn wir meinen, dadurch Vorteile im Leben zu haben. Das haben wir in Rom erlebt: Viele Sklaven wurden für das Allgemeinwohl »geopfert« – für das Sicherheitsbedürfnis von Sklavenbesitzern, die rücksichtslos mit ihren Sklaven umgehen, so dass sie Angst vor ihrer Rache haben. Wir alle sind bereit, auf Kosten anderer Menschen zu leben.

Die Freiheit von der Furcht vor den Strafen der Götter ist eine wichtige Sache. Aber die Freiheit von Furcht vor unrechtmäßigen Übergriffen anderer Menschen ist genauso wichtig. In jedem ihrer Gemeinschaftsmahle feiern die Christusanhänger die Überwindung ihrer Furcht vor Gott – und vor anderen Menschen. Darin sind sie den Epikureern verwandt.

*Grüße an Philodemus*
*von Erasmus*

# 11 NACH DER KATASTROPHE

Was nach der Abreise von Erasmus und Tertius geschah, war eine Katastrophe – für die Stadt Rom, für Christen, Juden und für Erasmus: In Rom zerstörte ein Feuer die Stadt. Von den Kaufbuden am Circus Maximus aus hatte es sich in sechs Tagen nach Nordosten bis zu den Hängen des Esquilin ausgebreitet. Nach kurzer Pause brach es nördlich des Kapitols erneut aus und wütete noch einmal drei Tage. Drei Stadtteile waren völlig zerstört. In sieben anderen waren die Häuser kaum bewohnbar, darunter das Haus des Erasmus auf dem Quirinal. Nur vier Stadtviertel blieben unberührt. Hartnäckig hielt sich das Gerücht, Nero selbst habe den Brand befohlen, um seinen Palast und die Stadt prächtig wieder aufbauen und ihr seinen Namen geben zu können.[1]

Für Erasmus war die Katstrophe weit größer. Er erfuhr davon erst, als er nach Rom zurückgekehrt war. Um den Verdacht der Brandstiftung von sich abzuwälzen, hatte Nero Christusanhänger als Brandstifter beschuldigt und viele von ihnen hinrichten lassen. Gebildete warfen ihnen »Hass auf das Menschengeschlecht« vor, das Volk kriminelle Handlungen. Manche Christen träumten in der Tat davon, dass die alte Welt in Flammen untergeht. Wenn sie angesichts der brennenden Stadt den Weltuntergang erwarteten, zogen sie den Verdacht auf sich, selbst den Brand gelegt zu haben. Das nutzte Nero aus. Unter den Hingerichteten waren Paulus und Onesimus, aber – und das hätte Erasmus niemals erwartet – auch Hannah. Das war die große Katastrophe in seinem Leben.

1 Nach dem Brand Roms erwies sich Nero als tüchtiger Krisenmanager, stellte Wohnungen und Nahrung zur Verfügung und organisierte den Wiederaufbau der Stadt mit Brandschutzvorkehrungen.

Paulus hatte als Gefangener mit seiner Hinrichtung rechnen müssen.[2] Onesimus war als Gemeindeleiter gefährdet. Hannah aber gehörte erst seit kurzem zu ihrer Gemeinde. Niemals hätte jemand damit gerechnet, dass sie in die Katastrophe der christlichen Gemeinde hineingerissen würde. Wie konnte das geschehen? Die Polizei hatte zunächst wenige Christen inhaftiert. Dann hatten sie Sklaven unter der Folter verhört und von ihnen die Namen weiterer Christusanhänger herausgepresst. Hannah war in der kurzen Zeit ihrer Gemeindezugehörigkeit durch Selbständigkeit, Bildung und Sprache aufgefallen. Das war die Ursache ihres Unglücks. Einige hatten ihren Namen angegeben. Jetzt war sie tot. Was Erasmus danach erlebte, war eine schreckliche Zeit voller Verzweiflung, Depression und Selbstvorwürfen. So intensiv war er noch nie mit dem Tod konfrontiert worden. Er hatte sein Leben mit Hannah verbunden. Jetzt war es ihm, als würde er mit ihr in den Tod gerissen. Vor ihm tat sich ein grenzenloses Nichts auf.

Was ihn quälte, war nicht nur ihr Verlust. Noch quälender war das Bewusstsein, dass nur durch ihn Hannah Kontakt zu Christusanhängern bekommen hatte. Ohne diesen Kontakt wäre sie noch am Leben!

Wie ein unerträglicher Schmerz hämmerte in seinem Kopf der Gedanke, dass nur der Vorwurf des Menschenhasses den Verdacht der Brandstiftung auf die Christusanhänger hatte lenken können. Hatte nicht auch er einmal an Philodemus geschrieben, der Kontakt zum Hof Neros hatte: Sie seien Brandstifter? »Sie sehnen den Untergang der alten Welt in Flammen herbei, damit eine neue Welt kommt.«

Erasmus machte sich aber vor allem deswegen quälende Vorwürfe: Warum war er nicht in Rom geblieben, als der Drohbrief gegen ihn kam? Er hätte Hannah warnen,

2 Es ist nicht sicher, dass Paulus erst in der neronischen Christenverfolgung 64 n.Chr. hingerichtet wurde.

verstecken oder verteidigen können! Damals hatte Hannah selbst gewünscht, dass er Rom verließ, um in Sicherheit zu sein. Ihre Liebe zu ihm hatte sie schutzlos gemacht, als sie in Rom blieb.

Aber der allerschlimmste Vorwurf gegen sich selbst, der wie eine Drehmühle in seinem Inneren nie zum Stillstand kam, war: Hätte er doch nicht gezögert, um sie zu werben! Er hätte sie seinen Eltern vorgestellt. Sie wären gemeinsam in Tarracina gewesen, als Rom brannte. Hannah wäre noch am Leben. Nichts konnte ihn von dem Vorwurf entlasten: Wäre er der Stimme seiner Liebe gefolgt, wäre sie noch am Leben.

Was er ganz und gar nicht bewältigen konnte, waren seine Phantasien, wie Hannah in ihren letzten Stunden und Augenblicken gelebt hatte: Verzweifelt? Mutig? Von Schmerzen zerrissen? Gedemütigt von Henkern? In Felle genäht und verbrannt? Gekreuzigt und gequält? Allein gelassen von ihm? Allein gelassen von Gott? Bei all diesen Gedanken überfiel ein Zittern seinen Körper. Sein Puls wurde unruhig. Sein Herz flatterte. Es war ihm, als müsste er sterben. Nach solchen Panikattacken fühlte er sich wie ein Schattenbild seiner selbst.

Erasmus fiel in den tiefen Brunnen der Depression und hockte lange unten auf dem Boden im Finsteren, ohne erkennen zu können, wie er an dessen Wänden aus eigener Kraft hinausklettern konnte. Es war, als würden die Leitersprossen, die zum Licht führten, erst weit oben beginnen – dort, wohin er nie würde gelangen können.

Lange konnte er nur mit sehr wenigen Menschen über seine Trauer sprechen. Nathan und Salome standen ihm bei. Auch sie waren hin- und hergerissen vor Wut, Schmerz und Verzweiflung. Sie machten ihm keine Vorwürfe. Das tat ihm gut. Weil sein Haus auf dem Quirinal zerstört war, boten sie ihm und Tertius an, dass sie bei ihnen wohnten. Er lebte nun im Zimmer Hannahs. Das weckte die Erinnerung an sie. Manchmal war es ihm, als wäre sie unsichtbar anwesend. Dann kam es ihm so vor, als sei er durch ihren Tod aus einer dumpfen Betäubung erwacht, während alle anderen Menschen in dieser Betäubung lebten. Das waren flüchtige Erlebnisse, die wie ein Licht am oberen Ende eines dunklen Schachtes aufflackerten. Dann meinte er fast, ihre Stimme zu hören.

Philodemus und Philandros erwiesen sich in dieser Zeit als gute Freunde. Oft besuchten sie ihn und sie redeten miteinander. Erasmus spürte dabei, dass Philodemus sehr viel mehr Verständnis für religiöse Fragen hatte, als er ihm zugetraut hätte. Philodemus spottete nicht mehr über seinen stoischen Glauben an einen Sinn im Kosmos, an dem man trotz aller Katastrophen festhalten müsse. Vielleicht wollte er nichts beschädigen, was in ihm noch an Lebensmut und Lebensbejahung war. Vielleicht war es nur Rücksichtnahme. Aber es tat ihm gut. Es war gut, dass es jemanden gab, dem er alles erzählen könnte.

Vor allem aber war Tertius bei ihm. Erasmus betrieb mit Nachdruck seine Adoption. Als er seinen Plan mit den Eltern besprach, nahm alles eine überraschende Wendung: Sie eröffneten ihm, dass er sein Halbbruder war. Seine Mutter wusste es schon immer. Sie schlugen vor, dass sie ihn als ihren Sohn adoptierten, so dass er rechtlich sein Bruder würde. Erasmus bereitete alles für die Adoption vor. Es tat ihm gut, etwas Praktisches zu tun, vor allem, da er es im Bewusstsein tun konnte, Hannahs Willen zu erfüllen. Das half ihm über die innere Lähmung hinweg, die ihn seit ihrem Tod umklammerte. Je aktiver er wurde, umso mehr löste sich das Dunkel, in das ihn der Tod Hannahs gestürzt hatte.

Er stürzte sich in seine Aufgaben als Anwalt. Seine Klienten waren Juden und auch einige Christusanhänger. Dabei arbeitete er mit Tertius zusammen, jetzt als Bruder. Beide verstanden sich als »Erben« Hannahs, als hätte sie ein Testament hinterlassen, das sie verpflichtete, sich für die jüdische und christliche Gemeinschaft einzusetzen. Tertius wurde in der christlichen Gemeinde Diakon. Erasmus besuchte die jüdische Synagoge, manchmal ging er mit Tertius aber auch zum Gottesdienst der Christusanhänger. Es war damals noch weit verbreitet, beide Gemeinden gleichzeitig zu besuchen. Die scharfe Trennung von Juden und Christen entwickelte sich erst allmählich. Drei Krisen spielten dabei eine Rolle. Alle drei machten Erasmus zu schaffen: der jüdisch-römische Krieg, die jüdische Sondersteuer und die Verfolgung von »Atheisten« unter Domitian.

Zwei Jahre nach der Christenverfolgung in Rom brach in Judäa 66 n.Chr. der jüdische Krieg aus. Als ein korrupter Prokurator angesichts ausbleibender Steuerzahlungen den Tempelschatz beschlagnahmte, provozierte er einen Aufstand. Nero sandte Truppen nach Jerusalem, um ihn niederzuschlagen. Sie konnten die Stadt nicht einnehmen und wurden auf dem Rückzug vernichtend geschlagen. Dieser unerwartete Sieg belebte den alten Mythos von der Unbesiegbarkeit des Tempels.[3] Nero beauftragte Vespasian damit, Jerusalem zu erobern. Der besetzte mit seinem Sohn das Land und belagerte Jerusalem. Die Belagerung zog sich hin, weil nach Neros Tod Bürgerkriege das Reich erschütterten. Vier Kaiser folgten in einem Jahr aufeinander: Otho, Galba und Vitell. Zuletzt setzte sich Vespasian durch. Bei Kämpfen in Rom setzten seine Truppen den Jupitertempel in Rom in Brand.[4] Das war ein fatales Zeichen: Der römische Tempel war zerstört, der jüdische Tempel trotzte noch immer den Römern. Viele dachten: War nicht JHWH, der Gott der Juden, mächtiger als Jupiter, der Gott der Römer? Als die Römer endlich Jerusalem eroberten, ließen sie daher den Tempel in Flammen aufgehen.[5] Sie mussten den Mythos seiner Unzerstörbarkeit zerstören. Jupiter sollte über JHWH triumphieren. In den

3 Jesaja 29,1-8.

4 Tacitus, Historien III 71-72, legt nahe, dass die Truppen des Vespasian unter seinem Sohn Domitian dafür verantwortlich waren.

5 Vgl. H. Schwier, Tempel und Tempelzerstörung, NTOA 11, Freiburg Schweiz/ Göttingen 1989.

Flammen ging aber auch die Hoffnung der Christusanhänger unter, der Tempel werde sich allen Menschen für einen vernünftigen Gottesdienst aller Völker öffnen. Es gab keinen Tempel mehr. Danach erlebten Juden und Christen auch in Rom eine schwierige Zeit. Erasmus und Titus mussten die als Geiseln dort lebenden Hohepriester gegen den Verdacht verteidigen, sie hätten den Aufstand unterstützt. Immer wieder mussten sie Kriegsgefangene aus Judäa im Auftrag jüdischer Verwandter in Rom aus der Sklaverei freikaufen. Viele Christen deuteten damals die Zerstörung des Tempels als Erfüllung einer Weissagung Jesu gegen den Tempel und als Vorzeichen des Weltendes.[6] So trennten sich durch den Verlust des gemeinsamen Tempels in Jerusalem auch in Rom die Wege von Juden und Christen.

Diese Trennung wurde durch andere Kriegsfolgen beschleunigt. Alle Juden mussten die Tempelsteuer, die früher dem jüdischen Tempel zugutekam, in den *fiscus Judaicus* als Sondersteuer einzahlen. Mit diesem Geld wurde der Tempel des Jupiter Capitolinus wieder aufgebaut und später das Kolosseum errichtet. Das war eine öffentliche Demütigung aller Juden. Ihr »heiliges« Geld wurde für das verwandt, was in ihren Augen Götzendienst war. Die Sondersteuer wurde besonders unter dem Kaiser Domitian dazu mit Schikanen eingetrieben. Männer wurden genötigt, sich nackt auszuziehen, um festzustellen, ob sie beschnitten waren und die Judensteuer zahlen mussten.[7] Auch von Christen wurde sie eingezogen. Für die war es wiederum ein Motiv, sich vom Judentum zu distanzieren, Judenchristen hörten auf, ihre Kinder beschneiden zu lassen. Erst nach dem Tod von Domitian reformierte Kaiser Nerva die Judensteuer.[8]

6 So wohl auch das Markusevangelium, das m.E. kurz nach der Zerstörung des Tempels geschrieben wurde.

7 Sueton, Domitian 12,2.

8 Kaiser Nerva (96–98 n.Chr.) ließ Münzen mit der Aufschrift prägen »FISCI JUDAICI CALUMNIA SUBLATA«. Die mit der Judensteuer verbundenen Schikanen sind aufgehoben.

Seitdem mussten Christen sie nicht mehr zahlen. Schikanöse Formen der Eintreibung wurden eingestellt. Erasmus war von all dem selbst betroffen. Er hatte nach langer Zeit der Trauer Sarah geheiratet, eine jüdische Frau, die sich den Christen angeschlossen hatte, sich aber weiterhin als Jüdin verstand. Sie mussten sich dagegen wehren, für den *fiscus judaicus* zu zahlen.

Das dritte Problem waren Anklagen wegen »Atheismus«. Da Juden und Christen die Götter der Heiden leugneten, galten sie als »Atheisten«. Gerade deswegen sympathisierten einige gebildete Oberschichtmitglieder am Kaiserhof mit ihnen. Das war riskant. Denn Domitian liebte es, sich als »Herr und Gott« anreden zu lassen. Wer in seiner Umgebung die These vertrat, es gäbe nur einen Gott, setzte sich sofort dem Verdacht aus, er wolle Domitian kritisieren. Domitian ließ sogar einen engen Verwandten, Titus Flavius Clemens, unter dem Vorwand des »Atheismus« hinrichten, wahrscheinlich um ihn als Konkurrenten und Kritiker zu beseitigen.[9] Dessen Frau Flavia Domitilla wurde verbannt. Sie hatte die christliche Gemeinde unterstützt.[10] Auch Epikureer wie Philandros mussten damals befürchten, als »Atheisten« gebrandmarkt zu werden. Gerade in dieser Zeit bewährte sich die Freundschaft zwischen Erasmus und Philandros. Beide waren Außenseiter. Gegen Ende der Zeit des Domitian spürten sie es am meisten.

Mit den Kaisern Nerva und Trajan schien zunächst die Zeit des diktatorisch regierenden Domitian überwunden. Alle atmeten auf. Die jüdische Sondersteuer wurde reformiert, die »Atheisten«-Verfolgung eingestellt. Erasmus war inzwischen sehr alt geworden. Er lebte im Bewusstsein, dass der Tod nicht mehr fern war. Wieder tat sich dieses

9 Im Jahr 95 n.Chr., vgl. Dio Cassius, Römische Geschichte LVII 14,1f.

10 Eine christliche Katakombe im Süden Roms trägt den Namen der Flavia Domitilla. Sie könnte eine »Patronin« der christlichen Gemeinde gewesen sein.

große dunkle Tor auf wie damals, als er durch Hannahs Tod eine Zeit lang aus dem Leben gerissen worden war. Wieder wurde lebendig, was er mit Hannah erlebt hatte.

Aber es waren akute Ereignisse, die ihn in die Vergangenheit versetzten. Noch immer existierte das Gesetz, das bei der Ermordung eines Herrn durch seinen eigenen Sklaven die Folter und Hinrichtung aller Sklaven in seinem Haus verlangte. Zwar hatten viele gehofft, dass mit Trajan humane Zeiten beginnen würden. Doch sie wurden enttäuscht. Trajan verschärfte dieses Gesetz. Er bestimmte, dass nicht nur die Sklaven, sondern auch alle Freigelassenen unter der Folter zu verhören seien. Damit brach er ein Tabu. Bisher wurden nur Sklaven unter der Folter verhört, nie aber Freie. Erasmus und Tertius waren darüber genauso empört wie Philodemus und Philandros. Sie durchlebten in Gesprächen und Erinnerungen noch einmal die schrecklichen Ereignisse nach dem Mord an Pedanius Secundus.

Bald darauf publizierte nun der Historiker Tacitus seine »Annalen« der Kaiserzeit: eine faszinierende Geschichte der Kaiser von Augustus bis Domitian.[11] Erasmus kaufte sich sofort ein Exemplar. Er war begierig, zu erfahren, was Tacitus aufgrund von Archivstudien über die Zeit erzählte, die sein Leben geprägt hatte. Noch einmal las er erschüttert das zynische Plädoyer seines Lehrers Cassius Longinus für die Hinrichtung der Sklaven. Am Ende las er über die Reaktion im Senat:

> *Keiner wagte es, dem Antrag des Cassius entgegenzutreten. Doch gab es auch abweichende Meinungen. Sie zeigten Mitleid mit der großen Zahl, dem Alter, dem Geschlecht und der unbezweifelbaren Unschuld der meisten Sklaven. Doch setzten sich die durch, die für die Hinrichtung aller stimmten. Doch konnte der Be-*

11 Die Annalen des Tacitus wurden nach den Historien zur Zeit des Trajans nach 110 n.Chr. veröffentlicht. Wir kennen das genaue Datum nicht.

*schluss zunächst nicht durchgeführt werden, da sich eine Menschenmenge zusammengeschart hatte und mit Steinwürfen und Brandstiftung drohte. Kaiser Nero tadelte deswegen das Volk und ließ den Weg, auf dem die Verurteilten zur Hinrichtung geführt wurden, durch Ketten von Soldaten absperren. Cingonius Varro hatte darüber hinaus einen Antrag gestellt, auch die Freigelassenen, die unter dem gleichen Dach gelebt hätten, aus Italien auszuweisen. Das verhinderte Nero mit der Begründung: Wenn man schon die alte Sitte nicht durch Mitleid hat abmildern können, müsse man sie nicht durch Grausamkeit verschärfen.*[12]

Erasmus erkannte sofort: Die Erwähnung dieses Antrags war eine deutliche Kritik an Trajan. Nero hatte es als Grausamkeit abgelehnt, Freigelassene durch Verbannung zu bestrafen. Trajan aber übertraf durch sein Gesetz den als grausam berüchtigten Nero!

Erasmus näherte sich in seiner Lektüre mit Herzklopfen den Ereignissen beim Brand Roms. Was würde Tacitus darüber schreiben? Er las, Nero habe nach dem Brand alles Mögliche getan, um den Menschen zu helfen, die Stadt wieder aufzubauen, die Menschen zu ernähren und die Götter zu versöhnen. Denn solch eine Brandkatastrophe konnte man damals nur als Ausdruck des Zornes der Götter deuten. Dann las er weiter:

*Aber nicht durch menschliche Hilfeleistung, nicht durch die Spenden des Kaisers oder die Maßnahmen zur Beschwichtigung der Götter ließ sich das böse Gerücht unterdrücken, man glaubte vielmehr fest daran, dass der Brand von Nero befohlen worden sei. Daher schob Nero, um dem Gerede ein Ende zu machen, andere als*



12 Paraphrasiert nach Tacitus, Annalen XIV, 45,1-2.

*Schuldige vor und belegte die mit den ausgesuchtesten Strafen, die wegen ihrer Schandtaten verhasst und vom Volk Christianer genannt wurden. Der Mann, von dem sich dieser Name herleitet, Christus, war unter der Herrschaft des Tiberius auf Veranlassung des Prokurators Pontius Pilatus hingerichtet worden; und für den Augenblick unterdrückt, brach der unheilvolle Aberglaube wieder hervor, nicht nur in Judäa, dem Ursprungsland dieses Übels, sondern auch in Rom, wo aus der ganzen Welt alle Gräuel und Scheußlichkeiten zusammenströmen und gefeiert werden. So verhaftete man zunächst diejenigen, die ein Geständnis ablegten, dann wurde auf ihre Anzeige hin eine ungeheure Menge nicht so sehr des Verbrechens der Brandstiftung als einer hasserfüllten Einstellung gegenüber dem Menschengeschlechte schuldig gesprochen. Und als sie in den Tod gingen, trieb man noch seinen Spott mit ihnen in der Weise, dass sie, in die Felle wilder Tiere gehüllt, von Hunden zerfleischt umkamen oder, ans Kreuz geschlagen und zum Feuertod bestimmt, sobald sich der Tag neigte, als nächtliche Beleuchtung verbrannt wurden. Seinen Park hatte Nero für dieses Schauspiel zur Verfügung gestellt und gab zugleich ein Zirkusspiel, bei dem er sich in der Tracht eines Wagenlenkers unters Volk mischte oder sich auf einen Rennwagen stellte. Daraus entwickelte sich Mitgefühl, wenngleich gegenüber Schuldigen, die die härtesten Strafen verdient hätten: denn man glaubte, nicht dem öffentlichen Interesse, sondern der Grausamkeit eines einzelnen würden sie geopfert.*[13]

13 Tacitus, Annalen XV 44,2-5. Tacitus bezweifelt, dass der Brand von Nero veranlasst wurde. Er spricht nur von einem entsprechenden Gerücht. Dass der Brand nach sechs Tagen erneut auf dem Gelände des Prätorianerpräfekten Tigellinus, der mit Nero eng verbunden war, ausbrach, könnte das Gerücht verursacht oder verstärkt haben. Sueton ist dagegen überzeugt, dass Nero selbst den Brand verursacht habe (Nero 38). Nur Tacitus bringt die Verfolgung der Christen mit dem Brand in Rom in Verbindung. Sueton (Nero 16,2) berichtet von der Hinrichtung von Christen in einem Kontext, in dem er die guten Taten des Nero (sic!) zusammenstellt.

Als er das las, war es ihm, als würde noch einmal alles, was geschehen war, wie ein Alptraum gegenwärtig. Er fühlte sich so ohnmächtig wie damals. Noch einmal erfasste ihn die Depression, mit der er damals auf die Hinrichtung der Christen reagiert hatte. Noch einmal erlebte er das Chaos von Gefühlen in sich, in das ihn die Nachricht vom Tode Hannahs gestürzt hatte. Noch einmal war es ihm, als säße er im abgrundtiefen Brunnen der Schwermut, abgeschnitten von der unerreichbaren Welt des Lichtes. Lange hatte er diesen Abgrund verdrängen können, der ihn mit dem Tod konfrontiert hatte. Jetzt aber im Alter war er selbst dem Tode nahe, jetzt brach noch einmal alles hervor, was er bei seinen Geschäften als Anwalt hatte unterdrücken und verdrängen können. Da fielen ihm die Worte Hannahs in einem ihrer Briefe ein: »Vergessen ist keine Lösung, Verdrängung erst recht nicht. Nur die Erinnerung macht für die Zukunft frei.« Er hörte in sich ihre Stimme und beschloss, ihr zu folgen. Vielleicht war es gut, wenn er noch einmal alles in seiner Erinnerung durchgehen konnte. Deshalb schrieb er einen langen Brief an seinen Freund Philodemus. Er wollte aufschreiben, was geschehen war und durch Erinnerung frei werden, frei auch, um mit Leben und Tod versöhnt zu sterben.

## Ein Brief: Was gibt Mut im Leben und im Sterben?

*Erasmus grüßt Philodemus.*

Gott danke ich dafür, dass Du ein langes Leben lang mein Freund geblieben bist. Jetzt, wo ich mich selbst dem Tode nahe fühle, will ich aufschreiben, was ich nach dem Tod Hannahs und der Verfolgung der Christusanhänger erlebt habe. Ich dachte, dass ich die schwere Krise schon lange überwunden hätte, in die mich ihr Tod gestürzt hatte. Ich war danach das ganze Leben als Anwalt erfolgreich tätig.

Das verdanke ich meiner Frau Sarah. Auch sie hat Hannah gekannt. Die Erinnerungen an sie haben uns verbunden. Sie war ein großes Glück in meinem Leben. Sie half mir, über die schwere Zeit unter Nero hinwegzukommen und mich auf meine Arbeit zu konzentrieren.

Deshalb war ich erstaunt, wie jetzt alles noch einmal in mir lebendig wurde, als ich bei Tacitus die Geschichte jener Tage las. Alle Ereignisse waren so nah, als würden sie eben erst geschehen. Deswegen habe ich beschlossen, alles noch einmal in einem Brief an Dich aufzuschreiben. Du kennst die Einzelheiten. Ich brauche Dir nicht alles zu erklären. Bewahre den Brief auf. Sarah, meine Frau, kennt und besitzt ihn auch. Ich möchte, dass später einmal meine Enkel diesen Brief lesen können, wenn sie älter sind.

Während des großen Brandes von Rom in der Regierungszeit des Nero waren Tertius und ich bei meinen Eltern in Tarracina. Als wir nach Rom zurückkehrten, fanden wir unser Haus zerstört vor. Es war bis auf wenige Reste abgebrannt. Wir hatten alles verloren. Aber das war nicht das Schlimmste. Das Schlimmste war, dass Hannah, meine Geliebte, durch Nero ihr Leben verloren hatte. Sie war eine einzigartige Frau, sehr selbständig, sehr gebildet, sie las die biblischen Schriften in Hebräisch und dazu viele griechische und lateinische Autoren. Sie war in jeder Hinsicht ungewöhnlich. Wir hatten beschlossen zu heiraten. Kurz danach fiel sie der Verfolgung von Christusanhängern durch Nero zum Opfer. Obwohl sie nur wenige Wochen deren Versammlungen besucht hatte, war sie sehr schnell durch ihre Selbständigkeit und Bildung aufgefallen. Deswegen wurde sie als vermeintliche Leiterin der Gemeinde denunziert und zusammen mit anderen Christusanhängern von Nero hingerichtet. Wir wussten nicht einmal, wo ihre Leiche war. War sie verbrannt worden? War sie irgendwo zusammen mit den vielen Opfern wie andere Verbrecher verscharrt worden. Es gab keinen Erinnerungsort, an den wir gehen konnten. Tertius und ich hatten nur ihre Kästchen, die sie uns als

Andenken vor unserer Reise nach Tarracina mitgegeben hatte. Die nahmen wir oft in unsere Hand. Wir wickelten die Bänder um Arm und Stirn. Wir legten die kleinen Kästchen mit den von ihr geschriebenen Texten auf unsere Stirn. So beteten wir. Diese Kästchen und die Worte waren unser Erinnerungsort. Es war, als spräche Hannah selbst durch diese Texte zu uns, vor allem durch das Doppelgebot der Liebe: Gott mit allen Kräften zu lieben, dazu unseren Nächsten.

Da wir unser Haus verloren hatten, boten uns Hannahs Eltern an, dass wir bei ihnen wohnen durften. Die Gebiete, in denen die Feuersbrunst gewütet hatte, waren durch den Tiber vom Stadtteil *trans Tiberim* getrennt; die Wohngebiete der Juden waren daher vom Feuer verschont geblieben. Die Eltern Hannahs, Nathan und Salome, waren nicht weniger verzweifelt über den gewaltsamen Tod ihrer Tochter als wir. Sie erzählten uns: »Es ging alles so schnell. Hannah war plötzlich verschwunden. Wir suchten sie. Wir liefen in der ganzen Stadt herum. Wir fragten alle, die wir kannten. Wir dachten zuerst, sie sei in der Feuersbrunst wie viele andere umgekommen. Als wir dann endlich die Nachricht von ihrem grausamen Tod erhielten, da haben ›wir drei Tage und Nächte in Asche und Staub vor Gott gelegen und geweint. Geweint? Nein, das ist ein viel zu milder Ausdruck. Wir haben mit Gott gerechtet, gezürnt, getobt, uns und die Welt verwünscht. Ja, wir haben allen Menschen, die an ihrem Tod schuld sind, unversöhnlichen Hass geschworen. Doch dann nach vielen Tagen kam allmählich die Vernunft wieder. Sie sprach mit sanfter Stimme: Und doch ist Gott! Doch war auch das Gottes Ratschluss! Kommt! Tut das, was ihr längst begriffen habt, was zu tun nicht schwerer ist, als zu begreifen, wenn ihr nur wollt. Steht auf! Und wir standen auf! Wir riefen zu Gott: Wir wollen! Wenn du nur willst, dass wir wollen.‹[14] Da hörten wir,

14 In G.E. Lessing, Nathan der Weise, IV,7, reagiert Nathan auf die Ermordung seiner Frau und seiner sieben Kinder durch Christen mit solchen Worten.

dass ihr beide alles verloren hattet. Wir wissen, Hannah hat Dich über alles geliebt und Du hast sie geliebt. So konnten wir etwas tun, das uns Halt gab. Wir konnten Dir und Tertius ein Dach über dem Kopf anbieten.«

Wir lebten lange Zeit bei Nathan und Salome. Manchmal beteten sie zusammen mit uns die Psalmen. Ich war erstaunt, dass die meisten Gebete in der Bibel Anklagen gegen Gott sind. Er wird wenig gelobt. Diese Frommen der Bibel waren nicht zufrieden damit, was in der Welt geschieht. Sie machten Gott bittere Vorwürfe. Ich merkte, dass mich diese Vorwürfe und Klagen trösteten, obwohl sie eigentlich nichts direkt Tröstendes enthielten. Ich höre noch jetzt in mir die Stimme Nathans und Salomes, wie sie im Wechsel sprachen:

*Herr, du bist unsere Zuflucht für und für.*
*Ehe denn die Berge wurden*
*und die Erde und die Welt geschaffen wurden,*
*bist du, Gott, von Ewigkeit zu Ewigkeit.*
*Der du die Menschen lässest sterben*
*und sprichst: Kommt wieder, Menschenkinder!*
*Denn tausend Jahre sind vor dir*
*wie der Tag, der gestern vergangen ist,*
*und wie eine Nachtwache.*
*Du lässest sie dahinfahren wie einen Strom.*
*Sie sind wie ein Schlaf,*
*wie ein Gras, das am Morgen noch sprosst,*
*das am Morgen blüht und sprosst*
*und des Abends welkt und verdorrt.*
*Das macht dein Zorn, dass wir so vergehen,*
*und dein Grimm, dass wir so plötzlich dahin müssen.*
*Denn unsre Missetaten stellst du vor dich,*
*unsere unerkannte Sünde ins Licht*
*vor deinem Angesicht.*[15]

15 Psalm 90,1-8.

Mich quälten keine unerkannten Sünden. Mich quälte, was ich nur allzu deutlich erkannt hatte: Ohne es zu wollen, war ich in alles verstrickt, was zum Tode Hannahs geführt hatte.

Hätte ich mich nicht als Anwalt für Paulus engagiert – mit dem Hintergedanken, dass seine Kritik an der Beschneidung mir die Heirat mit Hannah erleichtern würde –, dann wäre Hannah vielleicht nie mit den Christusanhängern in Kontakt gekommen! Ich hätte nie mit ihr ihren Gottesdienst besucht. Nach dem Gottesdienst, den wir als Protest gegen die Unmenschlichkeit einer Massenhinrichtung gemeinsam besucht hatten, war sie noch öfter in ihren Gottesdiensten gewesen und Mitglied ihrer Gemeinde geworden. Warum habe ich nicht versucht, sie davon abzuhalten? Gewiss, ich war nicht schuld an ihrem Tod. Aber hätte ich ihn nicht verhindern können?

Immer wieder fragte ich mich: Warum war ich ein paar Tage früher als geplant zu meinen Eltern gereist? War das nicht doch Feigheit gewesen? Weil einige Gegner des Paulus mich durch einen Drohbrief eingeschüchtert hatten. Gewiss, Hannah selbst hatte mich damals zu einer schnellen Abreise gedrängt. Aber hatte ich sie nicht im Stich gelassen? Wäre ich in Rom gewesen, als der Brand ausbrach und Christusanhänger der Brandstiftung verdächtigt wurden, hätte ich sie und einige Christianer vielleicht als Anwalt retten können. Zumindest den Versuch hätte ich machen können, auch wenn offen ist, ob Nero sich dadurch hätte beeindrucken lassen. Dieser selbstverliebte Schauspieler inszenierte sich gerne als Wohltäter der Menschheit und Sieger über dunkle Mächte. Damals meinte er, mit den Christen die Wurzeln alles Bösen auszurotten. Ihnen wollte er die Schuld an der Brandkatastrophe zuschieben. Diese hatte vielen Menschen das Leben gekostet und den meisten Römern Haus und Besitz. Nero war schuld an ihrem Tod, nicht ich. Aber hätte ich ihn nicht abwenden können?

Dazu kam: Hatte ich nicht dazu beigetragen, die Christusanhänger in ein schlechtes Licht zu bringen. Ich selbst habe Dir, Philodemus, ja die Stichworte geliefert, mit deren Hilfe man ihnen Hass gegen andere Menschen vorwerfen konnte. Sie wurden hingerichtet wegen Brandstiftung aufgrund von »Hass gegen das Menschengeschlecht«. Ohne dieses negative Urteil hätte Nero es nicht gewagt, gegen sie vorzugehen. War nicht jeder an ihrem Tod mit schuld, der sie als Menschenfeinde abgestempelt hatte? Auch ich war einmal erschrocken gewesen über ihre schroffe Kritik an dieser Welt. Gewiss, ich war nicht schuld an ihrem Tod. Aber ich hätte mich den Vorurteilen widersetzen müssen, die ihren Tod mitverursacht hatten.

Vor allem aber bohrte sich dieser Gedanke quälend in mein Inneres: Hätte ich doch, als mir klar war, dass wir heiraten wollten, sofort um sie geworben. Dann hätte ich sie mit zu meinen Eltern nach Tarracina nehmen können. Sie wäre weit weg von Rom gewesen und von der Verfolgung verschont geblieben. Meine Abneigung gegen die Beschneidung war ein Grund. Hatte Paulus nicht doch Recht, wenn er sagt: Der Buchstabe tötet, der Geist macht lebendig.[16] Wir hätten uns über den Buchstaben des Gesetzes hinwegsetzen sollen, um dem Geist der Liebe zu folgen. Wäre ich der Stimme meiner Liebe gefolgt, dann wäre Hannah noch am Leben. Mein Zögern hat ihren Tod mitverursacht.

Obwohl ich mir immer wieder sagte: Ich bin nicht schuld, fühlte ich mich damals schuldig, als hätte ich sie im Stich gelassen. Alle vernünftigen Einwände halfen dagegen nichts. Wäre ich in diesem Zustand von Soldaten inhaftiert und zum Tode verurteilt worden, ich hätte mich weder wehren wollen noch wehren können. Ich hätte gedacht, das geschähe mir zurecht. Ich wollte nicht mehr länger leben.

16 2Kor 3,6.

Nachts streifte ich durch Rom. Ich stand auf dem tarpeischen Felsen, der am Südwestabhang des Kapitols liegt, von dem man zum Tode verurteilte Verbrecher in den Abgrund stürzt. Ich spürte den Sog, selbst in die Tiefe zu springen, als würde die Dunkelheit da unten alle meine Qualen aufsaugen. Ich stand auf der Tiberbrücke, unter mir die strudelnden Geräusche des Wassers, die mich einluden, mich in den Strom zu stürzen und alles Leid hinter mir zu lassen. Ich nahm ein Schwert in die Hand und dachte: Warum sollte ich mich nicht damit umbringen? Haben das nicht viele Menschen getan? Werden einige von ihnen nicht sogar bewundert wie Cato, Brutus und Cassius, die sich nach verlorener Schlacht das Leben genommen hatten?[17] Gibt es eine Pflicht zu leben, wenn das Leben sinnlos ist? Gehörte nicht zur stoischen Philosophie der Grundsatz: »Das Tor steht immer offen!«[18] – das »Tor« als freiwilliger Ausgang aus dem Leben? Auch Epikureer sagen: »Zwang ist schlimm; doch besteht kein Zwang, unter Zwang zu leben.«[19] Meinen nicht auch sie damit: Wenn ein Tyrann einen verhaften will oder maßlose Schmerzen den Körper zerstören, dann gibt es noch immer als letzte Möglichkeit, freiwillig in den Tod zu gehen? Ich wäre mein Leid losgeworden.

Was hielt mich davon ab? Warum tat ich es nicht? Es war der Gedanke an andere Menschen. Ich wäre mein Leid losgeworden, hätte es aber anderen Menschen vor die Füße geworfen: meinen Eltern Cornelius und Cornelia, Nathan und Salome, allen, die mich gern hatten. Dann war da vor

17 Cato nahm sich 46 v.Chr. das Leben, nachdem das Heer der Republikaner vernichtend geschlagen worden war. Brutus und Cassius begingen Selbstmord nach ihrer Niederlage in der Schlacht bei Philippi 42 v.Chr.

18 So argumentiert Epiktet: »Du sollst niemals vergessen, dass dir immer die Tür offen steht. Sei nicht blöder als kleine Kinder. Wenn diesen ein Spiel nicht gefällt, so sagen sie: Ich mache nicht mehr mit. So sage auch du, wenn dir etwas unerträglich erscheint: Ich mache nicht mehr mit und begibt dich hinweg.« (Diss I 24,20)

19 Gnomologium Vaticanum Nr. 9, zit.n. R. Nickel (Hg.), Epikur: Wege zum Glück, Düsseldorf/ Zürich 2005, S.135

allem noch Tertius. Dem hatten Hannah und ich die Adoption versprochen. Dafür musste ich auf jeden Fall noch sorgen; niemand außer mir konnte seine Adoption in die Wege leiten. Und schließlich warst Du da, Philodemus. Deine Freundschaft war mir unendlich viel wert. Menschen wie Du und Philandros hielten stellvertretend für mich den Mut zum Leben aufrecht, den ich nicht mehr hatte. »Das Tor steht immer offen.« Wenn man von einem Tyrannen verfolgt wird, ist das vielleicht ein Ausweg. Aber wenn man auch nur einen einzigen Menschen hat, der über einen klagen würde, wenn man tot ist, dann sollte man ein anderes Tor suchen: das Tor zum Leben, das Tor, das zu anderen Menschen führt.

Wieder stand ich auf dem Rückweg zum Hause von Nathan und Salome auf der Tiberbrücke. Unter mir gurgelte das Wasser. Ich dachte: Irgendwann werden all diese Wassermengen im großen Meer untergehen. Der Strom der Zeit wird sie auflösen. Gibt es überhaupt etwas, das nicht in diesem Strom verschwindet? In der Zeit wird am Ende alles ausgelöscht sein. Da ging mir das Gedicht durch den Kopf, das ich durch Hannah kennengelernt hatte.

*Liebe ist stark wie der Tod*
*und Leidenschaft unwiderstehlich wie das Totenreich.*
*Ihre Glut ist feurig*
*und eine Flamme des Herrn,*
*so dass auch viele Wasser die Liebe nicht auslöschen*
*und Ströme sie nicht ertränken können.*[20]

Auch diese Wasserströme konnten ihre Liebe nicht ertränken. In ihr hatte mich etwas berührt, das mich nie mehr verlassen würde. Ich kam nach Hause zu Nathan und Salome. Ihr Haus war mein neues Zuhause geworden. Ich legte mich schlafen.

20 Hohelied Salomos 8,6f.

Mitten in der Nacht wachte ich auf. Ich war bei hellwachem Bewusstsein. Da sah ich auf einmal Hannah vor meinem Bett stehen. Es war kein Traum. Hannah war unversehrt. Die Folter der Hinrichtung hatte keine Spuren hinterlassen. Sie sah so schön aus, wie sie immer im Leben ausgesehen hatte. Sie sah mich mit ruhigem Blick an und ihre Augen waren wie früher, so dass ich in ihnen hätte versinken können. Es entfuhr mir: »Hannah, wie bist Du hereingekommen – durch geschlossene Türen?« Doch sie blickte mich weiter ruhig an, blieb aber stumm. »Hannah«, sagte ich, »war alles ein böser Traum? Bist Du zu mir gekommen? Bin ich bei Dir?« Sie nickte stumm. Ich spürte, wie mich ein unfassbares Glücksgefühl durchströmte. Alle Spannungen und Schmerzen lösten sich. Da sah ich, dass sie etwas in ihrer Hand hatte. Sie gab es mir. Es war ein Kästchen, wie sie es mir beim Abschied gegeben hatte. Sie öffnete es und zog den Papyrusstreifen hinaus. Ich las:

*Gott ist Liebe*[21]

Ich stand auf und wollte sie umarmen. Ich hörte noch, wie sie leise sagte: »Vergiss nicht, ich liebe dich!« Dann war sie verschwunden, als wäre nichts gewesen. Mich umhüllte eine wohlige Stille, in der ich mich geborgen fühlte. Es war dieselbe Stille, die mich wie ein Sog angezogen hatte, als ich mit Selbstmordgedanken durch Rom gelaufen war. Aber jetzt kam aus dieser Stille, in der alles zu verschwinden drohte, ein unwiderstehlicher Sog zum Leben. In meiner Hand hielt ich das Kästchen, das mir Hannah beim Abschied gegeben hatte. Ich hatte es mir in der Nacht um den Hals gelegt. Ich spürte das Leder auf meiner Haut. Es war kein Zweifel. Ich war hellwach. Ich war die ganze Zeit über hellwach gewesen. Zwischen meiner Begegnung mit Hannah



21 1Joh 4,16.

und dem jetzigen Augenblick lag kein Erwachen. Die Begegnung war kein Traum gewesen. Es war eine Vision, eine Erscheinung. Ich las noch einmal, was auf dem Zettel stand:

*Denn Gott ist Liebe,*
*und wer in der Liebe bleibt,*
*der bleibt in Gott*
*und Gott bleibt in ihm.*[22]

Was auch immer diese Vision bedeutete, für mich enthielt sie die Botschaft: Unsere Liebe bleibt! Auch wenn ich mir nicht vorstellen konnte, wie das geschehen könnte. Sie ist in Gott aufgehoben. Ich weiß, dass man sich von Gott kein Bild und kein Gleichnis machen kann. Und erst recht weiß ich nicht, was es heißt, in Ewigkeit in ihm geborgen zu sein. Aber ich spürte intensiv, dass mich etwas Ewiges berührt hatte. Und darin war die Botschaft enthalten: Wie auch immer mein Tun, mein Zögern oder mein Unterlassen ihren Tod mitverursacht hatten, sie hat mir verziehen. Gott hat mir verziehen. »Das Tor steht immer offen.« Dieses Tor ist das Tor zu Gott. Er ist überall. Alle Schuldgefühle, die auf mir wie Blei lasteten, waren verschwunden. Wenn ich mir in menschlichen Bildern Gott als Richter vorstelle, so war ich freigesprochen. Es war ein endgültiger Freispruch. Er konnte durch nichts überboten werden. Es war das, was Paulus so beschreibt: »So gibt es nun keine Verurteilung mehr für die, welche in Christus Jesus sind.«[23] Paulus hatte diese Gewissheit durch seine Begegnung mit Christus erhalten, ich durch meine Begegnung mit Hannah, die eine Christin geworden war. Es war dieselbe Erfahrung. Es war eine Begegnung mit Gott – vermittelt durch eine Vision im Umkreis von Tod und Sterben.

22 1Joh 4,16.
23 Röm 8,1.

Ich wagte niemandem von dieser Vision zu erzählen. Aber ich wusste, dass einige Christusanhänger nach der Hinrichtung ihres Meisters von ähnlichen rätselhaften Visionen erzählt haben. Auch Paulus war durch solch eine Begegnung mit Christus in einem visionären Erlebnis verwandelt worden. Oft hört man davon, dass man einem Verstorbenen im Traum begegnet. Aber diese Begegnungen im hellwachen Zustand sind etwas anderes. Sie sind viel seltener. Im Laufe der Zeit berichteten mir immer mehr Menschen von ähnlichen Erlebnissen nach dem Tod von Menschen, die ihnen nahestanden. Sie wagten kaum davon zu erzählen, weil sie nicht wollten, dass man sie für verrückt hielt. Die Visionen, von denen die Christusanhänger erzählten, hatten einige Besonderheiten: Es hatten mehrere Menschen diese Visionen gehabt – allein und in Gruppen. Darunter waren auch Menschen, die Jesus distanziert oder feindlich gegenüberstanden. Aber es gab keinen Zweifel: Dem Typ nach waren es dieselben Erfahrungen, wie ich sie hatte. Sie gehörten zur Realität.

Ich erzählte auch Nathan und Salome nichts von meiner Begegnung. Aber als sie einen Psalm beteten, der von Gottes Allgegenwart sprach, hatte ich den Eindruck: Das könnte erklären, was ich erlebt hatte. In diesem Psalm umgibt der ferne Gott den Menschen von allen Seiten. Er ist überall gegenwärtig, auch im Reich des Todes. Auch die Toten sind in seiner Hand:

*Herr, du erforschest mich*
*und kennst mich.*
*Ich sitze oder stehe auf, so weißt du es;*
*du verstehst meine Gedanken von ferne.*
*Ich gehe oder liege, so bist du um mich*
*und siehst alle meine Wege.*
*Denn siehe, es ist kein Wort auf meiner Zunge,*
*das du, Herr, nicht schon wüsstest.*

*Von allen Seiten umgibst du mich*
*und hältst deine Hand über mir.*
*Diese Erkenntnis ist mir zu wunderbar und zu hoch,*
*ich kann sie nicht begreifen.*
*Wohin soll ich gehen vor deinem Geist,*
*und wohin soll ich fliehen vor deinem Angesicht?*
*Führe ich gen Himmel, so bist du da;*
*Bettete ich mich bei den Toten, siehe, so bist du auch da.*
*Nähme ich Flügel der Morgenröte*
*und bliebe am äußersten Meer,*
*so würde auch dort deine Hand mich führen*
*und deine Rechte mich halten.*
*Spräche ich: Finsternis möge mich decken*
*und Nacht statt Licht um mich sein –,*
*so wäre Finsternis nicht finster bei dir,*
*und die Nacht leuchtete wie der Tag.*
*Finsternis ist wie das Licht.*[24]

Mein philosophisches Nachdenken fand für diese Erlebnisse keine befriedigende Lösung. Nur Fragmente einer Lösung konnte ich finden. Ich beschäftigte mich erneut mit der Philosophie Platos. Der behauptet, dass der Strom der Zeit nur die Schattenseite der Wirklichkeit sei, die wahre Wirklichkeit bestehe dagegen in ewig bleibenden Formen und Gestalten: in den Ideen. Sie blieben unberührt von der Zeit. Das schien mir immer etwas übertrieben zu sein. Aber dann ging mir auf, es gibt tatsächlich Wahrheiten, die unberührt vom Zeitstrom bleiben. Dass 2 mal 2 gleich 4 ist, gehört dazu. Die ganze Logik. Überhaupt alles, was wahr ist. Denn wenn etwas wahr ist, ist es nicht nur in einem Jahr wahr oder in zwei Jahren, sondern in allen zukünftigen Jahren. Es ist auch an jeder Stelle des Raumes wahr, sofern man überhaupt von wahr und falsch reden kann. Wenn es

24 Psalm 139,1-12.

heute regnet, dann gilt der Satz: »Es ist wahr, dass es heute regnet«, auch in x + n Jahren, und er gilt überall im Raum – auch noch in x + n Kilometern Entfernung. Und wenn ich mich darin geirrt habe, dass es heute regnet, dann werde ich mich auch in x + n Jahren geirrt haben. Selbst wenn der Zeitstrom verkehrt herum fließen würde, also nicht aus der Zukunft auf uns zu, sondern aus der Vergangenheit in die Zukunft, selbst dann würde alles überall und immer gelten, was überhaupt Geltung beanspruchen kann. Kein Zweifel, unser Denken rührt an etwas Ewiges. Hatten die Platoniker darin Recht? Gehörte auch etwas in uns zu diesem Ewigen? Aber daraus, dass wir einen Sinn für Ewiges haben, folgt nicht, dass unser Sinn ewig ist. Wir berühren mit ihm etwas Ewiges. Daran besteht kein Zweifel. Keinen Zweifel hatte ich daher daran: In dieser Vision hatte mich etwas berührt, das so ewig gilt wie jeder ewig gültige Satz.

Nur mit Dir, Philodemus, habe ich über all das diskutiert. Du warst wie immer skeptisch. Du sagtest, die Bilder, die in unser Bewusstsein dringen, sind so real und echt wie alles, was unser Inneres erfüllt. Insofern sei es keine Täuschung, was ich erlebt hatte. Aber Du glaubtest nicht, dass mehr dahinter steckte als eben diese Bilder. Du meintest, das Bild von Hannah sei in mir so lebendig gewesen, dass ich es in einem visionären Erlebnis als eine objektive Realität habe sehen können. Ihr Bild sei mit großer Macht aufgelebt in mir. Es sei ein Zeichen meiner Liebe und Auswirkung ihrer Liebe. Aber dahinter stecke »Nichts« – im wörtlichen Sinne: Nichts. Aber dann sagtest Du auch: Betrachte es als etwas Wunderbares, dass eure Liebe selbst diesem Nichts trotzen kann! Ist es nicht wunderbar, dass sie Dir neuen Lebensmut gibt. Sagt sie Dir nicht: Du sollst weiterleben? Du willst weiterleben! Du wirst weiterleben! Das ist das Entscheidende!

Ich habe darüber lange nachgedacht. Ich habe Dir zunächst Recht gegeben und gesagt. Dahinter steckt wirklich

»Nichts«. Aber dann habe ich hinzugefügt: Eben deswegen stoßen wir darin auf etwas, das auch im Nichts aufleuchten kann. Das ist der Gott, den die Juden entdeckt haben. Er ist die Macht, die aus Nichts schaffen kann. Die Vision, die ich erlebt hatte, konfrontiert mit seiner Schöpferkraft. Auch die Visionen der Christusanhänger waren Begegnungen mit diesem Gott, mit dessen Macht, aus Nichts etwas zu schaffen. Und wenn unsere Gedanken sonst an etwas Ewiges rühren, wie es die Platoniker entdeckt haben, so ist das ein Zeichen dafür, dass sie ein schwaches Echo auf die Ewigkeit Gottes sind.

Beim Tod werden wir mit diesem Nichts konfrontiert. Dieses Nichts ist unendlich. Es hört nirgendwo auf. Es ist ewig. Es hat kein Ende in irgendeiner Zeit. Es reißt uns aus allen Bindungen und macht frei von allem. Es hat genau die Merkmale, die nur Gott hat: Gott allein ist ewig, Gott allein ist unbedingt. Gott allein gibt unbedingte Freiheit. Das Nichts, dem wir im Tod begegnen, ist ein Schattenriss Gottes. In diesem Nichts ist Gott verborgen.

Du hast eingewandt, ob das nicht eine Philosophie sei, die alles unsicher macht. Wenn Gott die Welt aus Nichts geschaffen hat und sie ebenso gut hätte anders schaffen können, dann sei nichts notwendig. Alles, was wir über die Welt denken, bezöge sich dann auf eine Welt, die genauso gut anders sein könnte. Nichts wäre dann mehr sicher. Du meinst aber: Wir brauchen eine geordnete Welt, die notwendig so geordnet ist, wie sie ist. Nur in ihr könnten wir zuverlässig handeln. Auch wenn Visionen wie meine Begegnung mit Hannah auf echtem Erleben basierten, blieben sie zufällige Erlebnisse einzelner Menschen, aus denen nichts folge. Solche visionären Erlebnisse könne man viel besser, wie ich es versucht habe, psychologisch erklären.

Lieber Philodemus, es ist ganz und gar nicht ganz zufällig, was mir passiert ist. Mit Hannah wurde mein Lebensmut gekreuzigt, mit ihr ist er wieder auferstanden. Das geschieht allen Menschen immer wieder neu. Alle Menschen werden in Krisen mit diesem Nichts konfrontiert, in dem alles wie in einem schwarzen Loch zu verschwinden droht. Aber aus ihm leuchtet in Visionen, wie sie die Christusanhänger gehabt haben, ein Licht auf. Es ist das Licht der Schöpfung. Dieses Licht gibt neuen Lebensmut. Und diese Schöpfermacht umgibt uns überall im Leben und im Sterben. So etwas haben die Christusanhänger mit Christus erfahren. So etwas erfahren immer wieder Menschen auf der Welt. Ohne das würde das Leben nicht weitergehen.

Damals wurde nicht nur mein Lebensmut mit Hannah gekreuzigt, sondern auch mein Vertrauen in das Recht. Überall in der Welt werden Recht und Gerechtigkeit misshandelt, beseitigt und begraben. In Rom auf besonders infame Weise, indem man sich auf das Recht selbst beruft. Recht und Gerechtigkeit werden trotzdem immer wieder auferstehen. Die Christusanhänger haben etwas Richtiges erkannt. Ihr Christus wurde zu Unrecht von den Römern hingerichtet, aber durch seine Auferweckung rehabilitiert. Sie bezeugen etwas, das auch dem Zusammenbruch unseres Lebensmutes standhält. Du fragst: Ist das nicht blinder Lebensmut? Auf Nichts gestützt? Muss man mit seiner Vernunft nicht anders argumentieren? Etwa so, dass es immer ein paar Gründe gäbe, warum sich das Leben lohnt. Entweder haben wir sie noch nicht entdeckt, oder wir werden sie niemals entdecken, aber in jedem Fall sei es besser, darauf zu vertrauen, dass es sie gibt, als daran zu zweifeln.

Meine Antwort ist: Ich glaube nicht, dass man solch eine kalkulierende Vernunft dem Glauben entgegensetzen kann. Die Vernunft ist nur eine schwache Stimme in dieser Welt. Sie hat es schwer, sich durchzusetzen. Vor allem werden viele vernünftige Argumente gegen die Vernunft erhoben: Sie sei interessenbedingt, sie sei manipulierbar, man brauche sich nicht an sie zu halten. Manchmal reden sogar Philosophen so. Trotzdem ist die Vernunft etwas Wunderbares: Man kann Menschen töten, nicht aber Argumente. Man kann Bücher verbrennen, nicht aber Gedanken. Man kann die Vernunft misshandeln und foltern, kreuzigen und begraben. Trotzdem wird sie immer wieder auferstehen. Vernunft und Glaube sind kein Widerspruch. Vernunft ohne Glaube wird Zynismus, Glaube ohne Vernunft Fanatismus. Darum haben die Christusanhänger mit Recht in das Gebot der Gottesliebe einen kleinen Zusatz gebracht: Wir sollen Gott nicht nur mit ganzem Herzen, ganzer Seele und allen Kräften lieben, sondern auch »mit unserem Verstand«.

Meine Frau Sarah hat sich den Christen angeschlossen. Ebenso Tertius. Er wurde bei ihnen Diakon. Er sammelt Geld und Sachspenden, um Armen und Bedürftigen zu helfen. Ich unterstütze ihn. Aber ich zögere, mich den Christen anzuschließen. Ich bin ein stoischer Philosoph, dazu ein Jude in einem weiteren Sinne, ich verehre den einen und einzigen Gott. Ich lese alles begierig, was ich von Mose, den Propheten, von Jesus und Paulus lesen kann. Sie sind die wichtigsten Gestalten in meinem Leben. Aber nach wie vor gibt es einiges, was mich bei manchen Christusanhängern irritiert. Ich schreibe es auf, auch für meine Enkel. Dann wissen sie, wofür sie sich einsetzen sollen, falls sie jemals zur christlichen Gemeinde gehören wollen.[25]

Mein erster Kritikpunkt ist: Manche Christen nehmen nicht ernst genug, dass man Gott mit dem Verstand lieben soll. Einige polemisieren hemmungslos gegen die Weisheit dieser Welt und unsere Philosophen. Sie sollten einsehen, dass die Wahrheit an vielen Stellen aufleuchtet, nicht nur bei Jesus, sondern auch bei Sokrates, Plato und Aristoteles. Solange sie die Philosophie ablehnen, kann ich mich ihnen nicht ohne Vorbehalt anschließen. Sie müssen noch lernen, was ihr Gründer ihnen zur Pflicht gemacht hat, als er das

25 Für Leser, die das Leben gegenwärtiger christlicher Gemeinden nicht kennen, füge ich hinzu: Die folgenden Kritikpunkte sind in den meisten Kirchen verwirklicht oder werden diskutiert.

Gebot der Gottesliebe um diesen winzigen Zusatz erweiterte: dass wir Gott auch mit dem Verstand lieben sollen. Dazu gehört, dass wir ihn mit nichts in der Welt identifizieren. Er erscheint wohl in der Welt, aber er entzieht sich unserem Begreifen als ihr Ursprung und ihr Ziel.

Mein zweiter Kritikpunkt ist: Sie sollten auch ihre Schriften mit Verstand lesen. Es ist sehr zu loben, dass sie heilige Schriften kritisch lesen. Alle Opfergesetze in den Büchern Mose gehören ja zu ihren heiligen Schriften, und dennoch kritisieren sie die Opfer. Sie müssen in dieser Kritik noch konsequenter sein. Die Geschichten der Bibel sind keine Tatsachenberichte, sondern ein Gewebe von Dichtung und Wahrheit. In ihnen steckt eine tiefe Weisheit. Ihre Bilder sind Suchprogramme, um mit ihnen nach Gottes Spuren zu suchen. Das Bild von Gott, der in seiner Weisheit die Welt geschaffen hat, fordert uns auf, in der Welt vernünftige Strukturen zu suchen: Naturgesetze sind Gedanken Gottes. Wir können sie mathematisch berechnen. Ich könnte mich den Christen erst anschließen, wenn sie mit ihrer Bilderwelt freier umgehen und sie als Aufforderung verstehen, sie selbständig weiterzudenken.

Mein dritter Kritikpunkt ist: Mit Verstand Christ sein heißt, wie Jesus und Paulus die jüdische Religion für alle Menschen öffnen zu wollen. Dieser Wille zur Öffnung ist etwas ungeheuer Wertvolles und muss konsequent weitergedacht werden. Er betrifft das Verhältnis zu allen anderen Religionen. Sie alle umkreisen dieselbe Wahrheit. Aber keine besitzt sie. Mir schwebt nicht vor, dass wir sie zusammenlegen. Aber wir können Regeln formulieren, mit denen wir vernünftig mit ihnen in ein Gespräch kommen. Dabei sollten die Christen ihre Verpflichtung zur Liebe erkennen. Wir sollten versuchen, in jeder anderen Religion etwas zu entdecken, das wir anerkennen und lieben können. Lieber wenig als gar nichts. Aber die Liebe muss aufrichtig sein. Dann hat man auch ein Recht zur Kritik.

Mein vierter Kritikpunkt betrifft speziell das Verhältnis zum Judentum. Man muss loben, dass die Christen die heiligen Schriften der Juden als ihre Bibel übernommen haben. Juden haben den einen und einzigen Gott entdeckt. Die Geschichte zwischen ihm und diesem Volk ist eine wunderbare religiöse Poesie mit tiefer Wahrheit. Dieser Gott macht die Menschen für ihre Geschichte verantwortlich. Er verpflichtet sie, ihr Leben nach moralischen Regeln zu führen. Er gibt Mut, Krisen und Katastrophen zu überstehen. An vielen Christen kritisiere ich, dass sie Juden abwerten oder gar ablehnen. Sie können nicht verkraften, dass sich ihnen nicht alle Juden angeschlossen haben. Aber ich liebe das Judentum, wie ich es bei Nathan und Salome, Simeon und Hannah und bei meiner Frau Sarah kennengelernt habe. Wie könnte ich mich den Christen anschließen, solange sie Menschen wie Nathan und Salome, Simeon und Sarah verachten!

Mein fünfter Kritikpunkt betrifft moralische Fragen. Ich schätze an den Christen, dass sie alles in der Religion daran messen, ob es Paarbeziehungen stärkt und schützt. Dennoch haben sie zu engherzige Auffassungen. Sie lehnen jede Ehescheidung ab, obwohl sie Ausnahmen machen – bei unmoralischem Sexualverhalten[26] oder grundsätzlichen Gegensätzen in religiösen Fragen.[27] Ehescheidungen sind in der Tat manchmal unvermeidlich. Entscheidend ist nur: Wann sind sie geboten und wann nicht? Es gibt zerrüttete Ehen, bei denen man sagen muss: »Was Gott nicht zusammengefügt hat, soll der Mensch nicht zusammenhalten.« Es gibt aber auch Scheidungen, die man ablehnen muss – besonders wenn Eltern ihre Kinder verlassen. Ich weiß, Philodemus, dass Ihr beide, Du und Philandros, ein Paar seid. Die Christen verurteilen gleichgeschlechtliche Paarbeziehungen, obwohl es nach ihrer Überzeugung vor Gott

26 Mt 5,32; 19,9.
27 1Kor 7,15.

gleichgültig ist, ob man Mann oder Frau ist. Solange sie Euch verurteilen, könnte ich mich ihnen nicht anschließen.

Mein sechster Kritikpunkt betrifft ihre innere Organisation. Als ich in ihrer Gemeinde war, trugen sie ihre Ideen aufgrund von Eingebung vor. Mir hat gefallen, dass dabei einfache Menschen zu Wort kommen und Frauen dabei öffentlich reden. Aber auch hier muss man mit Verstand vorgehen. Sie sollten ein Gremium wählen, das die Gemeinden leitet. Es ist besser, Diskussionen zu vertrauen als Eingebungen. Es ist besser Eingebungen zu prüfen,[28] als ihnen blind zu folgen. Wenn man alles ungeregelt lässt, setzen sich am Ende nur die Dominanten als kleine »Monarchen« durch. Gemeinden dürfen keine Monarchien sein. Sie nennen sich ja nicht umsonst *ekklesía*, Volksversammlung. Der Name deutet auf Versammlungen, die über ihre Anliegen gemeinsam entscheiden. Daher sollten sie ihre Gemeinden republikanisch organisieren, mit Wahlen und Vertretern wie in einer *polis* mit einer *ekklesía*. Vor allem aber müssen in dieser *ekklesia* alle gleichberechtigt sein. Frauen müssen das Gemeinschaftsmahl leiten können. Wer sie davon ausschließt, verrät den Geist, der in diesen Gemeinden lebendig ist.

Mein siebter Kritikpunkt betrifft ihr Verhältnis zur Politik. Ich schätze sehr, dass sie wie die Juden die religiöse Verehrung des Kaisers als Gott ablehnen, aber sie kompensieren manchmal ihre religiöse Kritik am Staat zu sehr dadurch, dass sie den Staat umso mehr als Garanten der Moral überbewerten. Selbst Paulus schreibt: »Vor den staatlichen Autoritäten muss man sich nicht fürchten wegen guter, sondern wegen böser Werke. Willst du dich aber nicht fürchten vor der staatlichen Autorität, so tue Gutes; so wirst du Lob von ihr erhalten.«[29] Das wirkt auf mich angesichts des legalisierten Massenmords an Sklaven und der Hinrich-

28 1Kor 14,29.
29 Röm 13,3.

tung so vieler Christen nach dem Brand Roms wie Hohn. Ich hätte Paulus gerne kurz vor seiner Hinrichtung gefragt, ob er diesen Satz noch einmal so schreiben würde. Wir müssen sehen: Auch der Staat ist moralisch zweideutig. Er kann zum Unrechtsstaat werden.

Mein achter Kritikpunkt betrifft ihr soziales Engagement. Es ist wunderbar, dass sie ernst nehmen, was wir Philosophen in kleinem Kreis nur diskutieren: Sklaven sind zur Freiheit bestimmt, Frauen zum gleichberechtigten Leben, Fremde aus anderen Völkern dazu, unsere Geschwister zu werden. Aber sie müssten noch mehr auf die ganze Gesellschaft in diesem Sinne einwirken. Oft passen sie sich an, lassen sogar soziale Unterschiede in ihren Gemeinden aufleben. Auch wenn kleine Gruppen die Welt nur wenig verändern können, so müssen sie doch immer wieder in der Welt zeichenhaft verwirklichen, was die Bestimmung der Menschen zur Freiheit und zur Liebe verlangt.

Wenn sich unter den Christen die Strömungen durchsetzen, die offen für die Philosophie sind, offen für andere Religionen, die das Judentum schätzen und alle menschlichen Paarbeziehungen akzeptieren, wenn sie sich republikanisch organisieren, gegenüber dem Staat kritisch sind und sich im ganzen Leben für Freiheit und Mitmenschlichkeit einsetzen, dann könnte ich mir vorstellen, dass ich bei ihnen mitmache. Denn in einem Punkt haben sie mich überzeugt: Wir alle werden im Leben schuldig. Jeder ist verstrickt in das Leiden anderer. Niemand entrinnt diesem Zusammenhang. Wir versuchen uns durch Recht und Gesetz dagegen zu schützen. Ein Grundsatz der Epikureer lautet: »Das natürliche Recht ist ein mit Rücksicht auf den Nutzen getroffenes Abkommen zum Zweck der Verhütung gegenseitiger Schädigung.«[30] Eben dieses Recht machen wir zum Instrument, um damit

30 Epikur, Hauptsatz 31, bei Diogenes Laertius, Leben und Meinungen berühmter Philosophen Bd. X 130.

unseren Nächsten zu schädigen. Wir bringen es fertig, sie mit moralischen Grundsätzen zu drangsalieren, anstatt ihnen zu helfen. Etwas radikal Böses in uns bewirkt, dass wir die höchsten Werte einspannen für die Verfolgung egoistischer Zwecke. Und immer wieder lassen wir andere als Sündenböcke für unsere ungelösten Konflikte sterben. Ein Pharao ließ die hebräischen Kinder in Ägypten ermorden, Herodes die Kinder von Bethlehem, der römische Senat ließ 400 Sklaven sterben, Nero viele Christusanhänger hinrichten, weil er in der Öffentlichkeit als großer Wohltäter und Retter dastehen wollte, der nach dem Brand Roms verzweifelten Menschen neue Wohnungen und neuen Lebensraum geschaffen hat. Aber er musste den Verdacht der Brandstiftung von sich auf einige vermeintliche Bösewichter abwälzen. Auch Christus ist als Unschuldiger für andere gestorben. In Judäa verlangten damals viele ungelöste Konflikte nach einem Opfer. Aber Gott demonstriert durch sein Geschick, dass wir niemanden für uns sterben lassen sollen.

Gott ist die Macht, die uns trotz aller Verfehlung unbedingt Ja sagen lässt zum Leben – weil wir uns dieses JA nicht selbst sagen können. Unser Ja ist das Echo seines größeren JA. Das können wir hören, wenn wir uns für die Bilder der Christen öffnen: Unser Mut zum Leben wird in dieser Welt immer wieder gekreuzigt, aber Gott gibt uns Leben aus Nichts. Wahrheit und Recht werden immer wieder misshandelt. Sündenböcke werden immer wieder in die Wüste geschickt. Gott ist die Kraft, die sie immer wieder zurückholt. Diese Kraft, die aus dem Nichts schafft und im Leben ein Licht aufgehen lässt wie das Licht der Schöpfung, ist mir in meinem Leben begegnet in der Liebe von Hannah und Sarah. Seitdem ich sie erfahren habe, ist eine Betäubung von mir gefallen, als hätte ich vorher nicht richtig gelebt. Ich wünsche, dass jedem Menschen diese Macht begegnet und sein Leben mit Sinn erfüllt!

Ich bin nun alt. Der Tod wird mich bald in sein Schweigen hineinnehmen. Aber ich habe im Leben etwas erfahren, das so wertvoll ist, dass es durch nichts mehr in Frage gestellt werden kann. Der Tod ist für mich ein Schattenriss Gottes. In seinen Händen bin ich im Leben und im Tod.

*Mit Grüßen an alle, die ich liebe*
*Erasmus*

# WISSENSCHAFTLICHE VERÖFFENTLICHUNGEN ZUM THEMA

Das diesem Roman zugrunde liegende Paulusbild basiert auf historischen Forschungen. Im Folgenden führe ich meine wichtigsten Veröffentlichungen zu Paulus an, wohl wissend, dass in der Wissenschaft jeder von der Forschung vor und neben ihm abhängig ist. Eine Darstellung der Theologie und Entwicklung des Paulus findet sich in dem zusammen mit Petra von Gemünden verfassten Buch *Der Römerbrief – Rechenschaft eines Reformators* (Göttingen 2016). Viele theologische Gedanken, die in diese Erzählung eingeflochten sind, stammen aus: *Glaubenssätze. Ein kritischer Katechismus* (Gütersloh 2012 [3]2013). Von weiteren Veröffentlichungen über Paulus und das Urchristentum seien genannt:

Studien zur Soziologie des Urchristentums
Tübingen 1979

Psychologische Aspekte paulinischer Theologie
Göttingen 1983

Die Religion der ersten Christen
Eine Theorie des Urchristentums
Gütersloh 2000

Erleben und Verhalten der ersten Christen
Eine Psychologie des Urchristentums
Gütersloh 2007

Eros und Urchristentum. Am Beispiel des Paulus,
in: H.G. Pott (Hg.), Liebe und Gesellschaft.
Das Geschlecht der Musen
München 1997, 9–30

Paulus – der Unglücksstifter
Paulus und die Verfolgung der Gemeinden in Jerusalem und Rom,
in: E.-M. Becker / P. Pilhofer (Hg.), Biographie und Persönlichkeit des Paulus
Tübingen 2005, 228–244

Das Kreuz als Sühne und Ärgernis
Zwei Deutungen des Todes Jesu bei Paulus,
in: D. Sänger / U. Mell (Hg.), Paulus und Johannes
Exegetische Studien zur paulinischen und johanneischen Theologie und Literatur
Tübingen 2006, 427–455

Die Gegenmission zu Paulus in Galatien, Philippi und Korinth
Versuch einer Einheitsdeutung,
in: W. Kraus (Hg.), Beiträge zur urchristlichen Theologiegeschichte
Berlin 2009, 277–306

Die Bekehrung des Paulus und seine Entwicklung vom Fundamentalisten zum Universalisten
EvTh 70 (2010) 10–25

Paulus als ökumenischer Kirchenpolitiker
Sein Erfolg und sein Scheitern
ThPQ 162 (2014) 182–191

Paulus und die Mystik
Der eine und einzige Gott und die Transformation des Menschen
ZThK 110 (2013) 263–290

Für alle Lebensliebhaber bietet das Gütersloher Verlagshaus Durchblick, Sinn und Zuversicht. Wir verbinden die Freude am Leben mit der Vision einer neuen Welt.

## UNSERE VISION EINER NEUEN WELT

**Die Welt, in der wir leben, verstehen.**

**Wir sehen Menschlichkeit als Basis des Miteinanders:** Mitgefühl, Fürsorge und Beteiligung lassen niemanden verloren gehen. Wir stehen für gelingende Gemeinschaft statt individueller Glücksmaximierung auf Kosten anderer.

**Wir leben in einer neugierigen Welt:** Sie sucht ehrgeizig und mitfühlend Lösungen für die Fragen unseres Lebens und unserer Zukunft. Wir fragen nach neuem Wissen und drücken uns nicht vor unbequemen Wahrheiten – auch wenn sie uns etwas kosten.

**Wir leben in einer Gesellschaft der offenen Arme:** Toleranz und Vielfalt bereichern unser Leben. Wir wissen, wer wir sind und wofür wir stehen. Deshalb haben wir keine Angst vor unterschiedlichen Weltanschauungen.

**Das Warum und Wofür unseres Lebens finden.**

**Wir helfen einander, uns selber besser zu verstehen:**
Viele Menschen werden sich erst dann in ihrem Leben zuhause fühlen, wenn sie den eigenen Wesenskern entdecken – und Sinn in ihrem Leben finden.

**Wir ermutigen Menschen, zu ihrer Lebensgeschichte zu stehen:**
In den Stürmen des Alltags geben wir Halt und Orientierung. So können sich Menschen mit ihren Grenzen aussöhnen und zuversichtlich ihr Leben gestalten.

**Wir haben den Mut, Vertrautes hinter uns zu lassen:**
Neugierde ist die Triebfeder eines gelingenden Lebens. Wir wagen Neues, um reich an Erfahrung zu werden.

**Erfahren, was uns im Leben trägt und erfreut.**

**Wir glauben an die Vision des Christentums:**
Die Seligpreisungen der Bergpredigt lassen uns nach einer neuen Welt streben, in der Vereinsamte Zuwendung, Vertriebene Zuflucht, Trauernde Trost finden – und Gerechtigkeit, Barmherzigkeit und Frieden herrschen.

**Wir geben Menschen die Möglichkeit, den Glauben (neu) zu entdecken:**
Persönliche Spiritualität gibt Kraft, spendet Trost und fördert die Achtung vor der Schöpfung sowie die Freude am Leben.

**Wir stehen mit Respekt vor der Glaubenserfahrung anderer:**
Wissen fördert Dialog und Verständnis, schützt vor Fundamentalismus und Hass. Wir wollen die Schätze anderer Religionen kennenlernen, verstehen und respektieren.

GÜTERSDIE
LOHERVISION
VERLAGSEINER
HAUSNEUENWELT

Bibliografische Information der Deutschen Nationalbibliothek

Die Deutsche Nationalbibliothek verzeichnet diese Publikation in der Deutschen Nationalbibliografie; detaillierte bibliografische Daten sind im Internet über https://portal.dnb.de abrufbar.

FSC
www.fsc.org
MIX
Papier aus verantwortungsvollen Quellen
FSC® C014496

Verlagsgruppe Random House FSC® N001967

1. Auflage




Umschlaggestaltung: Gute Botschafter GmbH, Haltern am See
Umschlagmotive: Hintergrundwolken: © On-ann/shutterstock.com;
Pauluskopf: Basilika von St. Paul vor den Mauern,
Rom: © Salvatore Fizzarotti/shutterstock.com
Karte: © Peter Palm, Berlin
Druck und Bindung: GGP Media GmbH, Pößneck
Printed in Germany
ISBN 978-3-579-08540-1

www.gtvh.de